dieta warzywno-owocowa dr Ewy Dąbrowskiej®

i co dalej

BEATA ANNA DĄBROWSKA

dieta warzywno-owocowa dr Ewy Dąbrowskiej®

i co dalej

WSPÓŁPRACA: DR EWA DĄBROWSKA, PAULINA BORKOWSKA
JUSTYNA RYBAK-DOMBROWSKA, AGNES REVENVALL, DARIUSZ PIÓRKOWSKI SJ

WYDAWNICTWO WAM

Ewa Dąbrowska® oraz dieta dr Ewy Dąbrowskiej® są to znaki towarowe zarejestrowane w Urzędzie Patentowym RP, a ich wykorzystanie w sposób zarobkowy lub zawodowy na obszarze Rzeczypospolitej Polskiej wymaga uprzedniej zgody osoby uprawnionej. Prawa ochronne na ww. oznaczenia przysługują dr Ewie Dąbrowskiej, która wyraziła zgodę na ich wykorzystanie w niniejszej publikacji.

Autor oraz Wydawca nie odpowiadają za skutki kuracji przeprowadzanych z wykorzystaniem informacji zawartych w książce. Zachęcamy do podejmowania diety warzywno-owocowej i zmian w nawykach żywieniowych z pomocą doświadczonych terapeutów i pod opieką lekarza.

Konsultacja: dr Ewa Dąbrowska

Opieka redakcyjna: Dorota Trzcinka
Redakcja: Małgorzata Olszewska
Korekta: Klaudia Adamus
Projekt, okładka i ilustracje: Emilia Pyza
Skład: Lucyna Sterczewska

ISBN 978-83-277-1459-6

WYDAWNICTWO WAM
ul. Kopernika 26 • 31-501 Kraków
tel. 12 62 93 200 • faks 12 42 95 003
e-mail: wam@wydawnictwowam.pl

DZIAŁ HANDLOWY
tel. 12 62 93 254-255 • faks 12 62 93 496
e-mail: handel@wydawnictwowam.pl

KSIĘGARNIA WYSYŁKOWA
tel. 12 62 93 260
www.wydawnictwowam.pl

Druk: COLONEL • Kraków

Publikację wydrukowano na papierze Magno volume 115 g dostarczonym przez ZING Sp. z o.o.

Mamy coś, co jest cudem stworzenia –
dążący do równowagi,
samonaprawiający się organizm.

dr Ewa Dąbrowska

Wstęp

dr med. Ewa Dąbrowska

Żyjemy w epoce uprzemysłowienia, w której nastąpił ogromny postęp niemal we wszystkich dziedzinach życia. Z jednej strony nas to cieszy, z drugiej jednak obserwujemy pewne niepokojące zjawisko – wyłoniły się liczne przewlekłe choroby cywilizacyjne, z miażdżycą, nowotworami i schorzeniami degeneracyjnymi na czele. Jeszcze przed stu laty ich nie odnotowywano, a przynajmniej nie na taką skalę, głównymi przyczynami śmierci były zaś grypa i gruźlica.

Gdzie zatem należy szukać przyczyn takiej niekorzystnej zmiany? Odpowiedź jest prosta: to styl życia, głównie zmiany w sferze żywienia i aktywności ruchowej, mogą być przyczyną chorób. Niegdyś ludzie w większym stopniu żyli w zgodzie z naturą, dziś należy to do rzadkości. Można stąd wyciągnąć wniosek, że ratunkiem byłby powrót do natury. Jestem o tym przekonana, również bazując na kilkudziesięciu już latach doświadczeń z dietą warzywno-owocową, która jest niczym innym, jak powrotem do naturalnego żywienia. To właśnie ta prosta kuracja, polegająca na restrykcyjnym pod względem kaloryczności żywieniu, potrafiła tysiącom ludzi przywrócić zdrowie w wielu przewlekłych, a nawet nieuleczalnych chorobach cywilizacyjnych.

Prawdopodobnie nie zdajemy sobie sprawy z tego, że wszystkie bodźce, które odbieramy, a w tym pokarm, aktywność ruchowa i nawet nasza duchowość, są przez organizm traktowane jako sygnały, które docierają aż do jąder komórkowych. Tam zaś znajdują się geny, które zostają włączone bądź „uśpione", z czym z kolei wiąże się produkcja białek lub jej zatrzymanie.

Jest to o tyle ciekawe, że geny mogą być uszkodzone przez toksyny i wówczas potrafią wstrzymać produkcję określonego białka, np. chrząstki stawowej, albo wytwarzają białka zwyrodniałe lub nowotworowe. Wszystko wskazuje na to, że choroba zaczyna się na poziomie genów i to od ich naprawy należy rozpocząć proces leczenia. Można tu odnieść się do przykładu zwierząt – wiemy, że chore zwierzę przestaje jeść i wraca do formy. Podobnie dzieje się z człowiekiem pod wpływem postów lub diety warzywno-owocowej, która jest odmianą postu.

Każda dieta restrykcyjna pod względem kaloryczności zwiększa poziom sirtuin, czyli białek, które spontanicznie naprawiają geny, co nie tylko przywraca zdrowie, ale ma również wpływ na regenerację i wydłużenie życia. Proces ten można porównać do popsutego komputera – po wyłączeniu (zahamowaniu dostawy energii) i ponownym włączeniu komputer sam się resetuje, czyli spontanicznie naprawia. Organizm działa na podobnej zasadzie i także spontanicznie potrafi się „zresetować", jeśli czasowo odetniemy mu dopływ energii, stosując post.

Wpływem składników pokarmowych na geny zajmuje się nutrigenomika. Jest to nowa i niewątpliwie przyszłościowa dziedzina nauki. Niedawno odkryto, że w komórkach znajdują się specjalne białka o skomplikowanych nazwach: MTOR, AMPK, sirtuiny i FOXO, które niczym czujniki wykrywają, jaki rodzaj pokarmu i ile energii spożyliśmy, a następnie przekazują tę informację do genów, które aktywują. Co ciekawe, spożyte cukry (węglowodany) „powiadamiają" te czujniki za pośrednictwem insuliny i w przypadku przejadania się cukrami w odpowiedzi włączają się geny odpowiedzialne za otyłość i zespół metaboliczny z cukrzycą i na czele, w przypadku zaś nadmiernego spożycia białka za pośrednictwem czynnika IGF-I może zostać uruchomiona na poziomie genowym odpowiedź w postaci niebezpiecznego przyrostu komórek, np. rakowych, rozrostu nowych naczyń, przybytku komórek mięśnia sercowego, tłuszczu itp. W każdym przypadku przesycenia zostaje zahamowany jeden z najcenniejszych procesów niszczenia chorych i zwyrodniałych białek zwany autofagią.

Nietrudno się domyślić, że każdy rodzaj restrykcyjnej kalorycznie diety jest korzystny, działa przeciwnie niż przesycanie się i leczy przyczynę chorób. Dzięki obniżeniu poziomu insuliny i IGF-I czujniki „przestawiają" geny jak dźwignia, z czym wiąże się włączenie autofagii, cofanie wszelkich przerostów, zwyrodnień i równocześnie chorób należących do zespołu metabolicznego. Aż trudno uwierzyć w to, że żywienie jest jednym z najważniejszych czynników w rozwoju chorób i jednocześnie w ich leczeniu.

Wiemy również, że rozmaite bioaktywne substancje zawarte w warzywach i owocach, takie jak np. polifenole, potrafią, analogicznie jak post, regulować geny i na tym poziomie przywracać zdrowie. Podobne efekty można uzyskać, zwiększając wydatek energii dzięki aktywności ruchowej. Nie bez znaczenia jest nasza duchowość, która również jest odbierana przez geny, co niedawno odkryto. To pokazuje, jak ważne jest całościowe (holistyczne) spojrzenie na człowieka. Zatem wszelkie restrykcje kaloryczne, podobnie jak aktywność fizyczna, a nawet duchowość mają potężną moc leczniczą, wydłużają życie i poprawiają jego jakość na poziomie genowym. Dlatego zdecydowanie warto pościć i być aktywnym. W każdym przypadku należy wystrzegać się przekarmiania, zwłaszcza przetworzoną żywnością, i siedzącego trybu życia. Ponieważ nasz organizm ma niezwykłe zdolności adaptacyjne, a człowiek wykazuje niestety skłonności do przekarmiania się, to nawet krótkotrwałe i powtarzane okresowo restrykcje kaloryczne i ruch mogą na poziomie genowym przywrócić nam równowagę, czyli zdrowie.

Odwiedzając przed kilku laty jedną z klinik w Tarnopolu na Ukrainie, gdzie pod kontrolą lekarzy są prowadzone posty wodne według metody prof. Nikołajewa, miałam okazję zapoznać się z ich zdumiewającymi efektami. Wiązały się one z: odmłodzeniem, cofaniem się chorób, a nawet regeneracją uszkodzonych popromiennie (po Czarnobylu) komórek. Nie trudno było dostrzec szereg podobieństw z dietą warzywno-owocową, która w swojej istocie jest również postem, choć mniej radykalnym. Posty wodne, podobnie jak nasza dieta, cofały choroby, lecz działo się to dużo szybciej. Miałam wówczas okazję zapytać lekarzy, jak powinno wyglądać tzw. wychodzenie z postu. Odpowiedzieli, że z postu wodnego można wychodzić przez dietę warzywno-owocową, a wychodzenie powinno trwać tyle samo dni, ile trwał post wodny.

Wychodzenie z diety warzywno-owocowej jest dużo prostsze, polega bowiem na zwiększeniu asortymentu głównie warzyw i owoców, stopniowym wprowadzaniu kasz, nasion, orzechów, gotowanych ryb itp. Błędem jest przerwanie diety warzywno-owocowej przez wprowadzenie niezdrowego, przetworzonego żywienia, jak np. pokarmów smażonych, pieczonych, tłustych, białej mąki, cukru, pokarmów nietolerowanych itp. Mogłoby to zakończyć się bólem brzucha, a nawet poważniejszymi powikłaniami. Zaobserwowałam, że u osób, które stosowały dietę warzywno-owocową, zwłaszcza jeśli trwało to dłuższy czas, może nastąpić szybka i burzliwa reakcja organizmu na wprowadzenie niezdrowej żywności. Oczyszczony organizm informuje bowiem, co mu nie służy. Warto go uważnie słuchać.

Książki mojej synowej Beaty Anny Dąbrowskiej, *Dieta warzywno-owocowa dr Ewy Dąbrowskiej®. Przepisy* oraz *Dieta warzywno-owocowa dr Ewy Dąbrowskiej® i co dalej*, są ze sobą spójne. Uzupełniają pewną lukę w wiedzy praktycznej, o którą często pytają osoby pragnące podjąć dietę oraz wyjść z niej we właściwy sposób, stawiając również później na zdrowy styl życia.

Niniejsza książka, którą z serca polecam, jest holistycznym spojrzeniem na człowieka. Znajdziemy tu rozdziały opracowane przez dietetyka klinicznego, trenera personalnego, duszpasterza, a nawet trenera rozwoju osobistego, który pomoże znaleźć motywację do podejmowania wyzwań.

Pamiętajmy przy tym, że post ma wymiar nie tylko zdrowotny, ale także duchowy. Warto do niego powracać – nieprzypadkowo zalecają go wszystkie religie świata.

Życzę Państwu wytrwałości w świadomym budowaniu zdrowia. Nawet gdy zbłądzimy, to zawsze jest nadzieja powrotu na właściwą drogę. Mamy przecież coś, co jest cudem stworzenia – dążący do równowagi, samonaprawiający się organizm.

Chwała Panu!
Ewa Dąbrowska

Od Autorki

Beata Anna Dąbrowska

Szukając recepty na zdrowie odżywianie, doszłam do wniosku, że to nie lada wyczyn. Kiedy przeprowadzamy post, wszystko wydaje się łatwe, zrozumiałe, podane w prosty sposób. Moment przejścia z postu na normalna dietę jest jednak dla wielu osób bardzo trudny. Z własnego doświadczenia wiem, że czas przejścia z postu na normalne odżywianie jest wymagający, domaga się holistycznego spojrzenia na dietę, indywidualnego dopasowania. Nie możemy skupiać się tylko na liczeniu kalorii. Jest również wiele innych zależności, które powodują, że codzienna dieta staje się dla nas wyzwaniem. Jak odnaleźć się w kopalni szeroko dostępnej wiedzy? Którą teorię odżywiania wybrać, jak w niej wytrwać? Zagadnień do przemyślenia jest bardzo dużo, ale jeśli podczas postu uda ci się skupić na własnych potrzebach i uzupełnić podstawową wiedzę na temat odżywiania, tak aby zrozumieć podstawowe procesy, które zachodzą w organizmie człowieka, to wybory, przed którymi staniesz w trakcie przejścia z postu na codzienną dietę, staną się łatwe.

Kiedy podejmujemy post, kierują nami róże pobudki: chęć poprawy zdrowia, poszukiwanie alternatywnych metod leczenia, podniesienie formy, utrata kilogramów, trening silnej woli, post religijny. Post to świetny początek zmian; warto go przeprowadzić, nawet jeśli później uda ci się zachować na stałe tylko niektóre z zalecanych elementów diety. W trakcie postu często udowodniamy sobie, że z warzyw można wyczarować potrawy, które doskonale sprawdzają się na co dzień i godnie zastępują nasze dotychczasowe menu. Jeśli warzywa zostaną z tobą na dłużej, wzbogacisz je o zdrowe tłuszcze, odpowiednią ilość białek i węglowodanów, to prawdopodobnie uda ci się utrzymać efekty postu. Wyjście z postu, podobnie jak sam post, trzeba jednak potraktować bardzo poważnie i indywidualnie. Przejście z diety warzywno-owocowej dr Dąbrowskiej na zdrową dietę pełnowartościową nie musi być trudne, jeśli zrozumiemy zależności, które kierują naszym organizmem.

Pracując z pacjentami jako terapeuta środowiskowy, miałam możliwość obserwować, jak małe zmiany w stylu życia – w diecie, aktywności fizycznej, sposobie myślenia – mogą poprawić komfort życia. Praca z osobami starszymi i niepełnosprawnymi nauczyła mnie, że można wprowadzać zmiany i dopasowywać je do swoich możliwości i potrzeb, koncentrować się na własnym celu, nie porównując się do innych.

Długo zastanawiałam się, jak powinna wyglądać ta książka. Choć miałam szeroką wiedzę w dziedzinie żywienia i byłam w pełni świadoma, jak wiele korzyści niesie ze sobą właściwa dieta, to po urodzeniu dwójki dzieci trudno mi było odzyskać formę sprzed wielu lat, pogodzić obowiązki rodzinne i zawodowe ze znalezieniem czasu dla samej siebie. W pewnym momencie musiałam poprosić o pomoc dietetyka. Okazało się, że problemem nie były złe nawyki żywieniowe, ale tryb pracy, zmęczenie, stres, tempo życia, ilość złapanych srok za ogon. Efektem współpracy ze specjalistą-dietetykiem jest właśnie ta książka. Ten projekt tworzyłam w dużej mierze dla siebie. Czułam bowiem, że dopiero zebranie w jednym miejscu wiedzy dotyczącej różnych aspektów, które mają istotny wpływ na naszą codzienność, będzie właściwą odpowiedzią. Chciałam stworzyć poradnik z podejściem holistycznym, a jednocześnie dostarczający specjalistyczną wiedzę w określonej dziedzinie. Kto precyzyjniej niż lekarz opowie o profilaktyce zdrowotnej, prześcignie dietetyka klinicznego w wiedzy o diecie, nakieruje w sferze duchowej lepiej niż ksiądz, zaproponuje efektywniejszy trening niż trener personalny i zmotywuje bardziej niż coach? Nam pozostaje wprowadzić ich zalecenia w czyn.

Ostanie 2 lata mojego życia to czas zmian i przewartościowywania priorytetów. Wszystko po to, aby w pełni czerpać z możliwości, jakie daje mi życie. To również czas licznych porażek i wielu małych sukcesów, które zachęcają mnie do dalszej pracy nad sobą.

Każdy z nas odczuwa presję – trzeba podporządkować się trendom na rynku mody, wyglądu, kultury, dopasować do wielu schematów. W pogoni za tym, co modne, ładne, często nie zważamy na to, kim jesteśmy i jak doskonałe zasoby sami posiadamy. Chwila uwagi staje się celem, który wrzuca nas w wir. Tymczasem już jeden dzień postu może sprawić, że odkryjesz swoje rzeczywiste potrzeby. Przeprowadzając post w domu, nie masz urlopu od rodziny, ale mimo wszystko musisz znaleźć czas, żeby przygotować posiłki, zastanowić się nad ich jakością, zatrzymać się na chwilę w biegu. Nawet krótki post zmusza nas do tego, by oderwać się od innych spraw i oczyścić na chwilę głowę, pobyć z samym sobą. Post pozwolił mi spojrzeć na siebie na nowo, sprawił, że wiele rzeczy trafiło na właściwe miejsce, pozwolił odpowiedzieć sobie na pytanie, co tak naprawdę chcę osiągnąć, na co chcę się zdecydować, co jest dla mnie w życiu najważniejsze, esencjonalne. Kiedy wyznaczamy sobie te najważniejsze cele, nasze życie zaczyna się porządkować. Więcej w nim prostoty, pewności co do wyznawanych wartości, skupienia.

Nie chcę udawać, że zawsze mi się udaje: doświadczyłam tego, jak łatwo jest z tej właściwej drogi zboczyć i jak trudno jest na niej wytrwać. Jestem jednak pewna, że podejmowanie prób zmiany małymi krokami może przynosić wielkie korzyści. Nie zawsze i nie od razu musi to być utrata kilogramów, czasem podstawą jest po prostu lepsze samopoczucie. Po przejściu postu szukamy sposobu na utrzymanie efektów diety i aby to osiągnąć, musimy przyjrzeć się każdej sferze życia. Tak samo jak do samego postu każdy musi przygotować się we właściwy dla siebie sposób, tak i wychodząc z niego należy skupić się na różnych aspektach: kaloryczności jedzenia, aktywności fizycznej, rozwoju duchowym bądź osobistym. Każdy człowiek jest całością i jest jedyny w swoim rodzaju, dlatego trzeba go rozpatrywać w całości i indywidualnie.

Życzę wytrwałości i powodzenia szukaniu i utrzymaniu własnej drogi,
Beata A. Dąbrowska

Nawet nieduże zmiany w stylu życia
mogą przynieść duże korzyści!

Wybieraj proste rozwiązania,
obserwuj naturę,
nie stawiaj sobie wymagań,
które wydają się
niemożliwe do zrealizowania,
dopasuj zmiany do swoich możliwości,
podejmuj próby i ciesz się każdym,
nawet najmniejszym sukcesem.

Między postem a dietą

Beata Anna Dąbrowska

„I rzekł Bóg: Oto wam daję wszelką roślinę przynoszącą ziarno po całej ziemi i wszelkie drzewo, którego owoc ma w sobie nasienie: dla was będą one pokarmem".
(Rdz 1,29)

Człowiek, jak każda istota żyjąca, jest wkomponowany w naturę, którą rządzą jej odwieczne prawa. Obowiązują one na wszystkich poziomach: od atomów gwiazd, co zapewnia fenomenalny porządek w całym wszechświecie. Scala on wszystkie procesy w jedną całość, wszystko jest wzajemnie zależne i powiązane, podobnie jak zazębiające się tryby. Człowiek także podlega prawom natury, żyjąc w harmonii z zewnętrznym otoczeniem. Ta ścisła zależność jest bardzo ważna, gdyż pozwala człowiekowi przetrwać nawet w niesprzyjających warunkach.

Jeden z największych ludzi nauki, francuski fizjolog Claude Bernard, żyjący w XIX wieku, zwrócił uwagę na znaczenie środowiska, w którym żyjemy. Na przykładzie bakterii wykazał, że to nie sama bakteria jest ważna, ale środowisko, które sprzyja jej rozwojowi. W niesprzyjającym środowisku żadna bakteria bowiem nie przeżyje. Ten wielki uczony zauważył także, że warunkiem życia jest niezmienność środowiska wewnętrznego, co oznacza zdolność organizmu do zachowania w równowadze wszystkich procesów życiowych mimo zmieniających się warunków zewnętrznych. Tę równowagę dzisiaj nazywamy homeostazą.

Pożywienie stanowi niewątpliwie jeden z najważniejszych elementów środowiska zewnętrznego. To właśnie pokarm najściślej łączy się z biosystemem organizmu, dostarczając mu potrzebnej do życia energii, ale też elementów budulcowych dla wszystkich struktur komórek i tkanek. Nasze ciało jest zbudowane z wielu komórek, które są odżywiane; wiele z nich ma podobną budowę jak pokarm, który spożywamy, dlatego aby żyć, trzeba jeść.

Również komfort życia zależy w dużej mierze od pożywienia. Z dobrym zdrowiem wiąże się radość życia, a tę można osiągnąć dzięki diecie bogatej w składniki odżywcze, aktywności fizycznej, a także równowadze duchowo-psychicznej i satysfakcjonującym relacjom z rodziną, przyjaciółmi czy współpracownikami. Te czynniki stanowią fundament stylu życia. Niezwykle ważna jest harmonia między nimi. Warto więc pamiętać, że jedzenie może spełniać nie tylko swoją podstawową funkcję odżywczą, ale też wiele innych. Jemy dla towarzystwa, przyjemności czy zachowania konwenansów. Z tego powodu z jedzeniem związane jest ryzyko przesycenia, zwłaszcza przetworzonym pokarmem, który jest pozbawiony nie tylko bezcennego błonnika, ale też wielu witamin i mikroelementów, a ponadto może zawierać również szkodliwe dla zdrowia ulepszacze smaku, a także substancje pobudzające apetyt. Tymczasem każde pożywienie, po które sięgamy, musi przede wszystkim zaspokoić głód, czyli dostarczyć wszelkich substancji niezbędnych do prawidłowego funkcjonowania organizmu, aby mieć gwarancję życia w zdrowiu. Gdy żywienie sprowadza się jedynie do zaspokajania zachcianek naszego apetytu, gdy liczy się jedynie smak, zawsze istnieje niebezpieczeństwo, że nie będzie ono służyć zdrowiu, istnieje też niebezpieczeństwo rozwoju chorób.

Żyjemy w zmiennej rzeczywistości. Jak dowodzi wiele badań, nasze geny są dostosowane do naturalnego pokarmu, takiego jakim żywili się nasi przodkowie z epoki paleolitu. Materiał genetyczny człowieka na przestrzeni lat nie zmienił się znacząco, natomiast tempo zmian, którym podlega żywność, jest znacznie większe, dlatego też pojawiły się nowe choroby, np. z autoagresji, w których nowe pokarmy, nazywane nietolerowanymi, atakują układ immunologiczny. Takich pokarmów nie znał człowiek pierwotny i nasze geny również ich „nie rozumieją". Już Lukrecjusz, rzymski poeta i filozof żyjący w 75 roku przed Chrystusem, zauważył, że „to, co dla jednego jest pożywieniem, jest trucizną dla drugiego". Zatem żywność powinna być dostosowana do indywidualnych potrzeb człowieka.

Spożywanie pokarmu, którego skład mocno odbiega od naturalnego, stało się współcześnie normą i – trzeba to powiedzieć – jest to prawdziwy dramat. Spożywanie przetworzonej żywności to jedna z głównych przyczyn pandemii chorób cywilizacyjnych.

Wśród innych związanych ze stylem życia czynników, które sprzyjają rozwojowi chorób współczesnej cywilizacji, są przede wszystkim: zbyt mała aktywność fizyczna, która często wiąże się z siedzącym trybem życia, narażenie na stres i zanieczyszczenie środowiska, a także równie ważny problem odchodzenia od wartości duchowych i moralnych.

Każdy, kto chce cieszyć się zdrowiem, powinien wybierać rozwiązania dające mu poczucie harmonii z otaczającym go środowiskiem, gdyż symbioza z naturą jest właściwą i najbardziej naturalną ścieżką dla człowieka. Gwarantuje ona nie tylko zdrowie, ale także energię, witalność, a nawet długowieczność.

Jest też na szczęście dobra wiadomość: nasz organizm potrafi informować nas o braku wewnętrznej harmonii. Robi to, wysyłając nam różnorodne sygnały. To dzięki takim objawom lekarz może rozpoznawać choroby. My nie zawsze jednak wsłuchujemy się w głos własnego organizmu, nie szukamy przyczyny chorób. Najczęściej skupiamy się na zwalczaniu jedynie skutków choroby: sięgamy po farmaceutyki, środki hormonalne itp. Takie szybkie rozwiązania wprawdzie pozbawiają nas bólu fizycznego i maskują objawy, ale nie usuwają rzeczywistej przyczyny choroby. Tymczasem niezmiernie ważna jest profilaktyka, która pomaga zapobiegać chorobom przez usunięcie przyczyn je wywołujących. W praktyce jednak postępujemy zupełnie inaczej. Czy możemy temu zaradzić? Tak, poprzez wprowadzenie odpowiednich zmian w codziennej diecie, aktywności fizycznej, pozostawienie sobie przestrzeni na refleksję czy poprawę duchową.

Post a dieta

Jaka jest różnica między postem a dietą? Czy post należy postrzegać jedynie jako trening silnej woli, czy rozpatrywać w kategoriach duchowych? Samo słowo „post" ma wiele definicji. W znaczeniu duchowym może oznaczać czas, w którym z powodów religijnych zakazane jest spożywanie niektórych potraw, ale też podjęte świadomie i celowo wyrzeczenie, rezygnację z różnego rodzaju przyjemności, nie tylko związanych z jedzeniem. Blisko takiego ujęcia w potocznym rozumieniu leży pojęcie diety, często postrzeganej również jako istotne ograniczenie, unikanie tych pokarmów, które najbardziej nam smakują. Kojarzone jest głównie ze stosowaniem określonego systemu odżywiania się. Tymczasem słowo „dieta" wywodzi się z greki i było określeniem na styl życia, sposób myślenia. Elementem tak postrzeganej diety może być post w znaczeniu medycznym – czyli okresowe ograniczenie dostarczania organizmowi energii, która pochodzi z węglowodanów, tłuszczu i białka, a prowadzi do włączenia mechanizmu samouzdrawiania, używania potencjału naprawczego organizmu, jaki naturalnie jest nam przypisany w układzie immunologicznym.

Post powinien znaleźć miejsce w naszym stylu życia (diecie) na stałe. Każdy post bowiem pomaga nam oczyścić ciało i ducha, pozwala przez moment skupić się na sobie. Nawet kilkudniowe posty dają możliwość oczyszczenia.

Praktykowanie postów znane jest w wielu religiach, filozofiach i tradycjach. Obecne są w nich posty w różnych formach i prowadzące do różnych celów: odbycia pokuty, przejścia żałoby, doznania oczyszczenia, duchowej wizji czy określonej intencji. Ograniczenie spożywania pokarmu to również forma oczyszczenia i pracy nad pokorą oraz przezwyciężaniem pokus, do których może należeć także pokarm.

W niemal wszystkich znanych kulturach i religiach istnieją odniesienia do głodu jako metody osiągania duchowego rozwoju. Mojżesz, zanim odebrał Boskie przykazania na górze Synaj, pościł przez 40 dni; Chrystus przed rozpoczęciem nauczania pościł na pustyni również przez 40 dni i także wzywał swoich apostołów, aby pościli dla oczyszczenia duszy i ciała. Również Budda krótko przed swoim oświeceniem głodował przez 40 dni.

Post to niepowtarzalna szansa, którą dajemy naszemu ciału, aby uzyskać rewitalizację i odnowę. O tej samoleczącej sile natury, *vis medicatrix naturae*, mówił ojciec medycyny, Hipokrates, już 2500 lat temu. Całkowite zaprzestanie przyjmowania pokarmu pozwala ciału kierować wszystkie jego siły do procesów usuwania wszelkich zwyrodnień i odpadów, z czym wiąże się regeneracja i przywracanie funkcji wszystkich narządów i układów oraz odmłodzenie. To jest prawdziwy cud natury, genialne funkcjonowanie organizmu, który potrafi spontanicznie i samodzielnie zrobić to wszystko, wystarczy tylko przestać jeść. Jeśli spojrzeć na post z takiej perspektywy, przestaje dziwić jego powszechne stosowanie.

Post jako metoda profilaktyki zdrowotnej czy leczenia jest zazwyczaj polecany przez lekarzy, naturoterapeutów lub dietetyków o holistycznym podejściu do zdrowia. Konwencjonalna medycyna zachodnia, zwłaszcza w ostatnich latach, również zaczyna polecać dietoterapię jako formę profilaktyki zdrowotnej. Ta dziedzina obecnie dynamicznie się rozwija. Holistyczne spojrzenie na człowieka, traktowanie jego ciała, duszy i umysłu jako jedności to droga, dzięki której nie ingeruje się w pracę organizmu, ale raczej wspiera jego własne mechanizmy leczenia. Ponieważ medycyna ewoluuje w tym właśnie kierunku, bez wątpienia na nowo odkryje post jako nieocenioną metodę.

Dlaczego Post Daniela?

Post Daniela opiera się na doświadczeniach Daniela opisanych w 1 rozdziale starotestamentowej Księgi Daniela. Daniel był młodym człowiekiem, bardzo inteligentnym i uzdolnionym. Został przeznaczony do służby na dworze króla babilońskiego.

Tam, ucząc się przyszłych obowiązków, miał możliwość jedzenia iście królewskich posiłków, złożonych z wina, tłustego mięsa i słodkich wypieków. Jako pobożny żyd, który złożył śluby trzeźwości, z całą pokorą odmówił jednak spożywania potraw, które nie spełniały wymogów jego religii. W zamian poprosił: „Poddaj sługi twoje dziesięciodniowej próbie: niech nam dają jarzyny do jedzenia i wodę do picia. Wtedy zobaczysz, jak my wyglądamy, a jak wyglądają młodzieńcy jedzący potrawy królewskie, i postąpisz ze swoimi sługami według tego, co zobaczysz". Nadzorca służby królewskiej zgodził się, choć ryzykował życie, przeciwstawiając się nakazom króla. Wkrótce zobaczył efekty: „A po upływie dziesięciu dni wygląd ich był lepszy i zdrowszy niż innych młodzieńców, którzy spożywali potrawy królewskie".

Naturalny dla Daniela sposób odżywiania opierał się głównie na warzywach i wodzie. Prorok wiedział, że większe wartości kryją się w pokarmie roślinnym, który pochodzi z natury, i potrafił eliminować pokusy wystawnego stylu użycia, opartego na królewskich zasadach. Jego postawa jest inspiracją dla wielu dietetyków i lekarzy, którzy w pracy naukowej polecają i rozwijają post jako naturalną metodę profilaktyki zdrowotnej.

Kilka faktów z historii głodówek leczniczych

Istnieje kilka rodzajów interwencji dietetycznych związanych z ograniczeniem przyjmowanych kalorii:

- restrykcje kaloryczne, czyli ograniczenia kaloryczne np. do 500–600 kcal dziennie, bez redukcji konkretnej grupy produktów, polegające na spożywaniu mniejszych porcji,
- restrykcje dietetyczne, czyli ograniczenie konkretnych produktów, np. wykluczenie węglowodanów czy białek lub tłuszczów,
- głodówki lecznicze, np. post zupełny, post o wodzie, post częściowy sokowy, post warzywno-owocowy,
- diety naśladujące post, czyli ketoza odżywcza, stosowanie okien żywieniowych (*intermittent fasting*, IF) w systemie dobowym bądź tygodniowym.

Wymienione wyżej formy ograniczenia energii w pożywieniu mają na celu uruchomienie w organizmie własnych samoleczących mechanizmów.

Historia postu nie ma ściśle określonego początku, ponieważ nie ma powodu podejrzewać, że post był obcy człowiekowi pierwotnemu. Brak apetytu to instynktowne zachowanie, będące wynikiem naturalnej tendencji organizmu ludzkiego lub zwierzęcego do poszukiwania odpoczynku, równowagi i oszczędzania energii w sytuacjach choroby lub stresu.

Post, obok aktywności fizycznej, jako metoda leczenia może być częścią złożonej, ale bardzo skutecznej terapii mającej na celu zarówno profilaktykę, jak i leczenie konkretnych schorzeń.

Post jako terapię leczniczą stosowali już starożytni filozofowie i medycy: Hipokrates, Platon, Sokrates, Arystoteles i Galen. „Post jest największym lekarstwem – lekarzem samym w sobie" – głosił w XVI wieku Philippus Aureolus Theophrastus Bombastus von Hohenheim, znany jako Paracelsus. Wtórował mu 400 lat później Herbert Shelton: „Post musi być uznany za fundamentalny i radykalny proces, który jest starszy niż jakikolwiek inny rodzaj opieki nad chorym organizmem, działań na płaszczyźnie instynktu".

Terapię opartą na postach leczniczych, głodówkach i restrykcjach kalorycznych skutecznie stosuje się od lat w wielu europejskich klinikach. Klinika Ottona Buchingera w Niemczech proponuje pacjentom głodówkę leczniczą już od 1920 roku. Polega ona na piciu soków z warzyw i wywarów warzywnych. Pacjenci otrzymują w ośrodku kompleksowy program kuracji z kombinacją zabiegów leczniczych i aktywności fizycznej oraz wytyczne do dalszego stosowania w domu. Strategie żywieniowe opracowywane są indywidualnie, na ich przygotowanie dla konkretnej osoby poświęcane jest bardzo dużo czasu. Niemal stuletnie doświadczenie kliniki Buchingera pokazuje, że ten rodzaj terapii może skutecznie konkurować z medycyną kliniczną. Obecnie ośrodek jest prowadzony przez czwarte pokolenie Buchingerów.

Federacja Rosyjska jest krajem, w którym głodówki lecznicze znalazły uznanie na równi z medycyną tradycyjną. Lekarze zaczęli tam stosować tę metodę już w XVIII wieku, a w XIX wieku na ten temat powstały w pierwszych ośrodkach badania kliniczne. Decydujący wpływ na rozwój głodówki leczniczej jako metody leczenia w drugiej połowie XX wieku miała szkoła prof. Jurija Nikołajewa. Opracowana przez niego metoda i jego baza dowodowa stały się podstawą większości licznych badań z zakresu leczniczego postu i nowoczesnych metod jego stosowania. Dziś w wielu profesjonalnych poliklinikach proponuje się pacjentom kontrolowane głodówki lecznicze, które są po wnikliwej diagnozie ustalane indywidualnie. Klinika prof. Lapteva w Petersburgu to tylko jeden z przykładów takich ośrodków. Posty są tam stosowane jako metoda redukcji masy ciała, ale też jako droga do zmiany stylu życia czy też jako terapia zespołu metabolicznego (choroby serca, cukrzyca, insulinooporność, nadciśnienie). Klinika od ponad 20 lat proponuje specjalnie wypracowane skuteczne strategie walki z nawagą. Terapia obejmuje również pracę nad wdrażaniem nowych nawyków żywieniowych.

Autofagia w czasie postu, czyli o mechanizmie samonaprawy

Nasz organizm składa się z bilionów komórek, które budują struktury tkanek i organów. Każda komórka ma w jądrze komórkowym kod genetyczny, czyli dokładny zapis funkcji, podziałów i długości życia. W ludzkim organizmie wciąż przeplatają się dwa przeciwstawne procesy: z jednej strony jest to obumieranie i starzenie się komórek, zwane katabolizmem, a z drugiej powstawanie nowych komórek, zwane anabolizmem. Komórka po dokonaniu pewnej liczby podziałów ulega apoptozie, czyli zaprogramowanej śmierci. Proces ten, choć wydaje się przerażający, jest niezbędny do utrzymania dobrego zdrowia, ponieważ w miejsce obumarłych komórek powstają nowe i zdrowe: w ten sposób odmładzamy się. O utrzymaniu zdrowia decyduje równowaga tych procesów.

Komórki potrzebują do życia: energii, składników odżywczych, wody. Życie komórek można porównać do funkcjonowania społeczeństwa, które zależy nie tylko od dowozu żywności, ale także od efektywnego oczyszczania ścieków i prawidłowego zarządzania odpadkami. Na tym przykładzie można pokazać także pewne ograniczenia, które mogą wystąpić w przypadku np. strajku w branży spożywczej. Wówczas jesteśmy zmuszeni do pozostania w domu i zjadania zapasów z zamrażarek i spiżarni, dzięki czemu możemy przeżyć przez pewien czas.

Analogiczne procesy odbywają się w naszych komórkach podczas postu, czyli ograniczonego dowozu niezbędnych składników odżywczych. Wówczas komórki są zmuszone do zjadania tego, co jest dla nich dostępne. Ten proces nazywa się autofagią. Sam termin pochodzi od greckiego wyrażenia *auto phagein*, co oznacza samozjadanie, w którym, zamiast zabicia całej komórki (apoptozy), można usunąć i wymienić uszkodzone struktury wewnątrzkomórkowe.

Przełomowym wydarzeniem w dziedzinie autofagii na poście było przyznanie w 2016 roku Nagrody Nobla w dziedzinie fizjologii i medycyny Japończykowi Yoshinoriemu Ohsumiemu. Odkrył on i wyjaśnił mechanizmy leżące u podłoża autofagii w czasie głodówki. Ten proces polega na trawieniu starych, uszkodzonych lub obumarłych własnych organelli wewnątrzkomórkowych, z których odbudowywane są nowe, młode i pełnosprawne struktury w komórkach.

W procesie autofagii wszystkie zbędne elementy wewnątrzkomórkowe zostają otoczone specjalną błoną, a następnie przetransportowane do stacji rozkładających je enzymatycznie, zwanych lizosomami. Produkty rozkładu są kierowane z powrotem do cytoplazmy, gdzie mogą być na nowo odzyskane i użyte do budowy komórki (proces recyklingu). Yoshinori Ohsumi zidentyfikował również geny niezbędne do autofagii, wykorzystując w tym celu drożdże piekarskie, i wykazał, że podobne mechanizmy zachodzą w ludzkich komórkach.

Post aktywuje autofagię.

Autofagia jest procesem zachodzącym także w zdrowych komórkach, nie tylko podczas postu. Zdolność tę wykazują wszystkie zdrowe komórki. Jest to mechanizm usuwania niepotrzebnych komponentów, które są odpowiedzialne za objawy starzenia się, analogicznie do sprzątania śmieci. Post pozwala przywrócić tę funkcję w komórkach, w których ten proces został zaburzony. Zatem każdy rodzaj postu, który aktywuje procesy autofagii, przyczynia się do odmłodzenia organizmu i jego regeneracji. Wszelkie restrykcje kaloryczne są uznanym czynnikiem przedłużającym życie. Należy do nich również dieta warzywno-owocowa dr Ewy Dąbrowskiej.

Etapy diety (postu) według dr Ewy Dąbrowskiej

ETAP 1

Przygotowanie do postu warzywno-owocowego

Zasady przygotowania się do postu:

- Nawodnienie organizmu jest najważniejszym elementem, który pozwoli usprawnić metabolizm i efektywnie przebyć całą kurację postem, a także oczyścić jelita, co poskutkuje lepszą przyswajalnością składników odżywczych i głębszym oczyszczaniem podczas postu. Przygotowując się do diety, wskazane jest picie dużej ilości wody, nawet 2–3 l dziennie. Najlepiej wybierać wodę źródlaną albo lekko zmineralizowaną. Można ją pić z sokiem z cytryny i imbirem lub octem jabłkowym naturalnie fermentowanym, przechowywanym w ciemnym szkle. Usprawni to proces trawienia i ułatwi detoksykację. Kuracja octem to bardzo ważna czynność, którą powinniśmy wykonywać zarówno przed postem, jak i w czasie jego trwania oraz po nim, jeśli kiedykolwiek mieliśmy problem z funkcjonowaniem układu pokarmowego, zgagą czy refluksem, a nawet w przypadku wzdęć czy innych dolegliwości. Dawkowanie: 1–2 łyżki octu na 250 ml wody, należy pić 1–3 razy dziennie na 10 minut przed posiłkiem.

- Jeśli dotychczasowa dieta była bogata w produkty mięsne i mleczne, warto je wyłączać z jadłospisu, jak również ograniczyć lub wykluczyć picie kawy czy palenie papierosów, a zwłaszcza przestać jeść słodycze.
- Przed postem warto wprowadzić do każdego posiłku surowe lub lekko gotowane warzywa, gdyż w ten sposób przygotujemy organizm do ich trawienia, co zwiększy przyswajalność witamin i minerałów. Taka adaptacja sprawia, że w czasie diety łatwiej jest wytrwać. Warto zjadać co najmniej pięć porcji warzyw i owoców każdego dnia.
- Alternatywą dla warzyw mogą być soki warzywne, które warto pić świeżo wyciskane. Najlepiej wybieraj soki z zielonych warzyw, które są bogate w chlorofil. Mają one silne działanie detoksykacyjne i pomogą zaadaptować się do zmian, które czekają na poście.
- Warto spożywać większe ilości kiszonych warzyw, które są niezbędnym elementem każdego dobrze przeprowadzonego postu. Jeżeli nie jesteś do nich przyzwyczajony, to na początku mogą powodować luźne stolce, dlatego należy je wprowadzać stopniowo już na etapie przygotowania się do postu. Szczególnie cenny jest zakwas burczany, który może doskonale zastąpić poranny rytuał picia ciepłego płynu (najlepiej podgrzej go do 40 stopni z czosnkiem przeciśniętym przez praskę i majerankiem). Zakwas i kiszonki staraj się przygotowywać samodzielnie – dzięki temu masz kontrolę nad ilością soli. Kiszenie można przyspieszyć dzięki dodatkowi probiotyków – pomogą one skrócić czas przygotowania warzyw nawet do 3–4 dni. Można też dodać kilka łyżek soku z ogórków kiszonych, kiszonej kapusty czy innych fermentowanych warzyw.
- Jeżeli dopuszczasz w swojej diecie fermentowane produkty mleczne, to warto je teraz przygotowywać samodzielnie z użyciem bakterii probiotycznych, gdyż dzięki temu dawka probiotyków będzie o wiele większa niż w produktach kupionych w sklepie. Można również jako bazy użyć mleka roślinnego, najlepiej kokosowego.
- Do posiłków można dodawać zdrowe tłuszcze, np. do każdej porcji soku i surowych warzyw dolewać 1–2 łyżki oliwy z oliwek. Dzięki temu szybciej się nasycisz i łatwiej zrezygnujesz z nadmiaru węglowodanów. Do pozostałych posiłków możesz dodawać olej kokosowy; ma on silne działanie bakteriobójcze, a dzięki zawartości tłuszczów średniołańcuchowych (MCT) ułatwi wejście w stan ketozy odżywczej i zahamuje apetyt.

- Warto zaopatrzyć się w dobrej jakości probiotyki, które zawierają różne szczepy bakterii (co najmniej 5 różnych szczepów), w dawce minimum 2 mld CFU doustnie, gdyż będą one miały dobroczynny wpływ na jelita. Probiotyków można też używać do mycia warzyw lub do podlewania roślin w ogrodzie.
- Ważnym aspektem są też zmiany, jakie można wprowadzać we własnym gospodarstwie domowym – wybieraj chemię domową i kosmetyki, które nie są szkodliwe dla środowiska. Będzie to z korzyścią także dla twojego zdrowia.

Jeśli masz możliwość lub wymaga tego twój stan zdrowia, wykonaj podstawową diagnostykę organizmu, najlepiej kilka tygodni przed wyznaczonym postem. Skup się na lipidogramie, morfologii, OB, ale również na poziomie żelaza, ferrytyny, witaminy D3. Jeżeli badanie wykaże niedobory, uzupełnij je przed rozpoczęciem kuracji. Jest to jednak bardzo okrojona diagnostyka, dlatego jeśli masz problemy ze zdrowiem, to warto wybrać się do specjalisty, który dopasuje rodzaj badań do twoich potrzeb (więcej infromacji o diagnostyce znajdziesz na s. 133).

Organizacje zajmujące się promocją zdrowia, takie jak WHO czy Helsediretorate w Norwegii, opracowały zalecenia, które mówią, że:

- W codziennej diecie każdego człowieka powinno się pojawić pięć porcji warzyw, owoców i orzechów. Trzy porcje powinny stanowić warzywa, a dwie – owoce. Jedna porcja jest odpowiednikiem 100 g – może to być np. miseczka sałatki, surowa marchewka lub owoc średniej wielkości. Pięć porcji warzyw i owoców daje dużo możliwości przygotowania: mogą to być warzywa i owoce surowe, poddane lekkiej obróbce termicznej, jedną porcję można zastąpić szklanką świeżego soku. Pamiętaj o używaniu różnorodnych warzyw i owoców, np. pomidorów, ogórków, cebuli, czosnku, kiszonek itd.
- Ziemniaki nie są wliczane do tych porcji, ale należy o nich pamiętać w komponowaniu zróżnicowanej diety. Zawierają one więcej błonnika pokarmowego, witamin i minerałów niż zwykły ryż i makaron. Najlepiej wybierać ziemniaki gotowane lub pieczone.
- Fasola i soczewica, nasiona, przyprawy i zioła również nie są uwzględnione w pięciu porcjach dziennie. Często jednak zawierają one wiele składników odżywczych i wzbogacają codzienną dietę.
- Każdego dnia jedz garść niesolonych orzechów.

Warto jest również znaleźć towarzysza postu czy dołączyć do grupy – nikt nie jest na poście sam, są nas tysiące. Jeśli masz wątpliwości, to pisz, inspiruj i motywuj innych, razem będzie nam łatwiej!

Post może być startem do nowego stylu żywienia. Nawet jeśli tylko kilka z tych zasad zostanie z tobą na dłużej, twoje ciało podziękuje ci lepszym samopoczuciem i większą energią.

ETAP 2

Post – to etap, który cieszy się największym zainteresowaniem i często utożsamiany jest z dietą warzywno-owocową dr Ewy Dąbrowskiej.

ETAP 3

Przejście z diety warzywno-owocowej na zdrowy sposób odżywiania (jak to zrobić, dowiesz się z rozdziału *Protokół wyjścia* na s. 151).

Żywność i odżywianie

Pod pojęciem odżywiania ukrywają się wszelkie informacje związane z jedzeniem: to zarówno określanie zapotrzebowania organizmu na energię i inne składniki odżywcze, opisywanie rodzajów żywności, które te składniki odżywcze zawierają, jak i czynności ich trawienia i przyswajania w procesach fizjologicznych i biochemicznych.

Składniki odżywcze z kolei to wchłaniane przez organizm związki chemiczne lub pierwiastki, które w procesach zachodzących w organizmie wytwarzają energię, są niezbędne do życia lub stanowią materiał wykorzystywany do budowy i wzrostu.

Składniki odżywcze, które pochodzą z żywności, dzielimy na 2 grupy: dające energię (jak tłuszcze, białka i węglowodany) i nieenergetyczne (witaminy, enzymy, polifenole, minerały, pierwiastki śladowe). Woda i tlen należą do składników, bez których życie nie byłoby możliwe. Ciało potrzebuje również paliwa (energii) do wzrostu i funkcjonowania. Energetyczne składniki odżywcze to głównie węglowodany i tłuszcze. Energii dostarczają również białka, ale organizm wykorzystuje je przede wszystkim jako materiał budulcowy. Substancje odżywcze muszą być dostarczane z zewnątrz, ponieważ zwykle organizm nie może ich samodzielnie wytworzyć. Choć zdarza się to w niektórych przypadkach, to wytwarzana ilość jest zbyt mała, aby pokryć zapotrzebowanie. Wszelkie składniki odżywcze

ZAWARTOŚĆ ENERGII W SKŁADNIKACH ODŻYWCZYCH GENERUJĄCYCH ENERGIĘ		
jednostka wagi	KJ	Kcal
1 g tłuszczu	**37**	**9**
1 g białka	**17**	**4**
1 g węglowodanów	**17**	**4**

pozyskujemy z pożywienia, które powinno zapewnić równowagę między składnikami wytwarzającymi energię, witaminami, minerałami, niezbędnymi pierwiastkami i wodą.

Również pobór i zużycie energii powinny być zrównoważone. Na zużycie energii wpływa wiele czynników: płeć, wiek, budowa ciała, skład ciała i poziom aktywności. Międzynarodową jednostką pomiaru energii są dżule (J), ale wielu specjalistów nadal posługuje się pojęciem kalorii (cal). Energia zawarta w żywności jest zwykle podawana w kilodżulach (kJ) lub kilokaloriach (kcal).

1 kJ = 0,24 kcal
1 kcal = 4,2 kJ

Uśrednione dzienne zużycie energii wynosi ok. 9 MJ (2150 kcal) u nieaktywnej kobiety i ok. 11 MJ (2600 kcal) u nieaktywnego mężczyzny. Przy regularnej aktywności fizycznej dzienne zużycie energii wzrasta do 10 MJ u kobiet i do 12,5 MJ u mężczyzn. U osób bardzo aktywnych fizycznie – np. czynnych sportowców zawodowych – zużycie energii może przekroczyć 20 MJ dziennie.

Udział w diecie całkowitej zawartości energii pochodzącej z węglowodanów, tłuszczu i białka jest często określany jako zużycie energii lub E%. Średnio całkowity udział węglowodanów, tłuszczów i białek w diecie wynosi odpowiednio ok. 50, 35 i 15%.

FUNKCJE I ŹRÓDŁA SKŁADNIKÓW ODŻYWCZYCH

składniki odżywcze	funkcje	źródło w codziennej diecie
Węglowodany	stanowią źródło energii	chleb, mąka, ziemniaki, owoce, cukier, słodycze
Białka	są materiałem budulcowym	mięso, ryby, mleko, ser, jaja, rośliny strączkowe
Tłuszcze wielonienasycone	dostarczają energii i niezbędnych kwasów tłuszczowych	oleje spożywcze, nasiona oleiste, tłuste ryby
Tłuszcze nasycone	dostarczają energii	masło, mleko pełne, tłusty ser, czerwone mięso
Witamina A	niezbędna dla prawidłowego funkcjonowania oczu, a także dla wzrostu i rozwoju	marchew i inne kolorowe warzywa, masło, wątróbka
Witaminy z grupy B	zawarte w enzymach niezbędnych dla prawidłowego metabolizmu węglowodanów, tłuszczów i białek	zielone warzywa, zboża, mleko, ser, mięso, ryby, jaja
Kwas foliowy	zmniejsza ryzyko wad wrodzonych układu nerwowego płodu, budulec krwinek czerwonych	zielone warzywa, owoce cytrusowe, zboża
Witamina C	ważna dla komórek i tkanek, poprawia wchłanianie żelaza	owoce, jagody, warzywa, ziemniaki
Witamina D	konieczna, aby organizm mógł wykorzystywać wapń	światło słoneczne, żurawina, tłuste ryby, wątroba rybna, masło
Witamina E	ważna dla komórek i tkanek	warzywa, zboża, oleje
Witamina K	ważna dla zdolności krzepnięcia krwi	warzywa zielone
Wapń	ważny dla szkieletu, zębów, mięśni i układu nerwowego	produkty mleczne, zielone warzywa, orzechy
Żelazo	składnik hemoglobiny krwinek czerwonych, które niosą tlen do komórek	ziarna, mięso
Błonnik pokarmowy	ważny dla prawidłowego trawienia pokarmów	chleb, zboża, warzywa, owoce, jagody
Woda	transportuje składniki odżywcze	napoje, większość pokarmów, warzywa i owoce

Zródło: Mat og mosjon i hverdagen, helsedirektoratet.no [dostęp: 10 marca 2018]

Białka mają do zrealizowania wiele różnych ważnych zadań, uczestniczą w każdym procesie w komórce, gdyż wiele białek to enzymy, które katalizują reakcje chemiczne. Są niezbędne do utrzymania struktury i funkcji organizmu, są ważnymi materiałami budulcowymi (zawierającymi aminokwasy) dla nowych komórek zarówno u organizmów podczas wzrostu, jak i u osobników dojrzałych. W niektórych przypadkach mogą dostarczać energię.

Tłuszcze (lipidy) składają się z kwasów tłuszczowych i glicerolu, są najbardziej skoncentrowanym źródłem energii w pożywieniu i ważnym źródłem energii dla organizmu. Tłuszcze pełnią trzy główne funkcje biologiczne: służą jako strukturalne składniki błon komórkowych, stanowią magazyn energii i funkcjonują jako ważne cząsteczki sygnałowe.

Węglowodany to wspólne określenie dla: cukru, skrobi i błonnika. Cukier i skrobia dostarczają energii (kalorii), natomiast błonnik nie podlega trawieniu i dlatego też nie wytwarza żadnych kalorii. Błonnik rozpuszczalny podlega trawieniu przez bakterie jelitowe, tzw. probiotyki, do korzystnych dla zdrowia krótkołańcuchowych kwasów tłuszczowych.

Mówiąc o cukrze, zwykle myślimy o białym cukrze dodawanym do jedzenia. To prawda, że wpływa on bezpośrednio na podniesienie poziomu cukru we krwi, ale inne rodzaje cukru też dają bardzo zmienny wzrost poziomu cukru we krwi. Skrobia jest „cukrem" w zbożach (mące, pieczywie, ciastkach, makaronie), ryżu, ziemniakach i innych warzywach korzeniowych. W przeciwieństwie do białego cukru, skrobia nie ma smaku słodkiego, ale zachowuje się w organizmie tak jak cukier i również podnosi poziom cukru we krwi. Żywność zawierająca dużo skrobi, np. ziemniaki, powinna być spożywana w ograniczonych ilościach.

Witaminy to składniki odżywcze, które są niezbędne do regulacji metabolizmu: węglowodanów, tłuszczów, białek i minerałów. Witaminy muszą być dostarczane z pokarmem, ponieważ organizm nie jest w stanie ich zbudować. Potrzebujemy tylko niewielkich ilości witamin dziennie, od kilku mikrogramów do kilkudziesięciu miligramów, w przeciwieństwie do energetycznych składników odżywczych, takich jak: białka, tłuszcze czy węglowodany.

Substancje mineralne obejmują substancje nieorganiczne, których organizm potrzebuje w dużych ilościach, jak np. wapnia czy fosforanów, oraz substancje potrzebne w małych ilościach, takie jak żelazo, selen i cynk. Te ostatnie są często nazywane pierwiastkami śladowymi, ponieważ są potrzebne w bardzo małych ilościach (ilości śladowe).

Niektóre witaminy i inne substancje w żywności, jak np. polifenole, pełnią rolę przeciwutleniaczy (antyoksydantów), ponieważ mogą przeciwdziałać uszkodzeniom oksydacyjnym (utlenianiu) komórek spowodowanym przez toksyczne wolne rodniki. Wszystkie komórki ciała, narządy i płyny tkankowe muszą być chronione przed szkodliwym utlenianiem.

Woda jest również niezbędna, ale nie jest uważana za substancję odżywczą. Prawidłowe działanie każdej komórki ciała jest zależne od wody. Przeciętny człowiek składa się z 50–75% wody, a dwie trzecie zasobów tego płynu znajduje się w komórkach. Jeśli w organizmie nie ma wystarczającej ilości wody, komórki nie mogą skutecznie wykonywać przypisanej sobie pracy, np. przenosić składników odżywczych i usuwać odpadów. Ponieważ organizm nieustannie transportuje wodę i ją wydala, to średnie zapotrzebowanie na nią wynosi 2,5–3 l dziennie. Z pokarmem dostarczamy ok. 40% tej ilości wody, a pozostałe 60% musimy dostarczyć w postaci płynów. Sygnałem przypominającym nam o potrzebie dostarczania wody jest pragnienie. Jednakże w wielu przypadkach nie odczuwamy pragnienia, mimo że ilość wody w organizmie jest niewystarczająca. Dlatego też ważne jest częste picie wody bez czekania na pragnienie. Kiedy odczuwasz pragnienie, twoje ciało jest już odwodnione w 0,8–2% masy ciała.

W diecie warzywno-owocowej bardzo istotny jest udział błonnika, który pochłania duże ilości wody w jelitach i w przypadku jej niedoboru mogą wystąpić problemy z zaparciami. Dlatego też picie dużej ilości wody stanowi pomoc również w takich przypadkach.

Oto tylko niektóre z wielu ważnych funkcji, jakie pełni w organizmie woda:

Mózg – tkanka mózgowa składa się w 85% z wody. Jeśli nie otrzymujesz wystarczającej ilości wody, twój mózg może „zauważyć" skutki w postaci bólu głowy, słabej koncentracji, osłabionej pamięci krótkotrwałej. Badania wykazały, że zdolność koncentracji spada progresywnie, jeśli dana osoba jest narażona na niedobór wody wynoszący zaledwie 1–2%.

Krew składa się w 95% z wody. Woda transportuje niezbędne składniki odżywcze do komórek ciała i usuwa z nich pozostałości przemiany materii. Jeśli brakuje wody w organizmie, mechanizm regulujący ciśnienie krwi nie będzie działał prawidłowo. Może to prowadzić do zwiększenia albo obniżenia ciśnienia krwi.

Skóra składa się w 70% z wody. Każdego dnia tracimy część wody przez parowanie skóry. Różne czynniki zewnętrzne, takie jak: środowisko, w którym żyjemy, ogrzewanie, klimatyzacja, niska wilgotność powietrza, mydło i inne środki czyszczące, mogą zniszczyć wierzchnią warstwę skóry, a tym samym zmniejszyć zdolność skóry do utrzymania wilgoci. Jeśli będziemy pić zbyt mało wody, skóra stanie się sucha.

Kości zawierają ok. 22% wody. To właśnie woda zapewnia płynne ruchy w stawach. Chrząstka stawowa zawiera wodę niezbędną do smarowania stawów podczas ruchu. Przy odpowiedniej ilości płynów w ciele powierzchnie połączeń przesuwają się gładko względem siebie, natomiast brak wody może skutkować niszczeniem miękkich warstw powierzchni stawowej i powodować ból, a nawet wywoływać stany zapalne stawów.

Serce składa się w 77% z wody. Badania kliniczne wykazały, że odpowiednie zaopatrzenie w wodę może poprawić czynność tego organu i zmniejszyć ryzyko rozwoju chorób kardiologicznych.

Teraz, gdy wiemy już, jak ważną rolę odgrywa woda w organizmie, nie powinno dziwić, że post o wodzie lub polegający na dostarczaniu tylko płynów stał się metodą leczenia wielu schorzeń.

Zdrowa dieta

Zdrowa dieta powinna zaspokoić nasze potrzeby w zakresie niezbędnych składników odżywczych i zapobiegać chorobom cywilizacyjnym, zwłaszcza otyłości i chorobom układu krążenia czy cukrzycy. Powinna być również podstawą dobrego samopoczucia.

Żywność przetworzona przemysłowo, która w procesie produkcji została poddana oczyszczaniu z błonnika, traci swoją biologiczną wartość i staje się chorobotwórcza. Od tej pory może powodować katastrofalne dla stanu zdrowia konsekwencje, czego wyrazem może być zespół metaboliczny, który jest związany z: otyłością cukrzycą typu II, nadciśnieniem, chorobą niedokrwienną serca, zawałami serca, udarami mózgu, nowotworami, zwyrodnieniami stawów i wieloma innymi zaburzeniami.

Najprostszą i najbardziej powszechną metodą kontroli stanu zdrowia jest pomiar masy ciała (w kg), ale jeszcze dokładniejszym miernikiem okazał się współczynnik masy ciała BMI (Body Mass Index), który określa stosunek masy ciała (w kg), do wzrostu (w m) do potęgi drugiej.

ZALEŻNOŚĆ MIĘDZY BMI I RYZYKIEM CHORÓB (WG WHO)

klasyfikacja	BMI	ryzyko występowania chorób
Niedowaga	**<18,4**	ryzyko chorób związanych z niedożywieniem, niskie ryzyko wystąpienia cukrzycy typu II
Norma	**18,5–24,9**	niskie ryzyko wystąpienia chorób
Nadwaga	**25,0–29,9**	podwyższone ryzyko wystąpienia cukrzycy typu II
Otyłość stopnia I	**30,0–34,9**	podwyższone ryzyko wystąpienia cukrzycy typu II, podwyższone ryzyko umieralności
Otyłość stopnia II	**35,0–39,9**	duże ryzyko wystąpienia powikłań zdrowotnych, podwyższone ryzyko umieralności
Otyłość stopnia III	**>40,0**	wysokie ryzyko wystąpienia chorób i powikłań zagrażających życiu

Źródło: https://www.fhi.no/fp/overvekt/kroppsmasseindeks-kmi-og-helse [dostęp: 10 marca 2018]

$$\text{BMI} = \text{masa ciała (kg)} / \text{wzrost (m)}^2$$

Im wyższy współczynnik BMI, tym większe ryzyko wystąpienia chorób.

Nie w każdym jednak przypadku współczynnik BMI jest wyznacznikiem realnej sytuacji zdrowotnej. Osoby aktywne fizycznie, z mocno rozwiniętą tkanką mięśniową, będące w dobrej kondycji fizycznej i zdrowotnej, takie jak sportowcy czy kulturyści, mogą mieć tak samo wysoki współczynnik BMI jak osoby otyłe.

Ważną dietetyczną wskazówką jest również zapotrzebowanie kaloryczne. Znając je i potrafiąc je obliczyć, jesteś w stanie utrzymać balans energetyczny w swoim organizmie.

W dużym uproszczeniu można powiedzieć, że dzienne zapotrzebowanie na kalorie (zapotrzebowanie na energię) wynosi 30 kcal na 1 kg masy ciała (przy prawidłowym BMI). Jeśli zatem ważysz 70 kg, to twoje dzienne zapotrzebowanie wynosi $70 \times 30 = 2100$ kcal.

Jeśli chcesz schudnąć, masz dwie możliwości: albo zmniejszyć podaż kalorii w stosunku do tego, co sugeruje twoja masa ciała, albo zwiększyć swoją aktywność fizyczną. Najlepsze jest oczywiście połączenie: jeść mniej kalorii i spalać więcej kalorii dzięki ćwiczeniom.

Taki sam wysoki współczynnik BMI u osoby umięśnionej i u otyłej

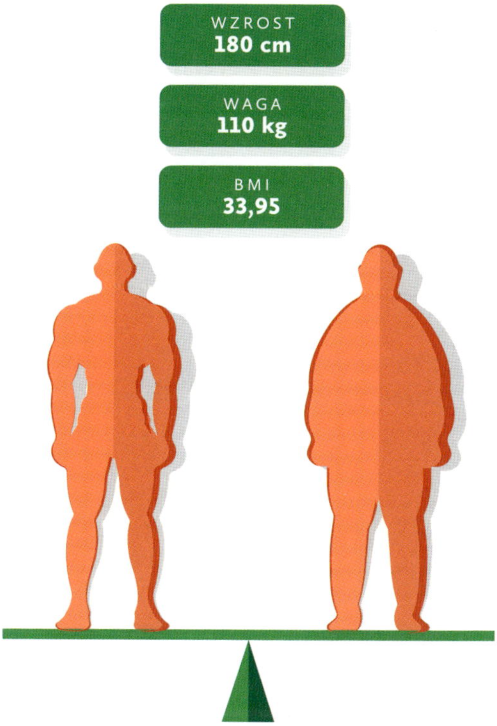

Równowaga energetyczna, czyli bilans równy „0" między całkowitą spożytą energią a całkowitą zużytą energią, to idealna sytuacja dla organizmu.

- Jeśli masz ujemny bilans energetyczny w czasie, tj. spalasz więcej energii niż spożywasz, masz szansę zmniejszyć masę ciała.
- Jeśli bilans energetyczny jest dodatni w czasie, tj. spalasz mniej energii niż konsumujesz, może nastąpić przyrost masy ciała.

Całkowite zużycie energii to całkowita ilość energii, jaką człowiek zużywa w ciągu jednego dnia. Zależy ono od dwóch czynników:

1. Podstawowego zużycie energii (BMR – z ang. Basal Metabolic Rate, pol. PPM), czyli energii, jaką zużywamy na podstawowe funkcje życiowe.
   Podstawowe zużycie energii BMR to bardzo ważny czynnik, niezbędny do wyliczenia zapotrzebowania kalorycznego. Dzięki temu dowiesz się, ile kalorii tak naprawdę potrzebuje twój organizm w stanie spoczynku. Na szczęście BMR

można obliczyć samodzielnie. Z wielu dostępnych metod proponuję wybrać wzór Mifflin-St Jeor, z którego korzystam na co dzień w pracy z moimi podopiecznymi. Znając wagę, wzrost, wiek i płeć osoby, w prosty sposób mogę obliczyć jej BMR.

KOBIETY

10 x waga (kg) + 6,25 x wzrost (cm) – 5 x wiek (lata) – 161

MĘŻCZYŹNI

10 x waga (kg) + 6,25 x wzrost (cm) – 5 x wiek (lata) + 5

2. Współczynnika aktywności fizycznej PAL.
Znając BMR i PAL, możemy wyliczyć całkowite zapotrzebowanie TEE (w języku polskim używamy skrótu CPM – całkowita przemiana materii).

TEE = BMR × PAL

Przykład: kobieta, 40 lat, 165 cm wzrostu i 80 kg wagi, PAL = 1,5 (praca biurowa, spacery ok. 30-minutowe w drodze do domu)
BMR = 665,09 + (9,56 × 80) + (1,85 × 165) – (4,68 × 32) = 1585,38 kcal
TEE = 1585,38 × 1,5 = 2378,07 ~2380 kcal

Rozłożenie kalorii na posiłki znacznie pomaga w utrzymaniu prawidłowych zachowań żywieniowych, utrzymania stabilnego dostarczania energii. Należy też pamiętać o zachowaniu odpowiednich przerw miedzy posiłkami. Najbardziej popularne modele to 3, 4 lub 5 posiłków w odstępach nie większych niż 4–4,5 godziny. Ostatni posiłek powinien być lekki, składać się np. z warzyw z dodatkiem ryby, i być spożywany na 2–3 godziny przed snem.

Czym jest zdrowe odżywianie po poście według dr Ewy Dąbrowskiej?

- Pożywienie powinno być bogate w naturalne, nieprzetworzone składniki – o tym przekonałam się w trakcie postu, tego uczy dr Dąbrowska na swoich wykładach. Nawyki i posiłki zawierające warzywa wskazane na poście powinny nam towarzyszyć każdego dnia, stanowić podstawę naszego pożywienia.
- Pokarm trzeba dopasowywać do własnych potrzeb. Każdy z nas jest inny, więc i potrzeby żywieniowe powinniśmy zaspokajać indywidualnie. Unikaj

wartość współczynnika PAL	opis aktywności fizycznej
1,1–1,2	leżenie w łóżku, praca siedząca, brak ćwiczeń fizycznych wolnym czasie
1,3–1,5	praca siedząca, lekki trening w wolnym czasie do 3 razy w tygodniu, np. spacer
1,6–1,7	praca siedząca, ćwiczenia o średniej intensywności do 5 razy w tygodniu
1,8–1,9	praca siedząca, ćwiczenia o wysokiej intensywności 6–7 razy w tygodniu lub praca fizyczna
2,0–2,4	praca fizyczna i codzienne ćwiczenia o wysokiej intensywności

RODZAJ POSIŁKU	LICZBA POSIŁKÓW W CIĄGU DNIA		
	3	**4**	**5**
śniadanie	30–35% 630–735 kcal	25–30% 525–630 kcal	25–30% 525–630 kcal
przekąska	—	5–10% 105–210 kcal	5–10% 105–210 kcal
obiad	35–40% 735–840 kcal	35–40% 735–840 kcal	30–35% 630–735 kcal
przekąska	—	—	5–10% 105–210 kcal
kolacja	25–30% 525–630 kcal	25–30% 525–630 kcal	15–20% 315–630 kcal

Podział kaloryczny dotyczy założenia kalorycznego ok. 2100 kcal. Podobnie staram się rozliczać posiłki moich podopiecznych. Jest to bardzo uproszczona, ale i pomocna metoda kontroli energetycznej.

produktów, które ci nie służą, po których źle się czujesz. Wsłuchaj się w swój organizm, ucz się go i jego potrzeb.

- Kategorycznie wyklucz z diety produkty wysokoprzetworzone, poddawane procesowi rafinacji, ulepszane, zawierające duże ilości konserwantów i sztucznych barwników.
- W przypadku stanów chorobowych i w różnych fazach swojego życia zadbaj o właściwe dopasowanie diety.
- Zwracaj uwagę na zwartość tłuszczu, węglowodanów i białka w jedzeniu.
- Tłuszcze i węglowodany są naszymi sprzymierzeńcami – musimy tylko umieć dobrze je wybierać (o tym możesz przeczytać w rozdziale *Pięć filarów zdrowia* na s. 43). Dbaj o to, by pochodziły z dobrych źródeł. Oleje surowe (tłoczone na zimno) mają dużą wartość biologiczną i są dobrze przyswajalne. Poddane rafinacji, mieszane z substancjami pomagającymi w utwardzaniu, mogą wykazywać właściwości chorobotwórcze i blokować aktywność enzymu delta 6-desaturazy i syntezę prostaglandyn. Olej z wiesiołka przyspiesza produkcję prostaglandyn (są to hormony; można je nazwać mediatorami stanu zapalnego).
- Zdrowy styl życia to także regularna aktywność fizyczna.

  Warto wprowadzić zdrową, pełnowartościową dietę z zachowaniem różnorodności pokarmów.

W profilaktyce zdrowego stylu życia ważnym czynnikiem jest porzucenie palenia i picia alkoholu, aktywność fizyczna przez co najmniej 30 minut każdego dnia i regularna kontrola masy ciała.

Nawet nieduże zmiany w stylu życia mogą przynieść duże korzyści! Wybieraj proste rozwiązania, obserwuj naturę, nie stawiaj sobie wymagań, które wydają się niemożliwe do zrealizowania, dopasuj zmiany do swoich możliwości, podejmuj próby i ciesz się każdym, nawet najmniejszym sukcesem.

ZRÓWNOWAŻONA DIETA – PRAKTYCZNE WSKAZÓWKI

- Zwiększ w diecie udział surowych pokarmów (warzyw, owoców, nasion, orzechów, awokado, mleka roślinnego, musli) i zwłaszcza zielonych warzyw liściastych i kiełków, które są szczególnie bogate w składniki odżywcze.
- Staraj się jeść 5 lub więcej porcji dziennie warzyw i owoców (w tym 3 porcje to warzywa i 2 porcje to owoce). 1 porcja to ok. 100 g.
- Jedz produkty pełnoziarniste, w tym rośliny strączkowe, orzechy i pestki.
- Kiszonki to świetne symbiotyki, które łatwo przygotujesz sam, kontrolując ilość soli i jakość warzyw (symbiotyk to połączenie probiotyków –bakterii pożytecznych dla naszych jelit – i prebiotyków – czyli pożywienia dla tych bakterii).
- Kiełki i kłącza młodych roślin to nieocenione źródło skoncentrowanych składników odżywczych z nasion. Zawierają one znacznie więcej składników mineralnych i witamin niż dojrzałe rośliny. Przykładowo kiełki brokuła są bogate w sulforafan, dzięki czemu wykazują silne działanie przeciwnowotworowe. Sulforafanu w kiełkach jest 20–30 razy więcej niż w dojrzałej roślinie, a do ich hodowania nie potrzebujesz ogrodu – wystarczy zwykły słoik i kilka dni cierpliwości. Młode liście buraka, ok. 2–3-centymetrowe, to świetne źródło witaminy K, a założenie ich własnej hodowli ekologicznej nie wymaga więcej jak motywacji i systematycznego podlewania.
- Ogranicz spożywanie mięsa, wybieraj chude, białe mięso (zwracaj uwagę na jakość i pochodzenie produktu), rezygnuj z czerwonych mięs na korzyść częstszego jedzenia ryb.
- Wybieraj chude produkty mleczne.
- Używaj mniej soli, naturalna sól kłodawska i himlajska to świetne źródła wielu niezbędnych składników.
- Rezygnuj z cukru na korzyść słodkich owoców, miodu, stewii.
- Wybieraj wodę jako napój.
- Do smażenia wybieraj olej kokosowy, oliwę z oliwek albo z olej z rzepaku.

Pięć filarów zdrowia

Paulina Borkowska

Jesteś tym, co strawisz i wchłoniesz

Pewnie nieraz zdarzyło ci się słyszeć słowa ojca medycyny Hipokratesa „Jesteś tym, co jesz". Są one często przywoływane w kontekście zdrowego żywienia. Oczywiście, są też bardzo trafne, mądre i prawdziwie. Jednak skala występujących w XXI wieku problemów zdrowotnych, które wynikają z nieprawidłowego żywienia, każe iść o krok dalej i nieco bardziej dokładnie przyjrzeć się, jak pożywienie wpływa na ludzki organizm. Aby zapewnić sobie zdrowie, nie wystarczy już tylko spożywanie zdrowej żywności. Konieczna jest również troska o właściwe trawienie, tak aby wszystkie składniki odżywcze, witaminy i minerały mogły się prawidłowo wchłonąć. Doświadczenie pokazuje, że bardzo często problemy zdrowotne to efekt zaburzeń trawienia i wynikających z nich niedoborów. Dlatego do słów Hipokratesa dodałabym kolejne, coraz częściej przytaczane przez zachodnich lekarzy, dietetyków oraz specjalistów z zakresu medycyny funkcjonalnej: „Jesteś tym, co strawisz i wchłoniesz".

Ten cytat doskonale streszcza to, o czym chcę opowiedzieć w poniższym rozdziale. Skupię się na zdrowiu, na tym, co na nie wpływa, i na sposobach na jego zachowanie lub odzyskanie. Pokażę ci, jakie elementy są najważniejsze, aby skuteczne wyjść z przeprowadzonego postu, kontynuując przy tym proces redukcji tkanki tłuszczowej i odbudowywania masy mięśniowej. Na kolejnych kilkudziesięciu stronach dowiesz się też, które produkty spożywcze przyczynią się do uzyskania trwałego zdrowia, oraz w jaki sposób je przygotowywać, aby przyswajanie substancji odżywczych było jak najlepsze.

Cała przedstawiona tu wiedza opiera się na holistycznym podejściu do zdrowia i żywienia, czyli traktowaniu swojego ciała jako całości, na którą wpływa wiele różnych czynników. Odżywianie jest jednym z nich.

Zachowanie równowagi jest w dużym stopniu gwarancją zdrowia i prawidłowej masy ciała – bo to pewnie również cię interesuje. Zdrowy organizm nie ma problemów z wagą. Nie zdajemy sobie sprawy z tego, że nadwaga czy otyłość może wynikać z niedoborów żywieniowych, braku witamin, minerałów czy z zaburzeń trawienia, czyli – krótko mówiąc – z niedożywienia jakościowego.

Zasada jest bardzo prosta. Jeżeli organizm pracuje prawidłowo na wszystkich płaszczyznach, to nie grożą ci choroby cywilizacyjne (a także nadwaga czy otyłość). Wystarczy jednak tylko jeden niewłaściwie działający element, jeden wadliwy trybik, żeby przez lata powstała cała kaskada nieprawidłowości wynikających z zaburzenia homeostazy organizmu. Takimi elementami mogą być nieprawidłowe pH żołądka, które powoduje niedobór enzymów trawiennych, zaburzenia flory bakteryjnej jelit skutkujące złym trawieniem i nieefektywnym wchłanianiem, niedobór witamin i minerałów, który obniża metabolizm, a nawet brak odpowiedniej ilości snu, co skutkuje zaburzeniem gospodarki hormonalnej. Nawet drobne nieprawidłowości mogą prowadzić do rozwoju stanów zapalnych czy niedoborów, które z kolei są punktem wyjścia dla chorób dietozależnych.

Jeżeli więc cierpisz na cukrzycę, choroby układu krążenia, masz nadwagę lub otyłość, to pamiętaj, że nie walka z nadprogramowymi kilogramami powinna być twoim celem. One są tylko efektem zaburzeń, z którymi nie radzi sobie twoje ciało. Zdrowy organizm nie ma problemów z wagą. Ich prawdziwa przyczyna to zaburzenia wynikające z powielanych przez lata błędów żywieniowych, a więc z naruszenia równowagi organizmu. Jeśli skupisz się na zdiagnozowaniu i wyeliminowaniu tych błędów, problem zniknie. Nie testuj więc kolejnych cudownych diet, bo one zadziałają krótkotrwale i nie wpłyną znacząco na stan twojego zdrowia (mogą je za to pogorszyć na skutek nieracjonalnego odżywiania się czy bardzo niekorzystnego efektu jojo). Szukaj u źródła, którym są nawyki żywieniowe. W tym rozdziale przedstawię ci najważniejsze zależności między zdrowiem, wagą a odżywianiem się. Troska o te obszary pomoże ci rozwiązać wiele problemów zdrowotnych.

Tak jak zostało to opisane w pierwszej części książki, ludzki organizm ma fantastyczne wręcz zdolności samonaprawcze i regeneracyjne. Odpowiedni sposób żywienia jest w stanie w mniejszym lub większym stopniu wpłynąć na przebieg każdej choroby. Pójdźmy dalej: naukowcy wskazują, że jedzenie ma wpływ na pracę genów! Włącza je lub wyłącza i tym samym może warunkować np. występowanie pewnych schorzeń. Istnieje oddzielny dział nauki, który dokładnie opisuje te zjawiska – nutrigenomika. Możesz więc mieć tendencję do pojawiania się określonych jednostek chorobowych, potwierdzone podatnością rodzinną, ale aby choroba faktycznie wystąpiła, muszą zadziałać pewne czynniki. Nie same geny decydują o naszym zdrowiu, duże znaczenie mają również środowisko, stres i oczywiście sposób odżywiania się. Potwierdzają to m.in. badania przeprowadzone na bliźniętach jednojajowych wychowywanych w odmiennych warunkach, które mimo że genetycznie były takie same, to miały odmienne problemy zdrowotne.

Zatem mimo że w genach prawdopodobnie znajduje się informacja na temat ryzyka zachorowania, to dzięki odpowiedniej diecie możesz zachować zdrowie albo zahamować rozwój choroby. Doświadczenie dr Ewy Dąbrowskiej pokazuje, że terapia żywieniem potrafi przynieść fenomenalne wręcz rezultaty nawet w pozornie beznadziejnych przypadkach.

Post, który masz za sobą, był swego rodzaju resetem dla organizmu. Samonaprawcze procesy autofagii pobudziły do działania układ odpornościowy, który odpowiada za rozpoznawanie i zwalczanie szkodliwych substancji i patogenów. Jeżeli funkcjonuje on prawidłowo, to chroni przed wszelkiego rodzaju stanami zapalnymi i chorobami, w tym nieprawidłowościami związanymi z wagą, a także najpoważniejszymi schorzeniami – nowotworami. Niestety, obecny styl życia doprowadza do znacznego osłabienia tej wrodzonej odporności, stąd konieczność postnej odnowy, która uaktywni mechanizmy samoobrony, a także usprawni szlaki metaboliczne odpowiedzialne za spadek wagi i poprawę składu ciała (przede wszystkim redukcję otłuszczenia wewnętrznego).

Już sama dieta warzywno-owocowa może przynieść doskonałe rezultaty i być początkiem nowego sposobu odżywiania się, a co za tym idzie – nowego stylu życia. Jeśli połączysz ją z prawidłowo przeprowadzonym protokołem wyjścia (o którym przeczytasz na s. 151), możesz liczyć na doskonałe, trwałe rezultaty. Z drugiej jednak strony, jeśli w czasie postu twoim głównym celem była utrata kilogramów i po osiągnięciu go wrócisz do starych nawyków, utracisz osiągnięte korzyści. Organizm nie wykorzysta całego swojego potencjału spalania, bo straci rozpęd, którego nabrał po resecie. Traktowanie diety warzywno-owocowej jako szybkiego sposobu na schudnięcie jest więc nie tylko niezdrowe, ale i nierozsądne, bo twoje wyrzeczenia w dłuższej perspektywie niewiele ci dadzą. Lepszym pomysłem – do zastosowania także wtedy, gdy post okazał się zbyt trudnym wyzwaniem – jest wprowadzenie o wiele mniej restrykcyjnych zasad protokołu wyjścia. To wystarczy, żeby żyć zdrowo (i lekko). Z naciskiem jednak na zdrowo, bo utracone kilogramy to zawsze tylko efekt uboczny powrotu organizmu do stanu równowagi. Zawsze możesz też wrócić do postu – kiedy choć trochę uda ci się poprawić swój sposób odżywiania się i wyrównać niedobory, łatwiej będzie ci przejść kilkudniowe głodówki, a wiemy, że najwięcej korzyści daje ich regularne przeprowadzanie, nawet gdy są krótkotrwałe.

Czas trwania procesu wyjścia jest bardzo indywidualną sprawą. Zależy od tego, w jakim stanie jest teraz twoje ciało, jaką masz historię chorób i jaki efekt chcesz uzyskać. Nie mogę więc każdemu z osobna powiedzieć w tej książce, ile czasu zajmie droga, ale mogę obiecać jedno – podróż do zdrowia właśnie się zaczyna!

Holistyczne podejście do żywienia

Równowaga to dla mnie słowo klucz, zarówno w życiu prywatnym, jak i w praktyce dietetycznej, którą prowadzę w Oslo. Wiem, że harmonia i balans są niezbędne, abyśmy mogli zachować zdrowie. Dotyczy to wszystkich sfer, równowagi między pracą a odpoczynkiem, robieniem czegoś dla innych a znajdowaniem czasu dla siebie. Odnosi się także – a raczej przede wszystkim – do procesów zachodzących w organizmie.

Na ten ostatni temat często rozmawiam z pacjentami, bo poznanie tego, co dzieje się w ciele, i odkrycie, jak różnorodne czynniki wpływają na funkcjonowanie organizmu, jest pierwszym krokiem do zrozumienia jego potrzeb. A to konieczne, bo przecież celem zdrowego żywienia jest nie tylko redukcja masy ciała, ale przede wszystkim profilaktyka, wydłużenie czasu życia w zdrowiu i aktywowanie wewnętrznych mechanizmów naprawczych, które zwalczają przyczyny choroby, a nie tylko maskują jej objawy.

Aktywacja spalania – ketoza odżywcza

Ludzki organizm działa zupełnie tak jak auto hybrydowe – oczywiście w dużym uproszczeniu. Chodzi tu o to, że energię możemy pozyskiwać z dwóch źródeł: glukozy albo tłuszczu. Z reguły jesteśmy przyzwyczajeni do pierwszego sposobu. Jeżeli w diecie dominują węglowodany – a tak jest, gdy np. posiłki opierają się na produktach zbożowych – to organizm jest zaadaptowany do spalania glukozy i wykorzystywania właśnie jej, a nie kwasów tłuszczowych, jako głównego źródła energii. Efekt ten jest spotęgowany, gdy dodatkowo znajdujemy się w trybie „ucieczki" i cierpimy na stany zapalne. Dlatego gdy jesteśmy głodni, nasze preferencje żywieniowe, a raczej węglowodanowe uzależnienie powoduje, że w pierwszej kolejności sięgamy po produkty bogate w glukozę.

Co się z nimi dzieje dalej? Węglowodany są magazynowane w wątrobie i w mięśniach w postaci glikogenu. Jego ilość to ok. 70 g w wątrobie i do ok. 250 g w mięśniach w przypadku osoby niewytrenowanej (czynni sportowcy, ze wględu na dużą masę mięśniową i intensywność pracy mięśni, mogą magazynować nawet 500 g glikogenu). To bardzo mało. Co dzieje się z resztą cukrów? Otóż po posiłku bogatym w węglowodany rozpoczyna się proces metabolizowania glukozy do trójglicerydów, których nadmiar jest odkładany w tkance tłuszczowej. Na tempo tego procesu wpływa dodatkowo podwyższony poziom insuliny będący efektem diety bogatej w produkty przetworzone, cukry proste, tłuszcze utwardzone oraz nadmierne ilości białka. Efekt – więcej centymetrów w talii, rosnące otłuszczenie narządów wewnętrznych i zagrożenie dla zdrowia serca.

Ten proces można jednak odwrócić i tak jak w aucie hybrydowym przejść na zdrowszy sposób pozyskiwania „paliwa". U osób, które spożywają większe ilości zdrowych kwasów tłuszczów przy zredukowanej ilości spożywanych węglowodanów i białek, organizm adaptuje się do wykorzystywania ich jako głównego źródła energii, co w praktyce przekłada się na większe spalanie tkanki tłuszczowej. Podobne zjawisko zachodzi podczas dłuższego postu. Z powodu ciągłych braków w dostawie kalorii organizm stopniowo przestawia się na pozyskiwanie energii z kwasów tłuszczowych. We krwi normuje się poziom glukozy i insuliny, wzrasta też ilość produktów spalania tłuszczów, czyli tzw. ciał ketonowych, które są wykorzystywane jako główne źródło energii. Badania pokazują, że służą one również do dalszej odbudowy i regeneracji organizmu. Gdy ich stężenie we krwi staje się większe niż stężenie glukozy, wchodzimy w stan zwany ketozą odżywczą. Coraz więcej komórek ciała przestawia się na częściowe odżywianie dzięki ciałom ketonowym. Tłuszcz staje się preferowanym źródłem energii, a my z kolei stajemy się prawdziwą maszyną do spalania tkanki tłuszczowej!

Oczywiście post nie może trwać bez końca, bo bardzo szybko doprowadziłby do niedoborów składników odżywczych. Jego celem nie jest też redukcja wagi, ale oczyszczenie organizmu, przywrócenie równowagi, uzdrowienie i zresetowanie matabolizmu. Post może jednak stać się punktem wyjścia do aktywacji spalania i impulsem do wprowadzenia trwałych zmian w sposobie odżywiania się. Protokół wyjścia przeprowadzony tuż po zakończeniu postu sprawia, że utrzymujemy stan ketozy odżywczej, dzięki czemu wykorzystujemy, a nawet przedłużamy potencjał spalania tkanki tłuszczowej przez niemal wszystkie komórki ciała. To również propozycja dla osób, które nie zdecydowały się na przeprowadzenie diety warzywno-owocowej. Zastosowanie samych tylko zaleceń protokołu wyjścia jest sposobem na łagodne wprowadzenie się w stan ketozy odżywczej i stopniową zmianę szlaków metabolicznych na spalanie tkanki tłuszczowej.

Protokół wyjścia polega przede wszystkim na stopniowym wprowadzaniu do codziennej diety bardzo dobrej jakości zdrowych tłuszczów, odpowiedniej podaży białka oraz ograniczaniu węglowodanów. W pierwszej fazie wyjścia przede wszystkim redukowane jest spożycie węglowodanów prostych, ale wagę przywiązuje się również do ilości spożywanych węglowodanów złożonych, warzyw bogatych w skrobię, ciemnego i jasnego pieczywa, kasz, płatków czy ryżu, a nawet roślin strączkowych. Znaczenie ma również podaż białka, którego spożycie w wysokiej ilości nie będzie dla nas korzystne. Czas trwania ograniczeń jest dobierany indywidualnie.

Wśród produktów proponowanych na czas wyjścia z postu maksymalnie ograniczona jest żywność, która powoduje wydzielanie insuliny. Oznacza to, że organizm nie dostaje sygnałów do magazynowania energii w postaci tłuszczu. Co więcej, pożywienie proponowane na czas wyjścia aktywuje spalanie tłuszczu bez drastycznej redukcji energii i bez wywoływania uczucia głodu. Adaptacja w kierunku spalania tłuszczów może przynieść bardzo duże korzyści zdrowotne. Organizm będzie pozyskiwał z nich energię potrzebną do większości procesów życiowych, a z glukozy korzystał w znikomym stopniu, jedynie tam, gdzie jest ona niezbędna. Unormowany poziomy insuliny wpłynie na spalanie tłuszczu wewnętrznego, a to obniży ryzyko chorób cywilizacyjnych, zmniejszy odczyny zapalne oraz infekcje, może nawet doprowadzić do uzyskania remisji w chorobach, w tym w chorobach autoimmunologicznych, czy też złagodzenia chorób nowotworowych lub ich bardziej efektywnego leczenia. Naukowcy wskazują, że ketoza odżywcza naśladuje szlaki głodówki, co oznacza, że również wspomaga proces autofagii. Organizm w procesie autofagii pozbywa się szkodliwych elementów, zwyrodniałych tkanek, uszkodzonych komórek, metabolitów, ksenobiotyków, toksyn, które tylko przeszkadzają i zaburzają jego pracę, a dodatkowo pozyskuje elementy takie jak np. aminokwasy, które nadają się do ponownego wykorzystania – jest to tak jakby biologiczny recykling. Wywołana ketoza odżywcza odpowiada za produkcję znacznie mniejszej ilości metabolitów. Dzięki temu nawet po zakończeniu postu dalej oczyszczamy się z toksyn, a z czasem stajemy się silniejsi i bardziej efektywni, również jeśli chodzi o spalanie kalorii i utrzymanie wagi.

Niekiedy można spotkać się z zarzutami wobec diety ketogenicznej. Dotyczą one przede wszystkim ryzyka kwasicy ketonowej – zaburzenia występującego wtedy, kiedy we krwi dojdzie do wysokich stężeń glukozy i wysokich stężeń ciał ketonowych. Ten stan jest bardzo niebezpieczny dla zdrowia, może nawet zagrozić życiu. Nie jest jednak osiągany w prawidłowej ketozie odżywczej. Możliwy jest tylko wówczas, gdy produkcja insuliny w ogóle nie zachodzi, tak jak w cukrzycy typu 1 lub w stanach związanych z całkowitym wypaleniem trzustki (kiedy utraci ona swoje funkcje), a także przy bardzo mocno zaburzonej gospodarce insulinowej lub wtedy, kiedy pijemy duże ilości alkoholu, jednocześnie głodując. W takich przypadkach wszelkie decyzje o podjętych postach i zmianach żywieniowych powinny być podejmowane po konsultacji ze specjalistą.

Pięć filarów zdrowia

W tym rozdziale przedstawię pięć najważniejszych filarów protokołu wyjścia. To fundament, którego zrozumienie da ci zupełnie nowy pogląd na przyczyny stanów zapalnych, leżących u źródeł prawie każdego zaburzenia, choroby, zwyrodnienia, nadwagi, otyłości czy niedowagi. Mam nadzieję, że po przeczytaniu tej części będzie ci łatwiej zastosować się do wskazówek dietetycznych, bo po prostu będziesz wiedzieć, skąd się one wzięły i dlaczego są takie ważne. Skupię się również na holistycznym podejściu do żywienia, czyli traktowaniu go w znacznie szerszym kontekście niż tylko liczenie dostarczanych kalorii. Postrzeganie diety tylko przez pryzmat wartości energetycznej posiłków jest niekorzystne, a czasem wręcz niebezpieczne dla zdrowia. Może doprowadzić do wielu zaburzeń, których zniwelowanie wymaga wiedzy i ogromnego nakładu pracy oraz motywacji pacjenta, a także współpracy lekarza i dietetyka. Możesz się jednak przed tym ustrzec, bo profilaktyka to najlepszy sposób na zachowanie zdrowia (a w tym przypadku również dobrej sylwetki i pieniędzy, które trzeba byłoby wydać na terapię).

Mam też nadzieję, że informacje zawarte w tym rozdziale przyczynią się do zmiany niektórych utartych poglądów i teorii na temat żywienia. Chciałabym, żeby pomogły też w podejmowaniu korzystniejszych wyborów dietetycznych osobom zastanawiającym się nad rozpoczęciem postu oraz zachęciły i zmotywowały do dalszego działania wszystkich, którzy post już przeszli. Jeżeli nie jesteś w stanie przeprowadzić postu, to pamiętaj, że stopniowe wprowadzanie wskazówek tu zawartych również będzie dla ciebie bardzo korzystne. Pomoże ci też przygotować się do wyrzeczeń postu, które być może już niedługo przestaną ci się wydawać trudne i niemożliwe do zrealizowania.

stan odżywienia
niedobory pokarmowe i stany zapalne
układ pokarmowy
trawienie i wchłanianie
równowaga hormonalna
zdrowe tłuszcze
mitochondria
metabolizm
1
2
3
4
5
PIĘĆ FILARÓW ZDROWIA

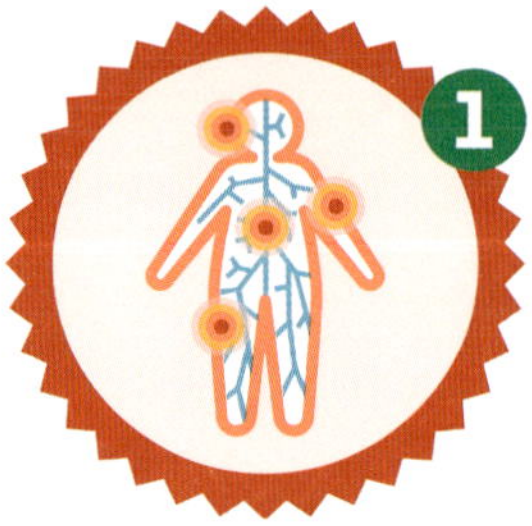

STAN ODŻYWIENIA

Niedobory i stany zapalne

Niech jedzenie stanie się twoim pożywieniem

Holistyczne podejście do żywienia pokazuje nam, jakie czynniki wpływają na żywność i jak ta żywność oddziałuje na ciało. Niestety, statystyki epidemiologiczne alarmują o wciąż rosnącej epidemii chorób cywilizacyjnych, która jest związana z osłabieniem układu odpornościowego, jego dysfunkcjami oraz zatoksynieniem całego organizmu. Przyczyną jest zbyt duże spożycie martwej, wysokoprzetworzonej, pasteryzowanej, homogenizowanej, naświetlonej, ubogiej w witaminy, minerały oraz związki odżywcze żywności. Jemy zbyt duże ilości szkodliwych utwardzonych, rafinowanych oraz utlenionych kwasów tłuszczowych, przechowywanych w plastikowych butelkach i pojemnikach, pochłaniamy tony konserwantów, które nie mają nic wspólnego ze zdrowiem. To pokarmy pozbawione naturalnych enzymów oraz korzystnych kultur bakterii. Organizm ludzki całkowicie sobie z nimi nie radzi, nie potrafi ich rozpoznać. Zaburza to ich trawienie i wydalanie, co prowadzi do zaburzeń homeostazy oraz rozwoju objawów jelitowych, które często dają początek innym chorobom. Doktor Francis Marion Pottenger, wykonując doświadczenie na kotach, bezsprzecznie udowodnił, jak negatywny wpływ na zdrowie ma spożywanie martwej, wysokoprzetworzonej żywności. Zwierzęta biorące udział w eksperymencie podzielono na dwie grupy. Pierwsza żywiła się zgodnie z naturą surową żywnością, natomiast druga spożywała taki sam pokarm, lecz poddany obróbce termicznej (m.in. pasteryzacji, gotowaniu). Wyniki badań są przerażające. Koty z pierwszej grupy cieszyły się dobrym zdrowiem i umierały ze starości, natomiast u zwierząt, które trafiły do drugiej grupy, zaobserwowano dużą zapadalność na alergię, astmę, stany zapalne, zwyrodnienia, choroby serca i nerek, cukrzycę i nowotwory. Doświadczenie obejmowało cztery pokolenia zwierząt, każde kolejne pokolenie w drugiej grupie kotów, których żywienie śmiało możemy przyrównać do diety współczesnego człowieka, chorowało częściej. Zwierzęta stawały się też bardziej agresywne. Pojawił się również problem z rozmnażaniem.

Problemy zdrowotne kotów z pewnością pokryłyby się z listą chorób cywilizacyjnych w krajach wysokorozwiniętych.

Takie właśnie są konsekwencje spożywania martwej i przetworzonej żywności. Rozsądnie byłoby więc odciąć się od tego rodzaju martwych pokarmów raz na zawsze. Kluczem do sukcesu jest wiedza i umiejętność rozpoznawania, czym jest zdrowa żywność. Błędne jest bowiem ogólne kategoryzowanie produktów na zdrowe i niezdrowe tylko ze względu na ich kaloryczność, bez brania pod uwagę ich źródła pochodzenia, sposobu uprawy roślin i hodowli zwierząt, zastosowanych metod przechowywania i obrabiania. Wszystkie te czynniki mają ogromny wpływ na właściwości pożywienia. Zdobyta wiedza pozwoli też uwolnić się od manipulacji koncernów przemysłowych, które od lat próbują wpływać na nasze wybory dzięki coraz to nowocześniejszym formom reklamy i promocji przetworzonej żywności.

Jeszcze kilka lat temu mogliśmy natknąć się w sklepie (albo we własnej lodówce!) na zepsuty jogurt czy mleko, obecnie jest to praktycznie niemożliwe. Spożywamy pokarmy, które – mimo upływu daty ważności – nie tracą swoich walorów smakowych czy zapachowych. To nie może być naturalne. Żywność taka została pozbawiona swoich wartości przez napromieniowanie w takim stopniu, że nawet bakterie, pleśń czy grzyby nie mają z niej pożytku. A my ją zjadamy, karmimy nią swoje dzieci, podajemy kobietom w ciąży, jednocześnie zadając sobie dramatyczne pytania, czemu coraz częściej dręczą nas alergie, nietolerancje pokarmowe czy nowotwory, dlaczego chorują na nie nasze dzieci. Skąd nagle pojawiło sie tak wiele chorób autoimmunologicznych, dlaczego tak drastycznie rośnie liczba chorób cywilizacyjnych, skąd tak częste diagnozy autyzmu czy ADHD i problemy z zachodzeniem w ciążę. Ludzki organizm nie radzi sobie z taką żywnością i wyraźnie daje o tym znać, ale większość z nas tego wołania nie słyszy lub nie chce słyszeć.

Kaloryczność, wartość odżywcza, a może biodostępność?

Wraz ze zmianą stylu życia staramy się dokonywać lepszych wyborów żywieniowych. Skupiamy się na obliczaniu i porównywaniu wartości kalorycznej, sprawdzamy zawartość tłuszczów, cukrów prostych, błonnika. Zaczynamy sięgać po produkty light i niskokaloryczne. Jednak czy to właściwa droga, aby na stałe poprawić swoje zdrowie? Taka polityka od prawie trzech dekad jest lansowana w Stanach Zjednoczonych, ale przecież właśnie tam, mimo dużych nakładów finansowych ze strony władz, stan zdrowia społeczeństwa pogarsza się z roku na rok. Myślę, że czas najwyższy wyciągnąć wnioski i pójść w kierunku, który jest znacznie bliższy naszej naturze.

Aby dobrze rozpoznać i sklasyfikować żywność jako zdrową lub niezdrową, zwróć uwagę na:

1. Sposób produkcji

Zasada ta dotyczy zarówno produktów roślinnych, jak i zwierzęcych. Aby dokonywać lepszych wyborów konsumenckich, należy sprawdzić, czy uprawa lub hodowla była ekologiczna i bazowała na naturalnych metodach. Czym nawożona była gleba i czym karmiono zwierzęta? Czy żywność, którą spożywasz, jest w przeważającej mierze żywnością konwencjonalną, czyli produkowaną masowo z użyciem dużych ilości środków chemicznych i technik modyfikacji genetycznej, czy też stawiasz na lokalne, ekologiczne produkty?

2. Sposób przechowywania

Tutaj przyglądamy się, w jakich warunkach spożywana przez nas żywność jest przechowywana. Czy są to plastikowe pojemniki, butelki lub folie, które wydzielają toksyczne substancje, czy może szklane, papierowe opakowania? W jakiej temperaturze przechowujesz jedzenie, jaki jest stopień jego nasłonecznienia i ryzyko jego zakażenia?

3. Zawartość substancji dodatkowych

Kontrolowanie ilości dodatków do żywności, konserwantów, sztucznych barwników i wzmacniaczy smaków wydaje się o wiele ważniejsze niż skupianie się na zawartości makroelementów. Dlatego wybieraj produkty składające się z jak najmniejszej liczby składników, z jak najmniejszą liczbą dodatków i jak najbardziej naturalne. Jeżeli nazwa któregoś dodatku budzi twoje wątpliwości, nie kupuj tego produktu.

Jakich odpowiedzi najlepiej byłoby udzielić na powyższe pytania, na pewno nie muszę ci sugerować. Zasady te są bardzo ważne, bo gwarantują jakość żywności, zawartość witamin i minerałów, a co najważniejsze, mają wpływ na możliwość wykorzystania pokarmów przez organizm i w końcu na stan naszego odżywienia. To, że jemy, nie zawsze przecież znaczy, że dostarczamy sobie wartościowych składników i je przyswajamy. Przeciwnie, żywność o niskiej jakości pozbawia nasze ciało witamin, które zamiast budować zdrowie i siłę, wykorzystywane są do neutralizowania toksycznych dodatków. Na tym polega paradoks: jedząc, wyjaławiamy nasz organizm i doprowadzamy się do niedożywienia. Osoba z nadwagą czy otyłością może być niedożywiona – JAKOŚCIOWO!

Z doświadczenia wiem, że często pomijana w wyborach żywieniowych jest najważniejsza kwestia – biodostępności. Biodostępność żywności określa stopień, w jakim wykorzystujemy zawarte w pokarmie białko, tłuszcze, węglowodany oraz witaminy, minerały i fitozwiązki. Okazuje się np., że samo jedzenie produktów bogatych odżywczo, tzw. superfoods, do których zaliczamy nasiona, pestki, orzechy, może nie być wystarczające, jeżeli nie zadbamy o właściwy sposób ich spożywania, który będzie optymalizował trawienie i wchłanianie. Tempo życia sprawia, że często zapominamy nawet o najprostszej zasadzie, jaką jest dokładne żucie pokarmów, które zapewnia produkcję enzymów odpowiedzialnych za rozkładanie żywności i uwalnianie z niej wartości odżywczych.

W efektywnym komponowaniu posiłków pomoże indeks gęstości odżywczej (ANDI – Aggregate Nutrient Density Index) opracowany przez amerykańskiego specjalistę w dziedzinie dietetyki i naturalnych metod leczenia, dr. Joela Fuhrmana. Jest to skala wyznaczająca wartość odżywczą produktów, w której poszczególne artykuły spożywcze otrzymują od 1 do 1000 punktów.

Brak troski o odpowiednią gęstość odżywczą pokarmów sprawia, że nasz stopień odżywienia jest coraz niższy, a niedobory pokarmowe się pogłębiają. To sprawia, że spadek wagi może w pewnym momencie zahamować, mogą też pojawić się braki składników odżywczych (witamin z grupy B, witaminy A, E, magnezu, cynku, potasu, selenu, żelaza, miedzi, chromu) i związany z nimi stres organizmu, który będzie hamował redukcję tkanki tłuszczowej.

Nadal mało osób zdaje sobie sprawę, że aby zostały zachowane wartości odżywcze, trzeba odpowiednio przygotować jedzenie. Proste działania, jakie podejmiemy w kuchni, będą wielką pomocą dla układu pokarmowego.

Natura wyposażyła orzechy, nasiona, ziarna, kasze oraz rośliny strączkowe w naturalne inhibitory enzymatyczne, chroniące je przed kiełkowaniem w nieodpowiednich warunkach. To, co dobre dla roślin, czyni jednak te produkty mniej strawnymi dla nas, ludzi. Dodatkowo zawierają one kwas fitynowy, który wpływa negatywnie na absorpcję żelaza, wapnia, cynku, magnezu, manganu, a także sodu i potasu z jelita cienkiego. Substancja ta tworzy ze wskazanymi pierwiastkami trudno rozpuszczalne i trudno dostępne w przewodzie pokarmowym człowieka kompleksy, nawet kilkukrotnie zmniejszając wchłanialność składników mineralnych. Odpowiednie przygotowanie i obróbka produktów mogą na szczęście skutecznie zminimalizować negatywne oddziaływanie tych mechanizmów i poprawić wchłanianie dobroczynnych substancji. Spróbuj więc następujących sposobów.

INDEKS GĘSTOŚCI ODŻYWCZEJ (ANDI) WG DR. JOELA FUHRMANA					
jarmuż	1000	winogrona	119	łosoś	34
kapusta pastewna	1000	granat	119	jajka	31
gorczyca	1000	melon kantalupa	118	mleko 1%	31
rukiew wodna	1000	cebula	109	orzechy włoskie	30
boćwina	1000	siemię lniane	103	banany	30
kapusta bok choy	895	pomarańcze	98	chleb pełnoziarnisty	30
szpinak	707	zielona soja edamame	98	migdały	28
rukola	604	ogórki	87	awokado	28
sałata rzymska	510	tofu	82	brązowy ryż	28
brukselka	490	sezam	74	ziemniaki	28
marchew	458	soczewica	72	jogurt niskotłuszczowy	28
kapusta	434	brzoskwinie	65	orzechy nerkowca	27
brokuły	340	ziarna słonecznika	64	filet z kurczaka	24
kalafior	315	fasola czerwona	64	mielona wołowina	21
papryka	265	zielony groszek	63	feta	20
szparagi	205	wiśnie	55	frytki	12
grzyby	238	ananas	54	makaron biały	11
pomidory	186	jabłka	53	ser cheddar	11
truskawki	182	mango	53	sok jabłkowy	11
bataty	181	masło orzechowe	51	oliwa z oliwek	10
cukinia	164	kukurydza	45	chleb pszenny	9
karczochy	145	pistacje	37	lody waniliowe	9
jagody	132	owsianka	36	chipsy kukurydziane	7
sałata lodowa	127	krewetki	36	cola	1

Źródło: https://www.drfuhrman.com/content-image.ashx?id=73gjzcgyvqi9qywfg7055r [dostęp: 10 marca 2018]

Namaczanie

Kasza gryczana, tak jak większość ziaren czy płatków, zawiera kwas fitynowy, który ogranicza dostępność wartości odżywczych dla ludzkiego organizmu. Jednak zawiera też korzystny enzym fitazę, który rozkłada kwas fitynowy i zwiększa biodostępność składników. Aby aktywować działanie fitazy, mocz kaszę gryczaną ok. 12 godzin przed gotowaniem. Nie wszystkie produkty zbożowe można jednak potraktować w ten sposób. Na przykład płatki owsiane również zawierają kwas fitynowy, jednak samo ich namoczenie może nie być wystarczające z powodu braku wystarczającej ilości fitazy. To samo dotyczy innych ziaren, takich jak soja, proso czy kukurydza. Jest na to jednak sprytny sposób. Ponieważ kasza gryczana (niepalona) i żyto są świetnymi aktywatorami procesu rozkładu kwasu fitynowego, wystarczy je zmielić i dodać do płatków owsianych, a następnie całość namoczyć. Zadbaj przy tym o jakość wszystkich produktów, możesz kupić je w sklepach ekologicznych. Spróbuj też namoczonej komosy ryżowej czy amarantusa, które mają pełnowartościowy skład aminokwasów. Pamiętaj przy tym, że kwas fitynowy ma również dobre właściwości – wiąże metale ciężkie i jest przeciwutleniaczem. Nie ma więc potrzeby eliminować go z pożywienia, zresztą rzadko kiedy jest to możliwe. Na pewno nie warto tylko z powodu jego obecności wyłączać z diety wspomnianych wartościowych produktów.

Fermentacja, zakwas

Popularny wśród osób na diecie chleb chrupki również może okazać się mało dostępny pod względem wartości odżywczej. Znacznie lepszym wyborem jest chleb żytni na prawdziwym zakwasie. Bardzo efektywne jest fermentowanie pszenicy i żyta – ziaren bogatych również w fitazę. Po przeprowadzeniu ośmiogodzinnej fermentacji z użyciem zakwasu możemy wypiec pełnoziarnisty chleb o bardzo dużej biodostępności. Możemy również dodać do ciasta chlebowego specjalne mieszanki probiotyków – chleb stanie się wtedy nie tylko bardziej wartościowy, ale będzie również doskonale smakował.

Sfermentowane warzywa, czyli znane wszystkim kiszonki, mają większą biodostępność, są lepiej strawne i dodatkowo wzbogacają florę jelitową o korzystne bakterie.

Mielenie

Siemię lniane spożywane w całości zostanie przez większość z nas wydalone, nie dając potencjalnej wartości odżywczej. Dlatego tuż przed dodaniem do potraw dobrze jest je zmielić, koniecznie w młynku ręcznym, a nie elektrycznym.

Popijanie posiłku

Posiłki popijaj wyłącznie wodą. Nie kawą czy herbatą, które zawierają taniny hamujące przyswajalność składników odżywczych. Dozwolone są też napary ziołowe.

Prawidłowe komponowanie posiłków

Nie bez znaczenia jest również właściwe łączenie produktów spożywczych. Teoria ta, promowana przez dr. Williama Haya, zakłada, że produkty bogate w białko czy węglowodany wymagają do strawienia różnych enzymów, które aktywowane są w różnym pH i działają w różnym tempie. I tak enzymy biorące udział w rozkładzie białka aktywowane są w żołądku przy niskim pH, a tłuszcze i węglowodany rozkładane są w dwunastnicy i jelicie cienkim, gdzie pH musi być zasadowe. Spożywanie różnych rodzajów pokarmu w tym samym czasie przyczynia się do gromadzenia toksycznych niestrawionych resztek i może wpływać na przyrost wagi.

Warto łączyć pokarmy w następujący sposób:

- Kasza + warzywa
- Nasiona roślin strączkowych + warzywa
- Jaja + warzywa
- Mięso, ryby, owoce morza + warzywa
- Owoce (jedzone osobno)

Problemem mogą być również inhibitory trypsyny, które znajdują się w niedogotowanych kaszach, nasionach roślin strączkowych, nienamoczonych musli typu crunchy. Sprawiają one, że białko w organizmie nie jest prawidłowo trawione. I tak, jedzenie musli z twarożkiem wiejskim może nie być dla nas aż tak korzystne jak wskazywałaby na to sama wartość odżywcza, ponieważ hamowane będzie trawienie białka, a jego biodostępność zmniejszona. Złe łączenie produktów może być powodem, dla którego mamy problem z budowaniem masy mięśniowej. Jeśli nie wyobrażamy sobie poranka bez musli, to możemy przygotować je samodzielnie z namoczonych i osuszonych płatków owsianych (z dodatkiem mielonej, niepalonej gryki) lub jaglanych skropionych olejem kokosowym i miodem, z dodatkiem orzechów i ziaren. W taki sposób zwiększymy biodostępność wartości odżywczych spożywanych produktów i unikniemy syropu glukozowo-fruktozowego oraz dużej ilości cukru, który występuje w sklepowych przekąskach.

Chcesz wyleczyć siebie – wylecz stany zapalne

Z doświadczenia wiem, że jednym z częstych problemów są ignorowane przez lata przewlekłe stany zapalne. Istnieją dwa rodzaje stanów zapalnych: ostry i przewlekły. Stan ostry jest naturalną reakcją organizmu na stres, kontakt z patogenem, infekcję czy uraz mechaniczny. Trwa on maksymalnie kilka dni i daje objawy takie jak gorączka, puchnięcie, pieczenie, swędzenie czy ból. Jego celem jest obrona organizmu i zainicjowanie procesu leczenia, który prowadzi do usunięcia czynnika chorobotwórczego. Czasami jednak układ odpornościowy nie potrafi sobie poradzić z zagrożeniem. Wtedy mobilizacja organizmu trwa przez dłuższy czas i może przerodzić się w chroniczny stan zapalny. Bywa on przyczyną wielu poważnych problemów ze zdrowiem, ponieważ ciało odbiera taką sytuację jako sygnał stałego zagrożenia, co z kolei wprowadza nas w tryb „ucieczki". Tak jak kilka milionów lat temu musieliśmy uciekać przed realnym zagrożeniem w postaci drapieżników, tak i teraz organizm czuje, że musi poradzić sobie z niebezpieczeństwem. Skupia się więc tylko na tych elementach, które zapewnią nam przetrwanie, odkładając tym samym mniej istotne z jego punktu widzenia sprawy zdrowotne na później, co oczywiście prowadzi do nagromadzenia się problemów. Tak jak w czasie ratowania się przed dzikim zwierzęciem, dochodzi do wzrostu ciśnienia krwi, szybszego bicia serca, wyostrzenia się zmysłu słuchu, wzroku, pobudzenia i wydzielania adrenaliny, która wpływa na wydzielanie większych dawek glukozy potrzebnych do błyskawicznego reagowania i działania.

Krótkotrwały stres tego rodzaju nie jest groźny dla zdrowia. Co innego, gdy taki stan utrzymuje się nie przez 2–3 minuty, ale kilka tygodni, a nawet miesięcy. Wiele osób nie jest świadomych, że nękające ich objawy, takie jak: częste infekcje, przewlekłe bóle, opuchlizna mięśni lub stawów, nadciśnienie, alergie, astma, choroby skóry, niestrawność, zaparcia, biegunki, zespół jelita drażliwego, wrzody, zmęczenie, pobudliwość, lęk mogą wynikać właśnie z tej permanentnej fizjologicznej „ucieczki", która prowadzi do stanów zapalnych. Układ odpornościowy w końcu przestaje sobie z nimi radzić, a ignorowanie objawów prowadzi do zaburzeń równowagi organizmu, w tym do tycia lub do zahamowania redukcji wagi. Metabolizm jest spowolniony, trawienie mniej efektywne, bo nie one, ale przetrwnie jest najważniejsze w warunkach ciągłego niebezpieczeństwa. Ponadto tkanka tłuszczowa, jako magazyn energii, jest dla nas gwarancją przeżycia. W warunkach zagrożenia (czyli również w przewlekłych stanach zapalnych) organizm robi wszystko – np. obniża metabolizm – by jej nie stracić. Przy bardzo dużych zaburzeniach związanych ze stanami zapalnymi woli nawet poświęcić mięśnie i to z nich pozyskiwać energię, nawet gdy mamy nadmiar tłuszczu. Tak jesteśmy zaprogramowani od początku istnienia gatunku ludzkiego, nie da się tego zmienić. W swoim gabinecie bardzo często obserwuję efekty tego zjawiska podczas przeprowadzania analizy składu ciała, która pokazuje wyraźny nadmiar tkanki tłuszczowej przy niedostatecznej masie mięśniowej. Lekceważone stany zapalne są przyczyną nie tylko otyłości, ale też niedowagi, wysokiego poziomu cholesterolu i trójglicerydów czy też zaburzeń detoksykacji i trawienia. Nic dziwnego, bo organizm będący w permanentnym stresie nie pracuje prawidłowo i dochodzi do szeregu zaburzeń na wielu płaszczyznach jednocześnie.

Za rozwój stanów zapalnych odpowiadają m.in.: dieta uboga w witaminy, minerały, antyoksydanty i błonnik, a obfitująca w wysokoprzetworzone produkty; nadmiar cukrów; zbyt duże spożycie białek; zbyt duża podaż kwasów omega-6 przy niskim spożyciu kwasów omega-3; zaburzenia trawienia; niedobór snu; brak czasu na regenerację; przesadny wysiłek zarówno fizyczny, jak i psychiczny; przemęczone nadnercza; nadużywanie i niekontrolowane przyjmowanie leków. Więcej na temat rozpoznawania chronicznych stanów zapalnych znajdziesz w rozdziale *Diagnostyka* (s. 133). Problem ten dotyka bardzo dużej liczby osób, dlatego tym bardziej zachęcam do wdrożenia najlepszej i najtańszej profilaktyki zdrowotnej – zbilansowanej, zdrowej i naturalnej diety.

Otyłość = niedożywienie jakościowe

Układ odpornościowy do zachowania sprawności potrzebuje odpowiednich związków witaminowych, mineralnych, a także fitozwiązków. Niedobór jednego ze składników może doprowadzać do zaburzeń wchłaniania innego i w konsekwencji rozregulować pracę całego organizmu, prowadząc do dysfunkcji, zaburzenia pracy enzymów, niewłaściwego trawienia i metabolizowania. Współczesne metody uprawy roślin doprowadzają do erozji gleby, która jest coraz uboższa w minerały, a to znacznie zmniejsza jakość żywności. Do najczęściej określanych niedoborów możemy zaliczyć niedobór witaminy D3, witaminy C, witamin z grupy B, witaminy E i A, minerałów: magnezu, żelaza, a także cynku, selenu, potasu, wapnia, chromu, czy miedzi. Uzupełnienie tylko jednego z nich zwykle nie przynosi pożądanych rezultatów, bo związki te są od siebie zależne i działają synergicznie. Obecność wszystkich substancji może być zapewniona tylko dzięki zdrowej diecie i prawidłowemu trawieniu. W tym celu należy wybierać żywą, świeżą, naturalną żywność, bogatą w antyoksydanty, które niszczą wolne rodniki i oczyszczają organizm, jednocześnie go wzmacniając. W stanach autoagresji i zaburzeniach pracy układu odpornościowego trzeba wyeliminować wszystkie przetworzone produkty, a także te, które wywołują reakcje alergiczne. W wykryciu nietolerancji pokarmowej lub nadwrażliwości na pokarm pomocne są testy diagnostyczne (więcej na s. 133). Produkty, na które organizm najczęściej reaguje negatywnie, to: pszenica, gluten, mleko (laktoza i kazeina), lektyny, soja, jaja. Ograniczenie ich spożycia lub całkowite wyeliminowanie w wielu przypadkach przynosi bardzo dobre efekty. Najważniejszą rolę w naszym dożywieniu i przyswojeniu wartości odżywczej odgrywają jelita, dlatego na nich skupimy się w drugiej kolejności.

Nadużywanie i niekontrolowane przyjmowanie leków

Przyjmowanie jakichkolwiek środków farmaceutycznych nie jest obojętne dla organizmu, a ich nadużywanie wiąże się z poważnymi konsekwencjami. Problem dotyczy zarówno częstego stosowania antybiotykoterapii, jak i popularnych niesterydowych leków przeciwzapalnych (ibuprofen, paracetamol). Statystyki pokazują, że zażywamy coraz więcej leków przeciwbólowych, tymczasem nie zawsze jest to konieczne. Lepiej poszukać źródeł problemu. Jeżeli cierpisz na częste bóle głowy, migreny, stany zapalne zatok, zwróć uwagę na jakość twojej żywności, ilość konserwantów, słodzików, sztucznych barwników. Ich kumulacja może dawać właśnie takie nieprzyjemne objawy. Zrób więc detoks, zastosuj dietę eliminacyjną lub rotacyjną i poszukaj przyczyny, a nie maskuj objawów poprzez znieczulanie.

Paradoks polega na tym, że gdy złamiemy rękę, to jest dla nas oczywiste, że musimy założyć gips, bo inaczej kość nie zrośnie się dobrze. Ale gdy latami dotykają nas migreny, wahania nastrojów, wzdęcia, zaparcia, biegunki, nie szukamy czynnika, który je wywołuje. Owszem, możemy zrzucać winę na geny, ale nie da się ignorować faktu, że coś aktywowało ich działanie.

Obserwuję również, że w ostatnich czasach dużym problemem stały się leki z grupy IPP (inhibitory pompy protonowej), zmniejszające zakwaszenie żołądka, mylnie nazywane osłonowymi. Przyjmują je osoby mające typowe problemy gastryczne, jak zgaga czy refluks. Dolegliwości te błędnie łączy się z nadmiernym wydzielaniem kwasu solnego, tymczasem bardzo często przyczyną jest jego niedobór. Niedobór kwasu solnego, czyli tzw. hypochlorhydria, wynika z błędów żywieniowych, jedzenia przetworzonej żywności, nadużywania leków, stresu. Specyfiki na zgagę wpędzają organizm w błędne koło. Mają za zadanie zmniejszenie wydzielania kwasu solnego i w efekcie jego już i tak małe stężenie staje się wręcz zerowe. Uniemożliwia to m.in. proces trawienia białek. Błędnie przyjmowane leki, owszem, skutecznie maskują objawy, ale jednocześnie przyczyniają się do bardzo dużych zaburzeń trawiennych, które z czasem będą powodowały różnorakie objawy gastryczno-jelitowe, niedobory składników odżywczych, osłabienie odporności. Niejednokrotnie spotykałam się w swoim gabinecie z pacjentami, którzy całe życie cierpią z powodu anemii i ani leki, ani suplementacja dużych dawek żelaza nie może im pomóc. Aby bowiem żelazo mogło być efektywnie wchłaniane i przyswajane, niezbędne jest niskie pH w żołądku. Ono również gwarantuje prawidłowe trawienie białka oraz chroni nas przed bakteriami i pasożytami. Białko nieprawidłowo strawione w żołądku nie może być dalej metabolizowane w jelitach, dlatego zalega tam i gnije, prowadząc do przerostów bakterii proteolitycznych i dolegliwości jelitowych, takich jak wzdęcia, kolki i gazy o bardzo nieprzyjemnym zapachu.

Aby mieć pewność, czy doskwiera nam nadkwasota, czy niedokwaszenie żołądka, można przeprowadzić domowy test z sodą oczyszczoną (s. 147) lub poddać się badaniu ph-metrii wykonywanemu w szpitalu. Jeżeli któryś z przyjmowanych środków farmaceutycznych ma na stałe zagościć w twoim życiu – zdobądź pewność, że na pewno go potrzebujesz.

Te wszystkie czynniki to kolejny dowód na to, że liczenie kalorii nie zawsze ma sens. Ani tabelaryczna wartość produktu, ani informacja na etykiecie czy atrakcyjna reklama nie dają nam stuprocentowej pewności, które związki zostaną wchłonięte i wykorzystane, a które okażą się balastem zaburzającym trawienie i prowadzącym do niedoborów. W tej drugiej sytuacji po posiłku czujemy sytość, lecz nie na długo. Organizm nie rozłożył (nie wchłonął, nie przyswoił) składników, dlatego domaga się ich więcej i wysyła sygnał głodu, aby móc pokryć zapotrzebowanie. Z tego powodu osoby z nadwagą lub otyłe są jednocześnie osobami niedożywionymi jakościowo. Nie samo jedzenie, ale trawienie i wchłanianie decyduje o zdrowiu i wadze!

Cukrowe uzależnienie

O problemach zawiązanych z uzależnieniem od alkoholu, papierosów czy narkotyków słyszymy od najmłodszych lat. Dużo mówi się o nich w szkołach, realizowane są kampanie społeczne, wdrażane programy profilaktyki. Ale czy kiedykolwiek powiedzieliśmy wprost, że nadmierne spożycie cukrów też jest uzależnieniem? Zastanawialiśmy się, jaki odsetek społeczeństwa się z nim boryka? Może gdybyśmy nie bagatelizowali tego zjawiska, ale podjęli stanowcze kroki i działali tak jak przy innych problemach społecznych, to cierpiących dorosłych i dzieci w naszym kraju byłoby znacznie mniej?

Okazuje się, że uzależnienie od cukru można przyrównać do innych nałogów. Naukowcy dowodzą, że duża część z nas nawet nie zdaje sobie sprawy z tego, jak manipuluje nami ten biały proszek. Dla wielu osób nierealne wydaje się ograniczenie czy też całkowite wyeliminowanie cukru z diety. Jak się okazuje, taka postawa nie musi być przejawem słabej woli, ale może wynikać z wydzielania białka (DeltaFosB), którego obecność w organizmie wykrywa się również przy innych uzależnieniach. Białko to stale pobudza ośrodek nagrody w mózgu, co sprawia, że ten przyjemny stan wydaje się całkowicie naturalny, a brak spożycia cukru jest przez organizm odbierany jako coś nieprawidłowego. Objawia się to potrzebą spożycia czegoś słodkiego tuż po posiłku, irytacją, pobudzeniem, zakłopotaniem, nerwowością, drgawkami, zaburzeniami flory jelitowej, a w konsekwencji sprawia, że stajemy się ubezwłasnowolnieni we własnym ciele. Co gorsza, nie znając innych sposobów funkcjonowania, coraz częściej wprowadzamy w ten stan nasze dzieci. A tymczasem można działać inaczej i przed cukrem uchronić przynajmniej najmłodsze pokolenie. Maluchy nie wiedzą, co to słodycze, i jeżeli im ich nie podamy, to na pewno nie będą się ich domagać. My, dorośli, pamiętajmy natomiast, że wszystko jest dla ludzi, ale bardzo ważne jest zachowanie zdrowego rozsądku. Nie warto poświęcać własnej siły i energii dla codziennej przyjemności (złudnej w sumie) zjedzenia batona. Jednym ze sposobów na uwolnienie się od tego uzależnienia jest większe spożycie zdrowych tłuszczów i przestawienie metabolizmu na spalanie ciał ketonowych. Organizm nie będzie wówczas domagał się glukozy w takim stopniu jak wtedy, kiedy głównym źródłem energii w diecie są węglowodany.

Syrop glukozowo-fruktozowy – nasz największy wróg

Czy fruktoza w produktach spożywczych równa się owoc? Niestety nie. Fruktoza długo była uważana za „dobry cukier" i jako taki polecana – nie podnosi poziomu glukozy we krwi i ma niski indeks glikemiczy (IG 20). Jest dwukrotnie tańsza i słodsza od białego cukru, czyli sacharozy. Niestety fruktoza zawarta w produktach nie ma nic wspólnego z owocami i ich ekstraktami. Do produkcji fruktozy wykorzystuje się przede wszystkim syrop kukurydziany HFCS/ HFS High Fructose Corn Syrup zwany inaczej syropem glukozowo-fruktozowym. HFCS znajduje się w większości przetworzonych produktów, napojach gazowanych, sokach owocowych, słodkich przekąskach. Badania pokazują, że jego spożycie wpływa na zaburzenie gospodarki lipidowej, podnosi poziom trójglicerydów, przyczynia się do anemii, osłabienia naczyń krwionośnych, zaburzeń pracy serca, stłuszczenia wątroby, a także do pogarszania się stanu skóry, włosów i paznokci poprzez hamowanie produkcji elastyny i kolagenu wywołane zaburzeniami metabolizmu miedzi. Osoby spożywające większe ilości słodyczy i innych produktów z syropem glukozowo-fruktozowym w składzie szybko doprowadzają się do niedoborów pokarmowych.

Fruktoza w naturze nie występuje samodzielnie, zawsze towarzyszy jej glukoza, a także błonnik, witaminy, minerały, aminokwasy. Fruktoza, mimo że bezpośrednio nie wpływa na wydzielanie insuliny, jak pokazują badania, przyczynia się do rozwoju insulinooporności. Spożywanie jej w napojach i posiłkach może być jedną z głównych przyczyn rozwoju nadwagi, cukrzycy oraz stłuszczenia wątroby.

Po spożyciu sacharozy następuje rozkład tej substancji do dwóch cząsteczek – glukozy i fruktozy. Glukoza dostaje się do krwi i jest wykorzystana przez komórki jako paliwo, natomiast fruktoza trafia do wątroby, dlatego nie powoduje gwałtownego wzrostu poziomu cukru we krwi ani zwiększonego wyrzutu insuliny. W wątrobie, w zależności od zapotrzebowania, ulega przekształceniu do glukozy, a gdy zapasy glikogenu wątrobowego są uzupełnione, fruktoza zostaje przemieniona do trójglicerydów, powodując wzrost ich stężenia we krwi, a w następnej kolejności do kwasów tłuszczowych, które są magazynowane w tkance tłuszczowej i w wątrobie. Prowadzi to do jej otłuszczenia i sprzyja insulinooporności.

Nadmierne spożycie produktów bogatych w syrop glukozowo-fruktowy przyczynia się do:

- odkładania się tkanki tłuszczowej (nawet 30% zjadanej fruktozy zamieniane jest na tłuszcz),
- nadmiaru wisceralnej (trzewnej) tkanki tłuszczowej, czyli przyrostu tłuszczu wewnętrznego w okolicy talii,
- dyslipidemii, zwiększenia poziomu trójglicerydów oraz frakcji cholesterolu LDL,
- otłuszczenia wątroby (niealkoholowego stłuszczenia wątroby),
- zwiększenia peroksydacji tłuszczów w ciele i powstawania wolnych rodników,
- upośledzenia zdolności organizmu do prawidłowego metabolizowania glukozy, co pośrednio przyczynia się do rozwoju insulinooporności,
- przyspieszonego starzenia się (fruktoza 7 razy częściej łączy się z białkiem niż glukoza, powodując glikację i produkcję cząsteczek AGE, przez co zaburza wytwarzanie się kolagenu),
- zwiększonej produkcji kwasu moczowego skojarzonego z dną moczanową,
- rozwoju chorób cywilizacyjnych, takich jak nadwaga, otyłość, cukrzyca, choroby serca, nadciśnienie, zaburzenia pracy serca, zapalenie trzustki,
- wzdęć, biegunek związanych z nietolerancją FODMAPS.

Naukowcy wykorzystują czystą fruktozę do wywołania nadciśnienia, zaburzenia gospodarki węglowodanowej, wywołania insulinooporności i cukrzycy u myszy w celach badawczych.

Warto też dodać, że spożycie fruktozy nie powoduje hamowania wydzielania hormonu głodu – greliny, dlatego po spożyciu np. jabłka między posiłkami wciąż mamy ochotę coś zjeść. Hamuje ono natomiast wydzielanie leptyny – hormonu sytości niezbędnego dla prawidłowej redukcji masy ciała, odpowiedzialnego za spalanie tkanki tłuszczowej.

Wysokie spożycie fruktozy w połączeniu z insulino- oraz leptynoopornością sprawia, że negatywne działanie tego cukru dodatkowo się wzmaga. Tempo odkładania się tkanki tłuszczowej i powstawania zaburzeń lipidowych jest ściśle skorelowane z całkowitą liczbą spożytych kalorii, zwłaszcza tych pochodzących z węglowodanów prostych. Umiarkowane spożycie fruktozy z owoców w połączeniu z aktywnością fizyczną nie stanowi problemu dla zdrowego organizmu, w którym nie doszło do zaburzeń metabolicznych. Jednak jej nieograniczone przyjmowanie przez osoby borykające się z nadwagą i otyłością może być jedną z przyczyn utrzymywania się insulinooporności mimo zmiany diety, a także utrudnionej redukcji wagi. Zanim jednak zaczniesz omijać szerokim łukiem stoiska owocowe, zwróć uwagę na etykiety na kupowanych produktach. Czy w wyrobach w twoim koszyku nie kryje się dodatkowa dawka HFCS, która sabotuje proces chudnięcia? Jeśli tak, odłóż je natychmiast na półkę!

Sprawdź, gdzie wokół ciebie ukryta jest fruktoza!
Czy twój keczup, sos sałatkowy zawiera syrop glukozowo-fruktozowy?
Jakie dodatki zawierają płatki śniadaniowe twojego dziecka?
Co zawiera sok, który pije twoja rodzina?

Osoby, które mają duży problem z otyłością oraz zaburzeniami metabolicznymi, muszą ograniczyć również spożycie owoców. W niektórych przypadkach może to spowodować przełom w prowadzonej terapii. Restrykcje te na szczęście nie są dożywotnie. Właściwie funkcjonujący organizm nie ma problemu z wagą ani z metabolizmem, dlatego gdy odzyskasz zdrowie, zmienisz swój tryb życia i poprawisz parametry, owoce nie będą już dla ciebie żadnym zagrożeniem. Co więcej, powinny wtedy wrócić do diety, bo zawierają mnóstwo witamin, minerałów i antyoksydantów eliminujących wolne rodniki i spowalniających proces starzenia się. Są też źródłem błonnika, który reguluje perystaltykę jelit, i wspomagają wzrost korzystnych bakterii. Zawsze jednak pamiętaj o tym, że to warzywa mają pierwszeństwo przed owocami i że to przede wszystkim po nie powinniśmy sięgać. Wybieraj też owoce, które mają niski indeks glikemiczny oraz niski ładunek glikemiczny.

UWAGA NA WOLNE RODNIKI

Są to małe, agresywne i wysoko reaktywne cząsteczki, które utleniają komórki ciała. Atakują białka, tłuszcze oraz niszczą materiał genetyczny. Sprawiają, że komórki się starzeją i obumierają. W zdrowym organizmie są wykorzystywane np. do zwalczania komórek zmutowanych, nowotworowych. Jednak zaburzenia homeostazy powodują nadmierny wzrost ich stężenia do tego stopnia, że organizm przestaje je kontrolować. Aby na nowo zacząć sobie z nimi radzić, potrzebuje antyoksydantów, których dostarcza zdrowa dieta.

Soki owocowe – kolejna pułapka?

Ze względu na płynną postać soku oraz brak błonnika czas trawienia tego produktu ulega znacznemu skróceniu. Sprawia to, że sok przedostaje się w krótkim czasie jelita, gdzie zostaje szybko wchłonięty, co prowadzi do podwyższenia poziomu glukozy we krwi i zwiększonego stężenia insuliny. Nie idź więc na łatwiznę i nie wierz reklamom, które wskazują sok jako zdrowy ekwiwalent porcji owoców. O wiele korzystniej jest np. zjeść jedną pomarańczę, która oprócz fruktozy i glukozy zawiera również cenny błonnik oraz witaminy i minerały, niż wypić szklankę soku wyciśniętego z 3–4 owoców. Taki sok dostarczy ci jedynie łatwo przyswajalnego cukru, bo po pasteryzacji nie zawiera witamin ani minerałów. Sok, nawet jeśli nie był dodatkowo słodzony, zawiera ok. 10 g cukru na 100 ml. Daje to w jednej szklance 25 g, czyli 6 łyżeczek cukru! Jak widać, picie tego rodzaju napojów to sposób nie na zdrowie, ale na szybkie podniesienie poziomu glukozy. Czy naprawdę o to chodzi?

Mówi się też, że soki owocowe to bomba witaminowa, zwłaszcza jeśli chodzi o zawartość witaminy C. Oczywiście, teoretycznie tak jest. W rzeczywistości jednak cząsteczka witaminy C ma budowę bardzo podobną do cząsteczki glukozy, co sprawia, że „konkuruje" z cukrem o możliwość dostania się do wnętrza komórki. Przykładowo, jeśli sok o wysokim stężeniu cukru zawiera 20 mg witaminy C, to do komórki wejdzie połowa tej ilości. Może to doprowadzić do wtórnego niedoboru witaminy C we wnętrzu komórki, mimo jej dużego stężenia we krwi.

Sztuczne słodziki – jeszcze bardziej szkodliwe niż cukier

Sztuczne słodziki ze względu na swą obcą naturze, sztucznie stworzoną przez człowieka budowę i właściwości nie są prawidłowo rozpoznawane przez organizm i prowadzą do zaburzenia jego pracy. Związki te, mimo że niemal nie zawierają kalorii i nie powodują wzrostu poziomu glukozy, swoim smakiem oszukują ciało.

ZJEŚĆ CZY WYPIĆ?

1 pomarańcza

1 szklanka soku

3 g błonnika

0 g błonnika

2 łyżeczki cukru

5,5 łyżeczek cukru

Odbierając sygnał spożycia czegoś słodkiego, przygotowujemy się na zwiększenie poziomu glukozy we krwi i zaczynamy produkować insulinę w celu obniżenia go. Tak naprawdę jednak glikemia się nie zmienia. Mimo to wydzielona już insulina powoduje obniżenie poziomu glukozy, co prowadzi do hipoglikemii. W praktyce po krótkim czasie od spożycia produktu zawierającego spore ilości sztucznych słodzików znów będziemy głodni i znacznie szybciej sięgniemy po kolejny posiłek. Co więcej, będzie on najprawdopodobniej obfitował w węglowodany. Słodziki dają też fałszywe poczucie bezpieczeństwa i przyzwolenia, że ze względu na ich niską lub prawie zerową kaloryczność możemy zjeść więcej niż zawsze. Statystyki ostatnich lat pokazują wzrost osób z nadwagą i otyłością, co można skorelować również z częstszym stosowaniem słodzików. Badania przeprowadzone przez Serwis Bezpieczeństwa Klientów Stosujących Aspartam (The Aspartame Consumer Safety Network) wykazały, że osoby stosujące sztuczne słodziki przybierały na wadze więcej niż te, które ich unikały.

SZTUCZNE SŁODZIKI

- aspartam – odpowiedzialny za 75% skutków ubocznych wywołanych dodatkami do żywności,
- acesulfam K – stymuluje wydzielanie insuliny,
- sacharyna i cyklamat – powodują rozrost nowotworów,
- splenda (sukraloza) – redukuje dobre bakterie aż o 50%, podnosi poziom insuliny o 20%,
- kwas cyklaminowy – zwiększa wyrzut insuliny.

Kolejnym negatywnym skutkiem stosowania sztucznych substancji słodzących może być spowolnienie metabolizmu. Słodziki nie wywołują efektu termogenezy poposiłkowej, czyli zwiększonej produkcji ciepła i spalania kalorii oraz tkanki tłuszczowej. Organizm nie otrzymuje sygnału, że dostał nową porcję energii i nie podnosi tempa metabolizmu. Oznacza to, że mimo iż zjedliśmy znacznie mniej kalorii niż przy normalnym posiłku, to mogą one niemal w całości zostać zmagazynowane w tkance tłuszczowej, ponieważ tempo przemiany materii nie wzrosło. Ponadto u osób z zaburzeniami metabolicznymi oraz nieprawidłowymi procesami detoksykacji spożycie słodzików może wywoływać szereg różnych objawów, które rzadko kiedy są z nimi łączone: migrenowe bóle głowy, wysypki, drętwienie ciała, skurcze mięśni, zmęczenie, rozdrażnienie, tachykardię, problemy ze snem, wahania nastroju, bóle stawów, przybieranie na wadze.

Na rynku dostępne są również naturalne słodziki, np. stewia oraz ksylitol, inaczej nazywany cukrem brzozowym, a należący do alkoholi cukrowych. Ich stosowanie również wzbudza dyskusje, lecz na pewno są one lepszym wyborem niż sztuczne słodziki, jeśli tylko nie zostały przetworzone. Stewia jest rośliną o słodkim smaku, nie wpływa na poziom glukozy, lecz wpływa na poziom insuliny, powodując jej wydzielanie. Dodatkowo pewne jest, że ciągłe stymulowanie się słodkim smakiem nigdy nie pozwoli nam uwolnić się od cukrowego uzależnienia. Ponadto w insulinooporności samo wyobrażenie, że jemy coś słodkiego, albo żucie gumy może stanowić przeszkodę, zahamować proces produkcji ketonów i spowolnić proces chudnięcia.

Przy korzystaniu z naturalnych słodzików nie powinno się też przekraczać ilości zalecanych przez producenta (np. zbyt duże spożycie ksylitolu grozi biegunką, mogą pojawić się bóle głowy, migrena, nudności). Na szczęście przedawkowanie stewii nam nie grozi, bo w zbyt dużej ilości daje ona gorzki smak. Myślę jednak, że jeśli mamy ochotę na okazyjne grzeszki, to lepiej sięgnąć po cukier w naturalnej postaci, np.: miód pszczeli, melasę, syrop z agawy, cukier kokosowy. Te produkty zawierają dodatkowo inne składniki, takie jak kwasy organiczne, flawonoidy oraz – zależnie od pochodzenia – barwniki roślinne. Miody zawierają także substancje białkowe, tzw. inhibinę oraz enzymy, śladowe ilości witamin oraz makro- i mikroelementów, a także związków poprawiających trawienie i odporność organizmu, dlatego na pewno są lepszym wyborem niż biały cukier czy sztuczne produkty. Organizm, który usprawnił swoje szlaki metaboliczne, będzie wiedział, jak sobie z nimi poradzić, i zareaguje zgodnie z naturą. A odpowiednia aktywność fizyczna zapobiegnie ewentualnym skutkom ubocznym w postaci nadprogramowych kilogramów.

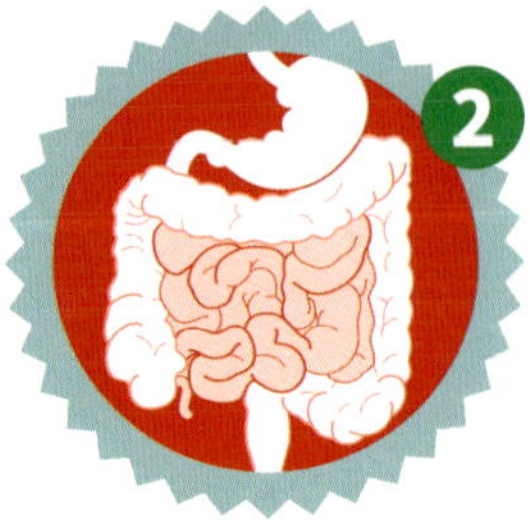

UKŁAD POKARMOWY

Trawienie i wchłanianie

Kolejnym bardzo ważnym, na szczęście również modyfikowalnym, czynnikiem wpływającym na jakość naszego zdrowia, jest flora jelitowa. Nie wiem, czy zdajesz sobie z tego sprawę, ale bakterii w jelicie jest 10 razy więcej niż wszystkich komórek w ludzkim ciele! Jednocześnie każdy z nas ma w sobie niepowtarzalną kompozycję flory bakteryjnej, która w różny sposób na nas oddziałuje. Bakterie jelitowe mają zdolność produkowania licznych związków chemicznych, które wpływają na funkcjonowanie całego organizmu, w tym na pracę mózgu, samopoczucie, koncentrację, pamięć, a także metabolizm, przemianę materii i szybkość spalania, a nawet pobudzenie apetytu. Skład flory jelitowej stale się zmienia, w zależności od sposobu odżywiania się, stopnia niedoboru witamin, stylu życia, poziomu stresu, rodzaju pracy, wpływu czynników środowiskowych, zanieczyszczeń, promieni słonecznych oraz jakości snu. Prawidłowa flora jelitowa jest jednak niezbędna do zachowania zdrowia, a troska o nią powinna być podstawowym elementem każdego procesu odchudzania.

Jelita mają swój układ odpornościowy, tzw. GALT (ang. *gut-associated lymphoid tissue*), odpowiadający za produkcję przeciwciał i hormonów (20% hormonów tarczycy), dlatego 80% naszej odporności znajduje się w jelitach. Prawidłowe działanie jelit jest zależne od ich stanu.

Tak jak człowiek w różnym stopniu przyczynia się do zanieczyszczania Ziemi i wszelkich zmian na niej zachodzących, tak i rodzaj bakterii, które nas otaczają, wpływa na jakość naszego życia i rozwój chorób. Badacze sugerują nawet, że bakterie mogą oddziaływać na nasze geny – prace nad przybliżeniem ich roli są realizowane m.in. przez międzynarodowy projekt Human Microbiome Project HMP prowadzony przez Institue for Genome Sciences.

Zaburzenia flory jelitowej, czyli tzw. przerosty bakterii, mogą mieć wpływ na produkcję działających jak hormony związków, które mogą przyczyniać się do pojawienia się objawów takich jak:

- napady głodu,
- apetyt na słodycze, czekoladę lub produkty bogate w utwardzone i przetworzone tłuszcze, skrobię i cukier (ich spożycie powoduje wydzielenie „hormonów szczęścia", takich jak dopamina, serotonina czy endorfina, co sprawia, że powielamy swoje błędy żywieniowe, i w konsekwencji prowadzi do uzależnienia),
- nadmierne wydzielanie insuliny,
- zwiększenie liczby kalorii pozyskiwanych z posiłku ponad to, co podaje etykieta,
- obniżenie nastroju, depresję, lęk, chroniczne zmęczenie,
- obniżenie odporności,
- rozwój stanów zapalnych,
- rozwój chorób autoimmunologicznych.

W jelitach żyją dwie gromady bakterii, które wpływają na wagę ciała. *Bacteroidetes* to typ „odchudzający", a *Firmicutes* – typ „tuczący".

Ich właściwości wynikają ze zdolności pozyskiwania większej ilości energii z pożywienia poprzez zwiększenie wychwytu glukozy; zjawisko to nazywane jest selektywnym trawieniem. W praktyce oznacza to, że gdy w jelicie „tuczące" bakterie są w znacznej większości, organizm pozyskuje więcej kalorii z tego samego posiłku niż to ma miejsce u innych osób, u których flora jelitowa jest prawidłowa. Jest to odpowiedź na pytanie wielu osób: „Dlaczego on je tyle samo co ja, a nie tyje?". Jednocześnie to dobry przykład wskazujący, że ogólne klasyfikowanie żywności jako zdrowej i niezdrowej może być nieefektywne. Nie warto przyjmować za pewnik informacji znajdujących się na etykiecie, dotyczących liczby kalorii czy ilości węglowodanów w danym produkcie – niektórzy mogą przyjąć ich znacznie więcej, nawet nie zdając sobie z tego sprawy. Oczywiście nie chodzi tu o kilkakrotnie większą ilość kalorii, jednak nawet mała nadwyżka glukozy we krwi każdego dnia może przyczynić się do permanentnie podwyższonego poziomu insuliny, a to z kolei powoduje sukcesywny przyrost kilogramów w ciągu kilku miesięcy czy też roku. (Insulinie i równowadze hormonalnej poświęcony jest kolejny rozdział [s. 91]. Wyjaśniam w nim, dlaczego jest ona ważna i jak kluczową rolę odgrywa w redukcji wagi). Każdy nadmiar glukozy, który nie zostanie na bieżąco wykorzystany, jest syntetyzowany do trójglicerydów i magazynowany w tkance tłuszczowej.

Jak istotna w kontroli wagi jest flora jelitowa, pokazują badania przeprowadzone na myszach. Pobrano podczas nich florę jelitową od otyłych i szczupłych myszy i przekazano ją tym osobnikom, które zostały pozbawione flory bakteryjnej. Wyniki badań są zaskakujące, tym bardziej że wszystkie myszy spożywały takie same posiłki i miały zapewniony taki sam poziom aktywności fizycznej. Okazało się, że osobniki, które otrzymały florę od myszy otyłych, same stały się otyłe, a te, którym przekazano bakterie od myszy szczupłych, pozostały szczupłe. Czyżbyśmy więc znaleźli rozwiązanie jednego z największych problemów zdrowotnych XXI wieku? Myślę, że to możliwe, jednak wymaga jeszcze podjęcia szczegółowych badań nad florą jelitową, a przede wszystkim nad oddziaływaniem na nią żywności, która stymuluje lub hamuje wzrost zdrowych i szkodliwych bakterii. Już teraz jednak są to bardzo obiecujące doniesienia potwierdzające, że zadbanie o stan flory jelitowej może przynieść wielkie korzyści zdrowotne i ułatwić odchudzanie. Wiedzę tę również wykorzystuję w swojej praktyce dietetycznej z bardzo dobrymi rezultatami. Tylko holistyczne podejście przyniesie nam najlepsze rezultaty.

Korzystne bakterie jelitowe, które odgrywają istotną rolę w zachowaniu zdrowia i mają wpływ na prawidłową wagę, to *lactobacillus* oraz *bifidobacterium*. Nazywamy je również bakteriami probiotycznymi lub symbiotycznymi.

Lactobacillus dostają się do organizmu w czasie naturalnego porodu, dzięki piciu mleka matki oraz przez spożycie fermentowanych produktów mlecznych. Bakterie te trawią błonnik, w wyniku czego produkują bardzo korzystny dla zdrowia kwas mlekowy. Wpływa on na pH jelit i hamuje rozwój niekorzystnych bakterii gnilnych. *Lactobacillus* mają również wpływ na utrzymanie szczelności jelit i poprawę odporności. Niestety, w czasie porodu przez cesarskie cięcie – coraz częściej ordynowanego – nie dochodzi do tak licznej kolonizacji tych bakterii, co może wiązać się z różnymi konsekwencjami zdrowotnymi w późniejszym życiu.

Bifidobakterie zdobywamy we wczesnym dzieciństwie – są przejmowane od rówieśników oraz przekazywane ze spożywanymi pokarmami. Oba rodzaje bakterii odgrywają istotną rolę w produkcji ważnych witamin, takich jak kwas foliowy, witamina B12, biotyna, ryboflawina, witamina B6 oraz witamina K, a także w regulacji gospodarki mineralnej jonów wapnia, magnezu i żelaza. Biorą też udział w procesie rozkładu resztek pokarmowych, w wyniku czego powstają dobroczynne krótkołańcuchowe kwasy tłuszczowe.

Witamina K2, jak wskazują najnowsze badania, może wspomagać cofanie złogów miażdżycowych, a jej wyższy poziom jest skorelowany z rzadszym występowaniem epizodów sercowych. Witamina ta jest produkowana przez bakterie zdrowej flory jelitowej człowieka.

Organizm, którego flora jelitowa ma prawidłowy skład, jest bardziej odporny na infekcje bakteryjne, grzybicze czy pasożytnicze. Obecność bakterii probiotycznych utrudnia też wzrost niekorzystnych szczepów bakterii.

Zadbanie o odpowiednią florę jelitową przynosi bardzo dużo korzyści. Niektóre z nich – szczególnie ważne dla osób starających się o utratę wagi – to:

- mniej przyswojonych kalorii z jedzenia,
- stabilny poziom insuliny,
- lepsza gospodarka hormonalna, poprawiona konwersja hormonów tarczycy,
- lepszy nastrój – w jelitach produkowane jest 95% serotoniny,
- ułatwienie redukcji tkanki tłuszczowej,
- zmniejszone uczucie głodu,
- kontrola nad apetytem na słodycze.

Badania pokazują, że niekorzystne bakterie jelitowe wydzielają szereg szkodliwych endotoksyn, które mogą przyczyniać się do rozwoju zespołu nieszczelnego jelita. To z kolei wpływa na powstawanie przewlekłych stanów zapalnych.

Ze swojego doświadczenia zawodowego wiem, że zaburzenia równowagi flory jelitowej dotykają coraz więcej osób. Moi pacjenci zmagają się z tzw. dysbiozą jelitową. Jest to stan, w którym dochodzi do przerostu flory bakteryjnej jelit, nazywanego również SIBO (Small Intestinal Bacterial Overgrowth), często spotykany u osób cierpiących na zespół jelita drażliwego (IBS) czy drożdżycę (*Candida albicans*). Zadbanie o odpowiednią dietę oraz suplementację łagodzi objawy SIBO, a nawet może prowadzić do remisji.

Badania pokazują, że flora jelitowa alergików zawiera dużo więcej szkodliwych patogennych organizmów niż flora osób zdrowych, u których dominują bakterie probiotyczne.

CZYNNIKI WPŁYWAJĄCE NA KONDYCJĘ JELIT

Osoby, u których doszło do zaburzenia flory jelitowej, częściej zapadają na choroby cywilizacyjne. Można u nich zaobserwować objawy typowe dla syndromu jelita drażliwego: wzdęcia, bóle brzucha, biegunki, zaparcia oraz zgagę, a także częste w dzisiejszych czasach zakażenia grzybicze *Candida*, nadwagę i otyłość, zespół chronicznego zmęczenia, depresję oraz wyższą zapadalność na choroby autoimmunologiczne. Lekceważenie zaburzeń jelitowych może doprowadzić do rozwoju przewlekłych stanów zapalnych, nadciśnienia tętniczego, wzrostu cholesterolu oraz otyłości (szczególnie brzusznej) i insulinooporności prowadzącej do cukrzycy typu II. Niektórzy naukowcy łączą również stan flory jelitowej z rozwojem nowotworów.

Objawy zaburzeń flory jelitowej

- problemy ze zrzuceniem wagi,
- nieuregulowany apetyt,
- wzdęty brzuch,
- bóle żołądka i jelit,
- biegunki,
- gazy,
- zaparcia,
- zespól jelita drażliwego IBS,
- problemy skórne,
- depresja,
- permanentne zmęczenie,
- przewlekłe stany zapalne,
- niedobór witamin,
- zaburzenia wchłaniania.

Często nie przywiązujemy wagi do kondycji jelit, uważamy, że wszelkie problemy ze wzdęciami, biegunkami, zaparciami czy zgagą są dziedziczone od rodziców i nic nie można tu zrobić. Zdarza się, że przez takie podejście od najmłodszych lat niepotrzebnie cierpimy na przerosty bakteryjne będące efektem urodzenia za pomocą cesarskiego cięcia, karmienia mlekiem modyfikowanym, nieodpowiedniej diety, częstych antybiotykoterapii, nadmiernej higieny czy niezdiagnozowanych alergii i nietolerancji pokarmowych. Również zbyt duże spożycie węglowodanów przyczynia się do rozwoju niekorzystnych bakterii o działaniu oportunistycznym (niekorzystnym) i zakwaszającym, a hamuje wzrost dobroczynnych drobnoustrojów o działaniu symbiotycznym (korzystnym). Tymczasem prawidłowa diagnostyka połączona ze zdrowym żywieniem oraz usprawnienie procesu trawienia, do czego niezbędna może być indywidualnie dobrana suplementacja kultur bakterii i enzymów trawiennych, miewa nieoceniony wpływ na poprawę stanu zdrowia.

Nieszczelne jelito

Zjawisko to nazywane jest również zespołem przeciekającego jelita. Charakteryzuje się powstawaniem mikrouszkodzeń w jelicie na skutek różnych czynników, takich jak zanieczyszczenie środowiska, spożywanie przetworzonej żywności pozbawionej błonnika i bogatej w konserwanty, kontakt z substancjami toksycznymi, działanie pasożytów, wirusów, bakterii, grzybów, nieleczone nietolerancje pokarmowe i spożywanie alergenów (gluten, kazeina, laktoza), a także przyjmowanie nadmieru leków (niesterydowe leki przeciwzapalne, antybiotyki, IPP) czy permanentny stres. Przyczyną zespołu przeciekającego jelita mogą być również tak banalne sprawy jak nieprawidłowe gryzienie i przeżuwanie pokarmu czy niedokwaszenie żołądka, niedobór enzymów trawiennych, w którego wyniku cierpimy na nawracającą zgagę i niestrawności.

Jelita są pierwszą linią obrony organizmu i w prawidłowych warunkach mają wybiórczą przepuszczalność, dzięki której można kontrolować to, co się dostaje do krwiobiegu. Niestety, nieszczelne jelito jest jak sitko, które przepuszcza niestrawione lub połowicznie strawione molekuły, tzw. antygeny, związki takie jak białko czy gluten, wirusy, bakterie, grzyby, pasożyty, a także substancje toksyczne z jedzenia i picia.

Na taki napływ „śmieci" ostro reaguje układ immunologiczny. Pojawiają się objawy nigdy wcześniej niezdiagnozowanych alergii czy nietolerancji, powstają też liczne kompleksy immunologiczne (cząsteczki utworzone z połączenia antygenu z przeciwciałami). Ciągłe pobudzanie układu odpornościowego doprowadza do jego przeciążenia i odkładania wspomnianych kompleksów w tkankach i narządach, co skutkuje miejscowymi stanami zapalnymi. Objawy różnią się w zależności od rodzaju wytworzonego kompleksu oraz tkanki, w której się on znajduje. Jeśli będzie to skóra, może pojawić się wysypka. Jeśli kompleks immunologiczny odłoży się w ścianie naczyń tętniczych, wywoła nadciśnienie tętnicze. Umiejscowiony w drogach oddechowych, da objawy kataru, ciągłego wydzielania śluzu, kaszlu albo permanentnego zapalenia zatok. Ignorowanie objawów zapalnych oraz nietolerancji i nadwrażliwości na pokarm może doprowadzić do rozwoju wielu schorzeń, takich jak syndrom jelita drażliwego IBS, stany zapalne stawów, trądzik, egzemy, łuszczyca, bóle głowy, migreny, chroniczne zmęczenie, problemy skórne, zaparcia, biegunki, zaburzenia wchłaniania witamin z grupy B (zwłaszcza witaminy B12) oraz minerałów cynku i żelaza (co z kolei przyczynia się do niedokrwistości i osłabienia, a także problemów emocjonalnych – depresji, niepokoju). Stany zapalne są

NIESZCZELNE JELITO

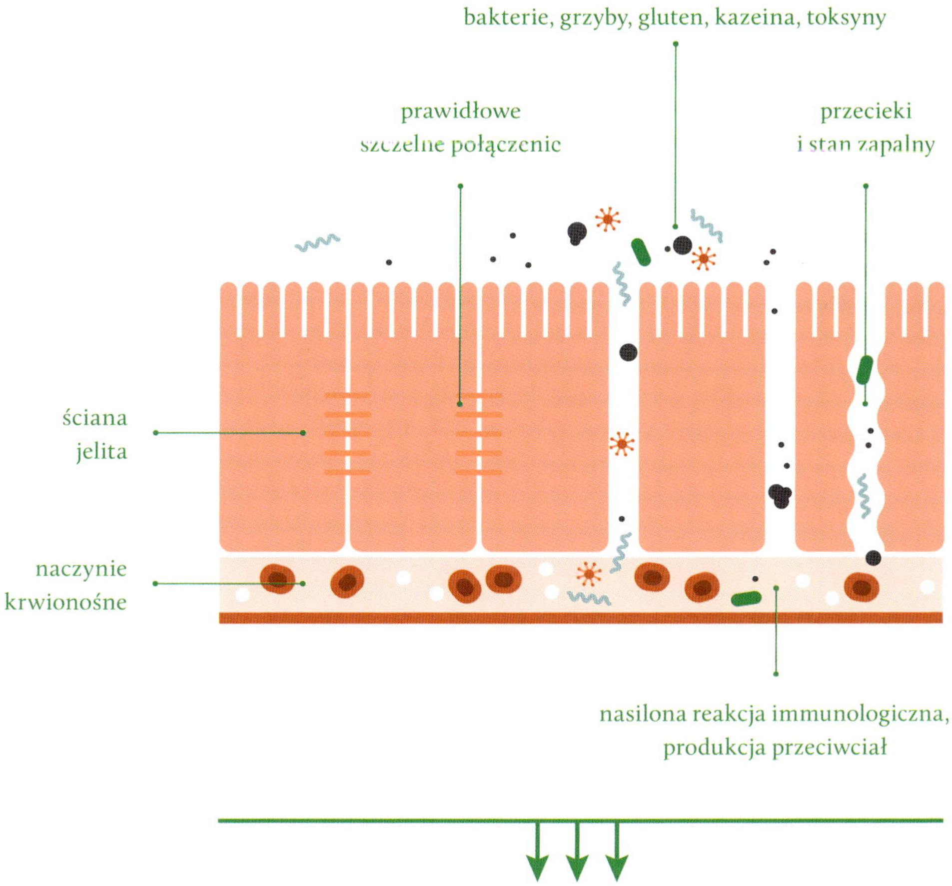

przekroczenie bariery krew–mózg,
stany zapalne,
choroby autoimmunologiczne,
zaburzenie wchłaniania i niedobory pokarmowe,
alergie i nietolerancje pokarmowe

NIESZCZELNOŚĆ JELITA WPŁYWA NA CAŁE CIAŁO

↓↓↓

MÓZG

depresja,
złość,
ADHD,
zaburzenia
koncentracji

SKÓRA

trądzik,
trądzik różowaty,
egzema,
łuszczyca

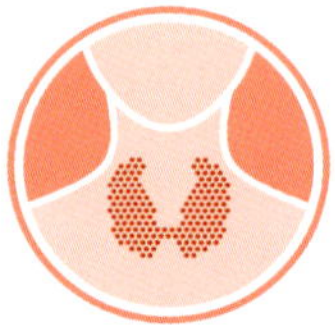

TARCZYCA

zaburzenie
pracy tarczycy
Hashimoto,
choroba
Gravesa–Basedowa

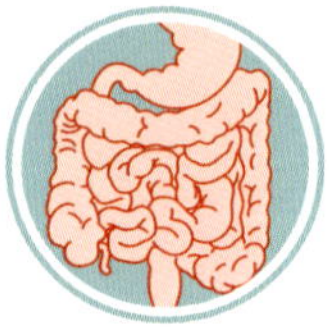

JELITA

zaparcia,
biegunka, IBS,
nietolerancje
pokarmowe,
alergia

NADNERCZA

wypalenie
nadnerczy,
bóle głowy,
zmęczenie

STAWY

bóle stawów,
zwyrodnienia,
reumatoidalne
zapalenie
stawów

ZATOKI

migreny,
nawracające
przeziębienia,
zapalenia ucha
środkowego

ODPORNOŚĆ

częste infekcje,
choroby
autoimmunologiczne,
fibromialgia

związanez tworzeniem szkodliwych związków, cytokin, co wpływa na insulinooporność na poziomie komórkowym. Dlatego właśnie zaniedbanie jelit sprawia, że mimo przyjmowania nawet małej ilości kalorii waga idzie w górę. Złe funkcjonowanie tego narządu może skutkować tyciem albo brakiem efektów stosowanej diety.

Badania dowodzą, że istnieje związek między nieszczelnością jelit a rozwojem chorób autoimmunologicznych, takich jak cukrzyca typu 1, reumatoidalne zapalenie stawów, wrzodziejące zapalenie jelita, choroba Leśniowskiego-Crohna, stwardnienie rozsiane, zapalenie tarczycy Hashimoto, choroba Gravesa-Basedowa. Niektórzy łączą schorzenia jelit nawet z autyzmem oraz ADHD (wszystkim rodzicom, których dzieci borykają się z tymi problemami, bardzo polecam książki *Zespół psychologiczno-jelitowy* dr Natashy Campbell-McBride oraz *Stop Autism Now!* dr. Bruce'a Fife'a). Tak czy inaczej, pewne jest, że długotrwałe narażenie tkanek na nasiloną reakcję układu immunologicznego wywołaną zaburzeniami jelitowymi prowadzi do ich stopniowej degradacji, uszkodzenia, zwiększenia przepuszczalności i zatoksynienia, co pogarsza stan chorych.

Przepuszczalność jelita diagnozuje się na podstawie obecności w moczu niezmetabolizowanych cukrów (test z laktulozą i manitolem) oraz za pomocą badania zonuliny. Jeśli chcesz zweryfikować swoje objawy, zajrzyj do rozdziału o diagnostyce (s. 133).

Co jest niezbędne dla zachowania prawidłowej flory jelitowej?

Probiotyki to bakterie, które wspomagają utrzymanie oraz odbudowę naturalnej równowagi flory jelitowej. Im więcej „dobrych" bakterii w jelicie, tym bardziej zredukowane są te niekorzystne. Poprawia to funkcje układu pokarmowego, wspomaga układ odpornościowy, zmniejsza produkcję niekorzystnych związków wydzielanych przez chorobotwórcze drobnoustroje i sprzyja odchudzaniu.

Nie został udowodniony żaden negatywny skutek stosowania zalecanych dawek probiotyków, dlatego możesz przyjmować je bez obaw. Jednak aby terapia probiotyczna była skuteczna, musi zostać odpowiednio przeprowadzona. Nie wystarczy kupić w aptece jakikolwiek specyfik, bo może on okazać się dla ciebie niewystarczający i nieskuteczny. Zanim go wybierzesz, najlepiej wykonaj testy diagnostyczne określające skład flory jelitowej. To na ich podstawie można indywidualnie dobrać szczepy bakteryjne oraz ich dawki do ukierunkowanej suplementacji. Taka strategia da najlepsze rezultaty i pozwoli uniknąć namnażania się tylko jednej z grup bakterii, co również mogłoby przynieść niekorzystny skutek. Oczywiście musisz samodzielnie rozważyć tę inwestycję, ale jeśli od lat borykasz się z problemami układu pokarmowego, to zapewniam cię, że warto.

Prebiotyki są naturalnym pokarmem dla bakterii. To błonnik roślinny w postaci oligofruktozy czy inuliny. Jego główne źródła to świeże owoce, warzywa, nasiona i orzechy. Ludzki organizm nie ma zdolności jego trawienia – w przeciwieństwie do bakterii zamieszkujących nasze jelita.

Na rynku dostępne są również symbiotyki. To połączenie w jednej kapsułce bakterii probiotycznych z pożywką niezbędną dla ich wzrostu, czyli prebiotykiem. Z pozoru wydaje się, że tego typu suplement to najkorzystniejszy i najprostszy wybór. Jak jednak pokazuje doświadczenie, w zależności od wiodącej jednostki chorobowej mądrze jest zacząć terapię od suplementowania samych bakterii probiotycznych przez okres np. 2 tygodni, bez dodatku prebiotyków. Te ostatnie są bowiem pożywką dla każdego rodzaju bakterii, a więc przyczyniają się również do wzrostu niekorzystnych szczepów. Dlatego też u niektórych osób, cierpiących na zaburzenia flory jelitowej, wprowadzenie np. kiszonek (naturalnych symbiotyków) może nie dać korzystnych rezultatów. Przy zaburzeniach typu SIBO może to mieć kluczowe znaczenie dla skuteczności czy czasu trwania terapii. Pamiętaj też, że jak to w przyrodzie bywa, bakterie konkurują ze sobą, a im większą mamy między nimi nierównowagę, tym więcej czasu wymaga terapia. Warto tutaj podkreślić, że sama probiotyko- i prebiotykoterapia trwa przez określony, z reguły stosunkowo niedługi okres i w dłuższej perspektywie nie przyniesie efektów, jeśli nie zostanie wsparta odpowiednią dietą.

Według badań japońskich naukowców, opublikowanych w „British Journal of Nutrition" w listopadzie 2013 roku, zwiększone spożycie produktów fermentowanych wzbogaconych o probiotyki spowodowało znaczące zmniejszenie tłuszczu w jamie brzusznej w porównaniu z grupą kontrolną, która ich nie przyjmowała. Bez wątpienia potrzebne są dalsze badania, aby zrozumieć cały mechanizm wzmagającego działania bakterii, lecz nie mam wątpliwości, że zadbanie o florę bakteryjną, wraz ze zmianą żywienia, wzrostem spożycia produktów fermentowanych i błonnika daje bardzo dobre wyniki.

Jelita będą ci wdzięczne, jeśli w twoim menu na stałe znajdą się produkty bogate w błonnik i korzystne kultury bakterii. I nawet nie myśl o jedzeniu martwej, przetworzonej, zanieczyszczonej pleśnią, grzybami i pasożytami żywności. Dobrze funkcjonujące jelita ze zdrową florą jelitową można porównać do zdrowych korzeni drzewa. Jeżeli je uszkodzimy – drzewo przestaje rosnąć. Podobnie dzieje się z nami – człowiek ze źle funkcjonującą florą jelitową i zaburzonym trawieniem nie ma szans na prawidłowy rozwój. Potraktuj więc dietę i zdrowy styl życia jako inwestycję we własne zdrowie!

Kluczowe dla regeneracji jelit są następujące produkty i działania:

1. Błonnik rozpuszczalny

   Jego najlepsze źródło to warzywa i owoce. Znajduje się w ścianach komórkowych roślin i jest złożony z długich łańcuchów węglowodanowych. Są one tak bardzo złożone, że organizm nie potrafi ich strawić. Mogą jednak, za pomocą odpowiednich enzymów, dokonać tego bakterie znajdujące się w jelitach.
   Im bardziej zróżnicowane szczepy bakterii, tym trawienie błonnika jest lepsze, co z kolei poprawia wchłanianie i poziom odżywienia organizmu. W wyniku tego procesu następuje produkcja kwasu masłowego, który jest znany ze swoich dobroczynnych właściwości. Wspomaga on m.in. uszczelnianie i regenerację jelita oraz podnosi odporność organizmu.

2. Domowy jogurt i kefir

   Sama przygotowuję domowe jogurty oraz kefiry i zachęcam do tego swoich pacjentów. Podczas domowej produkcji można kontrolować rodzaj bakterii, które dostarczamy do organizmu. Przetwory wykonane we własnej kuchni nie są pasteryzowane ani naświetlane, co oznacza, że mogą zawierać znacznie więcej korzystnych bakterii niż te ze sklepu. Koszt fiolki bakterii to 8–9 zł. Pozwala to na zrobienie 2–3 l jogurtu albo kefiru. Gotowym wyrobem można potem zaszczepić następną porcję. Możemy również kupić probiotyki fermentowane w postaci płynnej i dodawać je do każdego rodzaju produktu, a nawet do wypieków, poprawiając ich jakość oraz nadając im wyjątkowy smak.

3. Domowe kiszonki

   Te doskonałe źródła probiotyków powstają dzięki laktofermentacji, która jest biologicznym procesem przekształcania cukrów (glukozy, fruktozy, sacharozy) w kwas mlekowy. Dodatkowo wytworzone w ten sposób kwaśne środowisko zapobiega rozwojowi mikroorganizmów, przez co jedzenie jest zabezpieczone przed psuciem się. Przygotowanie kiszonek jest niezwykle proste. Domowe przetwory mają mnóstwo właściwości zdrowotnych. Przede wszystkim są źródłem korzystnych dla zdrowia jelit kultur bakterii, które wpływają na regenerację flory układu pokarmowego. Poprawiają też biodostępność wartości odżywczych dzięki obecności enzymów ułatwiających trawienie i wchłanianie. Są świetnym źródłem witamin C oraz K2. Nie ograniczajmy się do przygotowywania ogórków czy kapusty, choć to najbardziej znane w polskiej kuchni produkty. Fermentować można praktycznie wszystkie warzywa, i to z doskonałym skutkiem. Ja bardzo polecam kiszoną marchewkę z chrzanem oraz rzodkiewkę.

4. Detoks cukrowy

   Warto go przeprowadzić, ponieważ do wzrostu „tuczących" bakterii niezbędna jest obecność cukrów prostych i dużej ilości skrobi połączonych z przetworzonymi tłuszczami roślinnymi. Cukrowe „odtrucie" nie tylko przyczyni się do utraty wagi, ale i wspomoże pracę jelit i kolonizację symbiotycznych bakterii wspomagających odchudzanie.

5. Chleb na zakwasie, stuprocentowy żytni, gryczany, z amarantusa

   To doskonały wybór dla osób, które nie wyobrażają sobie życia bez pieczywa. Zakwas, który zawiera bakterie kwasu mlekowego, pomaga redukować kwas fitynowy, co umożliwia lepszą wchłanialność mikroelementów. Ponadto zakwas redukuje w pieczywie zawartość glutenu, a zwiększa ilość poszczególnych amino-kwasów, co sprawia, że białka są lepiej biodostępne.

6. Kombucza

   Inaczej nazywana grzybkiem herbacianym. To kolonia bakterii i specjalnej kultury drożdży, które korzystnie działają na organizm. Mówi się, że kombucza to eliksir długowieczności. Na pewno jest źródłem witamin z grupy B, wykazuje właściwości detoksykacyjne (usprawnia proces usuwania z organizmu produktów przemiany materii) oraz wspomagające pracę układu pokarmowego. Dzięki enzymom trawiennym poprawia też skład flory bakteryjnej jelit.

7. Kefir wodny (kryształy japońskie)

   Kefir bez mleka – zaskakujące, prawda? Tymczasem taki produkt istnieje naprawdę. Jest to kombinacja żywych kultur bakterii oraz grzybów w symbiotycznym środowisku, znana w Polsce pod nazwą kryształów japońskich. Kefir wodny nie zawiera białek mleka krowiego, więc świetnie nadaje się dla osób z nietolerancją laktozy. Jest źródłem witamin B1, B6 i B12, dzięki czemu usprawnia działanie wątroby i przyspiesza metabolizm. Jego hodowla jest bardzo prosta, koszt kryształów japońskich to 10–15 zł na start, później bakterie rozwijają się już same.

8. Dodatkowo warto urozmaicić dietę o zupę miso (japońska zupa ze sfermentowanej pasty sojowej), surowe kakao, surowe świeże mleko, surowy ocet jabłkowy i skorupiaki

Wszystkie te produlty są bogatym źródłem makro- i mikroskładników. Jeżeli nie masz nietolerancji FODMAPS, to jedz również chrzan, cebulę i czosnek ze względu na ich silne właściwości bakteriobójcze i wspierające odporność.

Problem nieszczelnego jelita pogłębiają również lektyny, które mogą podrażniać ścianę jelita i pogłębiać stan zapalny. Są one obecne w pszenicy (gluten), ryżu, orkiszu, soi. Ilość lektyn redukuje namaczanie lub fermentacja ziaren. Problematyczna dla jelit może też być kazeina występująca w mleku i produktach mlecznych oraz cukier, który sprzyja rozwojowi drożdży i grzybów *Candida*. Do tej listy trzeba również dodać alkohol. Kwestią indywidualną jest to, w jakim stopniu organizmowi szkodzą te substancje, dlatego na pewno warto przeprowadzić szczegółową diagnostykę w tym kierunku.

Jak zrozumieć nietolerancję pokarmową

Nieprawidłowe, odbiegające od normy reakcje organizmu wywołane przez żywność są często nazywane alergiami, nietolerancjami pokarmowymi lub nadwrażliwością na pokarm. Niekiedy są one mylnie lub nieprecyzyjnie określane, jednak zasadniczo wszystkie one dotyczą niepożądanej reakcji organizmu. Takie reakcje mogą być skutkiem pobudzenia układu immunologicznego i nasilonej produkcji przeciwciał, ale mogą też zupełnie nie mieć z tym związku. Zdarza się, że wynikają z nadwrażliwości na określone substancje chemiczne, na dodatki do żywności lub zanieczyszczenia. Ale również, na co chcę szczególnie zwrócić uwagę, bywają skutkiem zaburzeń trawienia spowodowanych niedoborem enzymów trawiennych, niedokwaszeniem żołądka, nadużywaniem leków czy naszego zatoksynienia. Winna bywa również sama dieta. Tak zwana zamerykanizowana żywność, wysokoprzetworzona, typu fast food, doprowadza do powstania licznych reakcji, których ignorowanie skutkuje pojawieniem się problemu nieszczelnego jelita. Do krwiobiegu dostają się liczne toksyny, konserwanty, barwniki, zanieczyszczenia, bakterie, grzyby, pasożyty oraz niestrawione cząsteczki białka, które układ odpornościowy rozpoznaje jako obce. Produkuje więc swoiste przeciwciała, które łączą się z białkiem, tworząc niekorzystne dla organizmu związki, tzw. immunotoksyny. Skutki są nieprzyjemne. Nietolerancja pokarmowa w 70% przypadków uderza jednocześnie w wiele narządów. Cierpieć mogą np. układy: pokarmowy (wymioty, uczucie pełności, wzdęcia, zatrzymanie wody, zaparcia, biegunki, nadmierne przybieranie na wadze lub niedowaga), nerwowy (migrena, zaburzenia koncentracji, wahania nastroju,

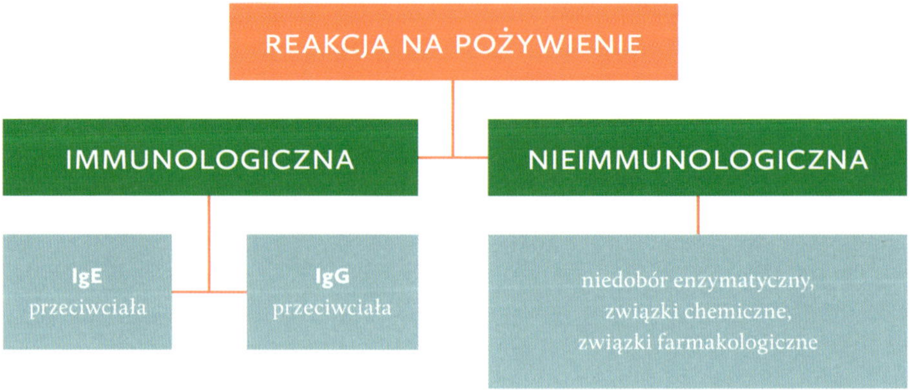

depresja, lęk, chroniczne zmęczenie, problemy ze snem), kostno-stawowy (zapalenie stawów, bóle mięśni, fibromialgia), hormonalny (niepłodność, spadek libido, insulinooporność, nadwaga), oddechowy (zapalenie zatok, nieżyt nosa, astma), a także skóra (wysypki, trądzik, świąd, atopowe zapalenie skóry). Wszystko to wywiera bardzo szkodliwy wpływ na cały organizm i może prowadzić do stanów zapalnych.

Wyróżniamy cztery typy alergii: I, II, III, IV. W kontekście niepożądanych reakcji na produkty żywnościowe najczęściej mówimy o alergii typu I i związanej z nią produkcji przeciwciał typu IgE oraz alergii typu III i przeciwciałach IgG. Ta ostatnia bardzo często w literaturze określana jest jako nietolerancja pokarmowa lub nadwrażliwość na pokarm.

Bardzo często organizm ma problem z rozpoznaniem żywności i jej trawieniem, zwłaszcza gdy dotyczy to produktów wysokoprzetworzonych, takich jak zupki chińskie, a także modyfikowanych genetycznie, jak np. soja, kukurydza i wszechobecny syrop glukozowo-fruktozowy. Przed wykonaniem jakiekolwiek diagnostyki należy przeanalizować dietę pod kątem jakości pokarmów, ilości dodatków do żywności, miejsca i czasu spożywania posiłków, otaczającego środowiska oraz stresu, bo te wszystkie czynniki mogą być przyczyną dolegliwości.

Co z glutenem?

Gluten to mieszanina białek roślinnych, gluteniny i gliadyny, występująca w ziarnach niektórych zbóż, np. pszenicy, żyta i jęczmienia. U osób szczególnie wrażliwych na ten związek doprowadza do rozszczelnienia jelita na skutek podniesienia stężenia zonuliny – białka biorącego udział w regulacji przepuszczalności jelit.

Alergie typu I: IgE-zależne

Na skutek kontaktu z alergenem dochodzi do produkcji przeciwciał IgE, uwalniania histaminy oraz mediatorów chemicznych.

Objawy alergii IgE-zależnej to: pokrzywka, wysypka, kichanie, trudności w oddychaniu lub – w najgorszym przypadku – wstrząs anafilaktyczny. Reakcje te są natychmiastowe, pojawiają się w kilka sekund lub minut po spożyciu pokarmu.

Osoby z alergią tego typu zazwyczaj są tego w pełni świadome i unikają produktów wywołujących atak.

Najczęściej będą nimi orzeszki ziemne i skorupiaki.

Alergie typu III: IgG-zależne

Cechą charakterystyczną tych alergii jest wytwarzanie przeciwciał IgG oraz tworzenie kompleksów immunologicznych. Kompleksy te mają paskudną zdolność odkładania się w tkankach i powodowania przewlekłego stanu zapalnego.

Alergia typu III nie wywołuje natychmiastowych objawów, pojawiają się one dopiero kilka godzin lub dni po spożyciu alergenu. Opóźniony czas reakcji przyczynia się do utrudnionej diagnostyki nietolerowanych produktów.

Wśród objawów alergii tego typu są: bóle głowy, migreny, bóle stawów, przewlekłe zapalenie zatok, katar, nadciśnienie, poczucie lęku, niepokoju, depresja, zespół jelita drażliwego, egzema, astma, a nawet zaparcia czy problemy z redukcją masy ciała.

Jest to jedna z przyczyn rozwoju stanów zapalnych, nieszczelności jelit i chorób autoimmunologicznych.

Problem nietolerancji i nadwrażliwości na gluten narasta z roku na rok, ponieważ zwiększa się spożycie tej substancji. Pszenica obecnie używana do wszelkich wypieków różni się znacząco od pszenicy, jaką znały nasze babcie. Dzięki modyfikacjom agrotechnologicznym wyprodukowano odmiany wysokoglutenowych krzyżówek o nowej strukturze białka, które są o wiele bardziej wydajne i opłacalne niż dawne zboża. Istnieją jednak skutki uboczne. Bardzo często organizm nie potrafi rozpoznać tych nowych produktów jako pokarmu, co przyczynia się do wywoływania reakcji alergicznych, powstawania nietolerancji czy nadwrażliwości. Właściwości glutenu są więc bardzo korzystne z punktu widzenia przemysłu spożywczego, ale, jak pokazują statystyki, niezbyt dobre dla nas – konsumentów. Technologicznie gluten ceni się za dużą zdolność pochłaniania wody oraz nadawanie produktom spożywczym sprężystości i pulchności. Dzieje się to dzięki zatrzymywaniu dwutlenku węgla, powstającego podczas fermentacji drożdżowej. W efekcie objętość ciasta znacznie wzrasta, co oczywiście pozwala zwiększyć ilość wypieków z jednej porcji. Dzięki obecności glutenu ciasto nabiera również kleistej struktury, można je formować w rozmaite kształty. Właściwości mąki glutenowej są nieporównywalne z innymi mąkami, stąd jej popularność w przemyśle spożywczym. Na szczęście nie jest ona niezastąpiona, w kuchni dobrze sprawdza się mąka kasztanowa, kokosowa, dyniowa, jaglana czy mielona babka płesznik.

Dla osób zdrowych, które nie mają żadnych dolegliwości ani skłonności do chorób autoimmunologicznych, małe ilości glutenu nie stanowią problemu. Dla pozostałych może on być szkodliwy. Jako pierwsza z reguły przychodzi na myśl celiakia, choroba autoimmunologiczna o podłożu genetycznym, charakteryzująca się trwałą nietolerancją glutenu i prowadząca do uszkodzenia błony śluzowej jelit. Jej leczenie polega na całkowitym wykluczeniu glutenu z diety. Jak się jednak okazuje, znacznie częściej niż celiakia (rozpoznawana u 1% populacji) występuje nietolerancja glutenu czy nadwrażliwość na ten składnik. Naukowcy sugerują, że może ona dotyczyć nawet ok. 30% populacji. I choć diagnostyka w tym kierunku bardzo się rozwinęła, to nie zawsze przeprowadzony test na alergie czy nietolerancje jest w 100% pewny. Gluten jest złożony z wielu różnych białek, najczęściej testy ukierunkowane są na diagnozowanie nietolerancji najbardziej rozpowszechnionej części glutenu (peptydu 33-mer). Dlatego jeżeli tolerujemy ten peptyd, test wyjdzie negatywy, co sugeruje, że nie mamy nietolerancji na gluten. W rzeczywistości taki wynik oznacza, że nie mamy nietolerancji na ten jeden, najczęściej nietolerowany składnik glutenu. Może się jednak okazać, że reagujemy na inną część glutenu. Dlatego czasami wymagana jest specjalistyczna diagnostyka uwzględniająca więcej rodzajów gliadyn. Ponieważ jest ona dość kosztowna, stawiając diagnozę, musimy opierać się nie tylko na wynikach testów, ale przede wszystkim na objawach, samopoczuciu i stanie zdrowia.

Jeżeli wymienione na sąsiedniej stronie objawy wydają ci się znajome, to wskazane będzie przeprowadzenie diagnostyki pod kątem celiakii, nietolerancji czy nadwrażliwości na gluten. To pozwoli wprowadzić odpowiednie leczenie. Ale uwaga: zaburzenia, które z pozoru mają związek z glutenem, mogą być wywołane również innymi czynnikami, takimi jak niedobór enzymów trawiennych, niedokładne rzucie pokarmów czy nietolerancje FODMAP oraz SIBO, z których nie zawsze zdajemy sobie sprawę (a więc dotyczące nie białka, ale węglowodanów).

Gluten, oprócz wywoływania nieprzyjemnych objawów, zaburza też proces redukcji wagi, a to ze względu na zawartość gliadomorfin, cząsteczek, które budową przypominają endorfiny (tzw. hormony szczęścia). Gliadomorfiny mają zdolność łączenia się z receptorami opioidowymi w mózgu, dając efekt zadowolenia, przyjemności, błogości, a nawet ekstazy jak po zażyciu narkotyku. Substancje te wpływają na poczucie silnego uzależnienia od spożywania chleba; analogicznie w produktach mlecznych mamy kazomorfiny, które również wpływają na nasze preferencje żywieniowe. Im więcej tego typu wyrobów pojawia się w naszej diecie, tym większą mamy na nie ochotę. Mózg zaczyna kojarzyć uczucie przyjemności ze spożyciem glutenu, co sprawia, że jemy coraz więcej chleba oraz produktów mącznych – czasami o wiele więcej, niż faktycznie potrzebujemy. Specjaliści obserwują, że osoby, które przejdą detoks glutenowy, zaczynają spożywać mniejsze porcje posiłków, a jednocześnie odczuwać po nich sytość i zadowolenie.

Brain fog – to zjawisko coraz częściej łączone z wysokim spożyciem glutenu (gliadomorfiny). Charakteryzuje się z upośledzonym funkcjonowaniem mózgu, które objawia się spowolnieniem myślenia oraz czasu reakcji. Objawy mogą być również nasilane przez spożycie kazomorfiny zawartej w produktach mlecznych, które mogą wykazywać działanie morfotyczne. Jest szczególnie spotęgowane u osób z zaburzeniami autystycznymi.

OBJAWY NIETOLERANCJI GLUTENU

- nawracające stany zapalne,
- dolegliwości skórne,
- reumatyzm,
- depresja,
- astma,
- zaparcia,
- wzdęcia,
- biegunki,
- stany zapalne jelit,
- nadciśnienie,
- żylaki,
- policystyczne jajniki,
- bezpłodność,
- przewlekłe zmęczenie,
- zaburzenia nastroju.

Warto przy okazji przypomnieć, że jedzenie pieczywa przyczynia się do rozwoju oporności tkanek na insulinę. Chleb bardzo szybko podnosi poziom glukozy we krwi, na co z kolei trzustka reaguje gwałtownym wyrzutem insuliny – reakcja ta może być nawet bardziej nasilona niż po zjedzeniu białego cukru. U osób z dużą insulinoopornością nawet sporadyczne zjedzenie pieczywa, powiedzmy raz na dwa tygodnie, może skutkować nie tylko brakiem spadku wagi, ale wręcz jej podniesieniem, mimo że utrzymywane są pozostałe zalecenia dietetyczne. Mówiąc obrazowo, jeśli zjesz kawałek chleba w niedzielę, to wyrzut insuliny sprawi, że będziesz stopniowo przybierać na wadze aż do środy – mimo że wartość kaloryczna porcji była niewielka, u osób z zaburzeniami gospodarki hormonalnej podobne działanie wykazuje również alkohol. O wpływie gospodarki hormonalnej na nasze zdrowie przeczytasz w kolejnym rozdziale (s. 91).

Zarówno pszenica, jak i nasiona roślin strączkowych, orzechy czy niektóre warzywa zawierają lektyny (gluten również jest lektyną), które mogą przyklejać się do narządów, np. do tarczycy, i w ten sposób wywoływać reakcje autoagresji układu odpornościowego, co prowadzi do powolnego uszkadzania narządów. Ponadto obecnie zarówno pszenica, jak i inne zboża są bardzo zanieczyszczone metalami ciężkimi, środkami ochrony roślin, nawozami czy środkami zwiększającymi plon. Modyfikowane zboża są odporne na ich działanie, więc te specyfiki nie zaburzają ich wzrostu, ale pozostają w roślinie i dostają się do naszych jelit, zaburzają florę bakteryjną, a nawet mają właściwości rakotwórcze. Pod wielkim znakiem zapytania stawiana jest również żywność GMO, modyfikowana genetycznie. W tej technologii wykorzystuje się m.in. cechy naturalnie występujące w roślinie, np. ich zdolność do odstraszania insektów czy też owadów. Taką cechą może być również naturalnie produkowana przez rośliny substancja, która wywołuje u owada uszkodzenie np. jego układu pokarmowego. Technologia GMO, aby podnieść zdolności samoobronne roślin, zwiększa ekspresję genów odpowiedzialnych za tę cechę. Dzięki temu ilość substancji odstraszających się zwiększa, co chroni rośliny i zwiększa nasze plony. Zastanawiające jest to, że w tym samym czasie ludzkość musi zmierzyć się z narastającym problemem zaburzeń jelitowych, pojawieniem się zjawiska nieszczelności jelit, które jak plaga dotykają coraz większego odsetka populacji, dając objawy wzdęć, bóli brzucha oraz IBS.

Oczywiście, jeśli spożywasz gluten raz na jakiś czas i prowadzisz zdrowy tryb życia, to prawdopodobnie nic ci nie grozi. Jeżeli natomiast twoja dieta składa się z 5 posiłków, z których 3 bazują na wysokoprzetworzonych produktach glutenowych (kolorowe płatki śniadaniowe, pompowane bułki, chlebki, drożdżówki, paluszki, glutenowe kasze, a nawet zwykły chleb do każdego posiłku), to niestety w twoim przypadku spożycie tego składnika jest bardzo wysokie. Może to skutkować stopniowym pogarszaniem się stanu zdrowia. Jeśli natomiast będziesz dokonywać lepszych wyborów i zredukujesz spożycie produktów glutenowych, to w łatwy i prosty sposób zadbasz o siebie. To nie jest trudne, jak zwykle sprawdzi się metoda małych kroków. Wystarczy wybierać pieczywo robione na naturalnym zakwasie, najlepiej żytnie lub z pełnowartościowych, naturalnie bezglutenowych kasz, takich jak gryka, komosa ryżowa czy amarantus. Wyroby na zakwasie są zdrowsze, ponieważ ilość glutenu jest w nich zredukowana i zawierają lepiej przyswajalne białka, witaminy i minerały. Warto zastąpić nimi te powszechnie wybierane produkty, które bazują na mące pszennej z wysokiego przemiału czy zanieczyszczonym glutenem owsie i do których wypieku używane są drożdże.

Decydując się na dietę bezglutenową, musisz przestrzegać najważniejszej zasady: świadomego jedzenia. Wybieraj naturalnie bezglutenowe, zdrowe, nieprzetworzone produkty bez konserwantów czy tysiąca różnych dodatków, w tym modyfikowanej skrobi albo modyfikowanych mieszanek soi albo kukurydzy, syropu glukozowo-fruktozowego; wszystkie te substancje zwiększają udział węglowodanów w diecie. Jeśli produkt jest oznaczony przekreślonym kłosem (symbol

RODZAJE ŻYWNOŚCI BEZGLUTENOWEJ

Produkty naturalnie bezglutenowe dla osób z nietolerancją glutenu lub odchudzających się	Produkty naturalnie bezglutenowe dla osób zdrowych	Produkty bezglutenowe, ale wysoko przetworzone
• **kasza gryczana, amarantus, komosa ryżowa**: zawierają komplet aminokwasów egzogennych i mogą częściowo zastąpić mięso • **kasza jaglana** (uwaga: zawiera goitrogeny, które mogą zaburzyć pracę tarczycy), teff (trawa abisyńska) • **płatki gryczane i jaglane** • **mąki: kasztanowa, kokosowa, gryczana, z komosy, z amarantusa, z orzechów** (np. migdałowa, z orzechów laskowych czy makadamii, które są bardziej stabilne termicznie) • **babka płesznik**	• **ryż biały**: pod względem budowy jest podobny do glutenu, dlatego dla niektórych osób może być niewskazany; biały ryż ma również stosunkowo wysoki IG, co może nasilać insulinooporność, zwłaszcza w przypadku przerostów bakteryjnych i selektywnym trawieniu składników odżywczych • **ryż basmati**: ma niższy IG niż ryż biały • **ryż brązowy** • **chleb żytni na zakwasie**: zakwas zmniejsza zawartość glutenu • **ziemniaki, bataty, maniok, topinambur** (mają sporą dawkę skrobi; ziemniaki ugotowane i ochłodzone zawierają skrobię oporną o korzystnym prebiotycznym działaniu) • **mąka bananowa** • **certyfikowane płatki owsiane**	• **kukurydza, mąka kukurydziana, płatki kukurydziane**: są to produkty bardzo wysoko przetworzone i modyfikowane genetycznie o niskiej wartości odżywczej • **skrobia modyfikowana** • **chlebek ryżowy, ryż ekspandowany**: szybko się wchłaniają, praktycznie nie wymagają trawienia, dlatego też szybko podnoszą stężenie glukozy we krwi i przyczyniają się do wyrzutu insuliny • **gotowy kruchy chleb bezglutenowy**: zawiera bardzo dużo dodatków i konserwantów, sztucznych witamin oraz minerałów • **soja modyfikowana**: ponad 90% soi to ziarna modyfikowane genetycznie

wyrobów bezglutenowych), ale skład ma taki sam jak naładowany cukrem batonik – odłóż go! Skupienie się tylko na braku glutenu to najczęściej popełniany błąd, który oznacza, że nie rozumiemy zasad zdrowego żywienia, i sprawia, że wpadamy z deszczu pod rynnę. Żadna zmiana jadłospisu nie zadziała, jeżeli będzie powierzchowna, bez zrozumienia konieczności holistycznego podejścia. Wysokoprzetworzona żywność bezglutenowa jest tak samo niezdrowa jak jej odpowiedniki z glutenem, a może i jeszcze gorsza. A przecież natura dała nam ogromny wybór produktów naturalnie bezglutenowych, które jednocześnie zawierają bogactwo witamin, dobre aminokwasy i korzystnie wpływają na zdrowie.

Po odstawieniu glutenu z dużym prawdopodobieństwem możesz liczyć na ustąpienie dolegliwości brzusznych, zmniejszenie objętości brzucha, poprawę gospodarki hormonalnej i wodnej i ustąpienie opuchnięć, poprawę stanu skóry, ustąpienie dolegliwości stawowych, poprawę koncentracji, wzrost energii i większą chęć do działania.

GLUTEN UKRYTY NA EYTKIECIE

Gluten może ukrywać się pod nazwami: hydrolizowane białko roślinne, skrobia modyfikowana, skrobia pszenna, maltodekstryna.
Dodatkowo, jeżeli masz alergię na ten składnik, musisz uważać na klej na znaczkach pocztowych, kosmetyki, pasty do zębów, ale również owoce – np. jabłka, zwłaszcza te nienaturalnie wypolerowane.

Pamiętaj też: na powstawanie nietolerancji czy nadwrażliwości pokarmowych ma wpływ wiele czynników, a ignorowanie sygnałów zaburzeń trawienia może być jednym z nich. Wzdęcia, biegunki, zaparcia, zgaga, wysypki, nadmierne śluzowacenie czy nawracające infekcje nie są czymś normalnym i na pewno nie powinny być zbywane. Jeśli usprawiedliwiasz się, że masz tak od zawsze, że to geny, bo mama (tata, babcia, siostra, brat) boryka się z podobnymi objawami, to wiedz, że to tylko wymówki. Czas o nich zapomnieć, bo nieleczone schorzenia, wieloletnie zaniedbanie organizmu, śmieciowe jedzenie, przesadna i niekontrolowana farmakoterapia czy stres mogą prowadzić do wielu poważnych schorzeń.

RÓWNOWAGA HORMONALNA

Czy to możliwe, że redukcja wagi może nie mieć nic wspólnego z tym, co jesz i ile ćwiczysz? Tysiące przypadków wskazują na to, że tak. Jeżeli należysz do tej grupy osób, ten dział będzie dla ciebie bardzo przydatny.

Problemy zdrowotne dotyczą wielu płaszczyzn, a ignorowanie którejkolwiek z nich może sprawić, że zatrzymasz się w martwym punkcie. Aby nasze podejście było jak najbardziej holistyczne, przedstawię ci kolejny filar zdrowia, którym jest równowaga gospodarki hormonalnej. W tym rozdziale skupię się na najważniejszych hormonach, których zaburzenie może dawać niekorzystne objawy. Jest to m.in. insulina, często nazywana przeze mnie hormonem tycia, oraz wywoływane przez nią zjawisko insulinooporności. Nie bez znaczenia jest jednak również równowaga hormonów tarczycy, hormonów płciowych i hormonów stresu.

Zaburzenia hormonalne odpowiadają za oporność tkanek na utratę wagi.

Hormon tycia – insulina

Ten wydzielany przez trzustkę hormon odgrywa zasadniczą rolę w procesie metabolizmu, przede wszystkim węglowodanów, ale również białek i tłuszczów. Głównym zadaniem trzustki jest utrzymanie odpowiedniego poziomu glukozy we krwi i dostarczenie składników odżywczych do wszystkich komórek ciała. W zdrowym organizmie glukoza pochodząca z węglowodanów jest wykorzystywana na bieżące potrzeby energetyczne, a insulina to rodzaj odźwiernego, który otwiera drzwi do poszczególnych komórek, przez co mogą one przyjąć odpowiednią ilość energii. Dzięki niej regulowany jest poziom cukru we krwi. Nadmierne ilości glukozy, których komórka już nie może przyjąć (bo w danej chwili nie potrzebuje tyle energii) zostają przekształcone w tkankę tłuszczową. Insulina jest hormonem anabolicznym, który korzystnie wpływa na wzrost masy mięśniowej, ale również blokuje wykorzystanie tłuszczu jako źródła energii. Dlatego gdy poziom glukozy znowu spada, organizm ponownie sięga po pożywienie w celu dostarczenia energii, mimo że ma zapasy energetyczne zgromadzone w tkance tłuszczowej. Dlatego właśnie nazywam insulinę hormonem tycia.

Ponieważ ruszamy się coraz mniej, zbyt duże spożycie przetworzonej, ubogiej odżywczo żywności bogatej w węglowodany (zarówno proste, a nawet i złożone) może być sporym problemem, jeśli chodzi o utrzymanie odpowiedniej wagi. Dopóki organizm działa poprawnie, nadmierny wzrost tkanki tłuszczowej nam nie grozi, jednak problem pojawia się, gdy przez dłuższy czas spożywamy produkty, które stymulują wydzielanie insuliny. Naukowcy potwierdzają, że dieta wysokowęglowodanowa, ale również wysokobiałkowa wpływa na stałą produkcję tego hormonu i jest ściśle powiązana ze wzrostem ryzyka rozwoju stanów zapalnych, nadwagi, otyłości, chorób sercowo-naczyniowych i nowotworów.

A zatem to nadmiar cukru oraz niekontrolowane i nadmierne spożycie białka czy też złej jakości tłuszczów są czynnikami wywołującymi choroby cywilizacyjne. (Choć przestrzegam tu również przed bezkrytycznym negowaniem któregokolwiek ze składników odżywczych. Jeden produkt drugiemu nierówny – jego jakość, źródło pochodzenia, a przede wszystkim sposób obróbki przed podaniem ma niebagatelne znaczenie dla negatywnego lub pozytywnego działania w rozwoju schorzeń dietozależnych).

Insulinooporność

Im więcej spożywamy produktów bogatych w węglowodany proste, tym bardziej wzrasta stężenie glukozy we krwi, co może doprowadzić do hiperglikemii, a co za tym idzie, również wzrostu stężenia insuliny. Mechanizm odkładania tkanki tłuszczowej pod wpływem insuliny jest bardzo prosty i wiąże się ze zjawiskiem zwanym insulinoopornością. Jest ono rodzajem błędnego koła.

Otóż po spożyciu produktów bogatych w węglowodany w trzustce produkowana jest insulina. W odpowiednich ilościach jest ona oczywiście niezbędna do tego, by do komórek przedostała się glukoza – bez insuliny nie potrafią one wykorzystywać glukozy, a więc głodują. Jednak po latach wysokoprzetworzonej diety wysokowęglowodanowej (i wysokobiałkowej) tkanki uodparniają się na stale podwyższony poziom insuliny i przestają na nią reagować. Glukoza nie dociera więc do komórek, ale zostaje przerobiona na trójglicerydy i zmagazynowana w tkance tłuszczowej. Komórki natomiast wysyłają do mózgu sygnał, że nie dostały pożywienia i potrzebują energii. W efekcie jesteśmy wciąż głodni, nawet gdy od ostatniego posiłku minęło niewiele czasu. Hiperglikemia wraz z dodatkowym problemem przerostów

przetworzona żywność
produkcja insuliny
oporność tkanek na insulinę
nadmiar kalorii
uczucie zmęczenia i głodu
BŁĘDNE KOŁO INSULINOOPORNOŚCI

bakteryjnych sprawia, że chętniej sięgamy po produkty bogate w węglowodany i modyfikowana skrobię. Te z kolei znów powodują wzrost poziomu insuliny we krwi... I błędne koło się zamyka.

Hiperglikemia to wzrost stężenia glukozy we krwi powyżej górnej granicy normy, która wynosi 3,4–5,5 mmol/l (60–99 mg/dl).

Wysoki i stale podwyższony poziom insuliny prowadzi więc do rozregulowania organizmu do tego stopnia, że komórki są przyzywczajone do wysokiego stężenia tego hormonu we krwi i już na niego nie reagują. Nie odczuwamy sytości, nawet gdy dopiero co spożyliśmy posiłek. Wysoki poziom insuliny sprawia, że mamy niepohamowany apetyt, ciągnie nas do słodyczy, bez przerwy mamy ochotę podjadać, a waga mimo wszelkich wysiłków dietetycznych i sportowych nie spada.

Stałe pobudzanie trzustki do produkcji insuliny prowadzi do tego, że organizm jest zaprogramowany na odkładanie tkanki tłuszczowej, a nie na jej spalanie. Ciało na tym etapie jest już maszyną do magazynowania i przechowa każdą nadmierną ilość kalorii, niezależnie od tego, czy będą one w postaci węglowodanów prostych czy złożonych. To właśnie insulinooporność, razem z przerostami bakteryjnymi w jelitach i tendencjami genetycznymi, wpływa na to, że jedne osoby tyją bardziej, a inne mniej, przy takim samym sposobie żywienia. Co więcej, taki stan może się utrzymywać, nawet gdy bardzo ograniczymy spożycie węglowodanów. Tak dzieje się np. wtedy, kiedy zastąpiliśmy je dużą ilością białka – organizm ma zdolność przekształcania białek do glukozy. Ponadto mimo niskiego lub zerowego indeksu glikemicznego w produktach wysokobiałkowych dochodzi do wydzielania insuliny.

Aż 58% spożywanych przez nas aminokwasów ma właściwości glukoplastyczne, co oznacza, że organizm potrafi przekształcić je w glukozę.

Mówi się, że w diecie niskowęglowodanowej na każde 2 g białka średnio 1–1,2 g poddawanych jest takim przemianom. A zatem celowe podbijanie spożycia białka, stosowanie dodatkowych odżywek dla sportowców czy posiłków wysokobiałkowych może mieć działanie inne niż zamierzone i sprawiać, że waga zamiast spadać – stoi. U części moich pacjentów dopiero po znacznym ograniczeniu lub całkowitej eliminacji tego rodzaju wyrobów możliwa była normalizacja poziomu insuliny i redukcja wagi.

Czasem też organizm będący w stanie stałego pobudzenia, spowodowanego stanami zapalnymi, stresem, chorobą, niedoborami pokarmowymi, włącza wspominany przeze mnie wcześniej tryb „ucieczki". Wtedy jest w stanie poświęcić wiele, aby tylko zachować tkankę tłuszczową, która stanowi „gwarancję przeżycia". Redukuje więc mięśnie, aby to z nich pozyskać energię. Tu kryje się odpowiedź na pytanie wielu osób: dlaczego mimo treningu oraz diety wysokobiałkowej i niskowęglowodanowej nie osiągają upragnionych rezultatów w postaci smukłej, umięśnionej sylwetki.

Bardzo często nie zdajemy też sobie sprawy, że możemy cierpieć na zaburzenie gospodarki węglowodanowej. Problem insulinooporności został poruszony stosunkowo niedawno, dlatego dużo osób wciąż nie zdaje sobie sprawy z jego istnienia. Tymczasem okazuje się, że może on odpowiadać za dużą liczbę niepowodzeń w odchudzaniu. Typowym objawem insulinooporności jest otłuszczenie pasa brzusznego u kobiet i u mężczyzn, otłuszczenie ramion, zmęczenie, ospałość oraz problem z redukcją wagi mimo ograniczenia kalorii i zmniejszenia ilości spożywanych węglowodanów. Otyłość brzuszna jest związana z otłuszczeniem narządów wewnętrznych oraz z odkładaniem się złogów tłuszczu w objętych stanem zapalnym (z powodu wysokich stężeń glukozy i niedoborów antyoksydantów) naczyniach krwionośnych. Taka patologia utrzymująca się przez dłuższy czas doprowadza do jeszcze większych problemów zdrowotnych. Dochodzi do zaburzeń metabolizmu, flory jelitowej i wchłaniania, co prowadzi do wyjałowienia organizmu, jego zatoksynienia i osłabienia układu odpornościowego. Ten ostatni przestaje spełniać prawidłowo swoje funkcje, czyli szybko i sprawnie wykrywać choroby oraz im zapobiegać. W efekcie częściej jesteśmy osłabieni, przeziębiamy się, łapiemy infekcje, rozwijają się coraz poważniejsze choroby. Przeciążony układ odpornościowy zaczyna produkować przeciwciała przeciw swoim własnym tkankom i narządom, doprowadzając do rozwoju chorób cywilizacyjnych. Może to skutkować przedwczesną śmiercią z powodu schorzeń sercowo-naczyniowych, zawałów serca, udarów mózgu, a także rozwojem cukrzycy typu II, nadciśnienia czy chorób autoimmunologicznych. Ponadto udowodniono, że wisceralna (trzewna) tkanka tłuszczowa jest aktywna metabolicznie i wytwarza szereg prozapalnych cytokin, czyli toksycznych związków, które negatywnie oddziałują na zdrowie.

W swojej praktyce dietetycznej zauważyłam, że u ponad 90% pacjentów mających problem z nadwagą lub otyłością głównym źródłem energii są węglowodany (i to nie tylko proste, ale również złożone) oraz wysokobiałkowe produkty, często dodatkowo wzbogacane w proteiny. Ich spożycie bardzo często przekraczało normy

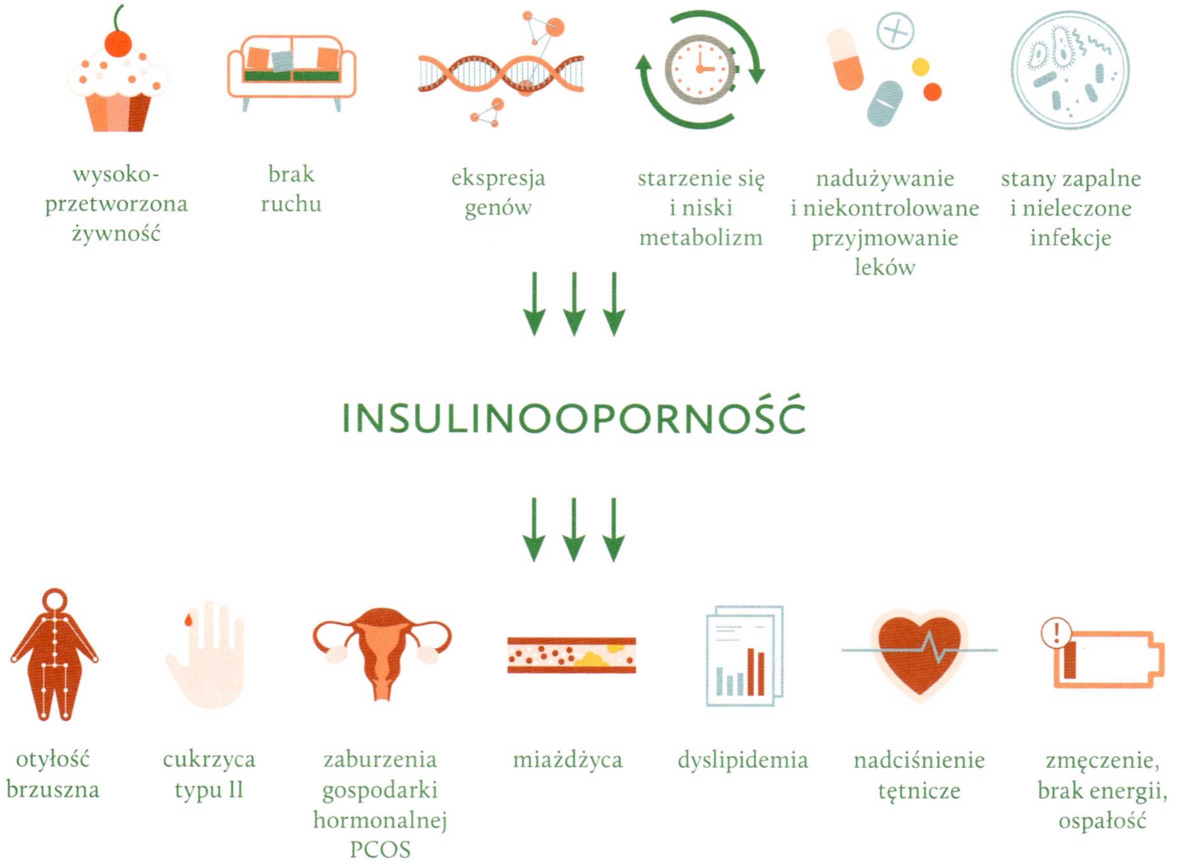
wysoko-przetworzona żywność
brak ruchu
ekspresja genów
starzenie się i niski metabolizm
nadużywanie i niekontrolowane przyjmowanie leków
stany zapalne i nieleczone infekcje
INSULINOOPORNOŚĆ
otyłość brzuszna
cukrzyca typu II
zaburzenia gospodarki hormonalnej PCOS
miażdżyca
dyslipidemia
nadciśnienie tętnicze
zmęczenie, brak energii, ospałość

wyznaczone przez Światową Organizację Zdrowia (WHO). Jednocześnie dieta tych osób jest uboga w zdrowe tłuszcze. W konsekwencji mimo niskiej kaloryczności posiłków, jedzenia zalecanych ilości węglowodanów złożonych, takich jak pełnoziarnisty chleb czy kasze, świeżych owoców oraz redukowania spożywanych tłuszczów, pacjenci nadal borykali się z nadwagą czy otyłością, a waga stała w miejscu lub spadała nieznacznie. Osiągnięcie poprawy wyników laboratoryjnych lub lepszego samopoczucia było po prostu niemożliwe. Jedną z przyczyn takiego zjawiska może być właśnie insulinooporność. To może dotyczyć również ciebie, jeżeli mimo zbilansowanej diety i redukcji kalorii twoja waga stoi w miejscu.

Jeśli zauważasz u siebie niektóre ze wskazanych objawów, to nie czekaj, aż wyniki badań potwierdzą insulinooporność, tym bardziej że często analizy laboratoryjne są robione powierzchownie i opierają się tylko na pomiarze glukozy na czczo, co jest niemiarodajne. Pomija się szczegółowe badanie insuliny na czczo, badania krzywej cukrowej i insulinowej oraz wskaźnika HOMA-IR (wskaźnik pomagający diagnozować insulinooporność, uwzględniający insulinę na czczo i glukozę na czczo), co razem dawałoby zupełnie inny, szerszy obraz gospodarki węglowodanowej. A zatem nie pojedyncza diagnoza lekarska, lecz zła dieta, złe samopoczucie i nieprawidłowy wygląd ciała powinny ci wskazywać, że zdecydowanie coś jest nie tak. Któregoś dnia do mojego gabinetu w Norwegii wszedł pacjent opierający się o kule. Jak wykazała analiza składu ciała, ważył 150 kg i miał otłuszczenie wewnętrzne na poziomie 20 (norma dla niego to 5). Zapytany o wyniki badań laboratoryjnych powiedział, że właśnie je odebrał i wszystkie są w normie, a lekarz uznał, że pacjent jest zdrów jak ryba. Jednak zarówno jego wygląd i samopoczucie, jak i sam fakt, że zdecydował się szukać pomocy u dietetyka klinicznego, o tym nie świadczyły... Szybko sobie wyjaśniliśmy, że wyniki analiz faktycznie są w normie, lecz wykonana diagnostyka była bardzo okrojona i nie uwzględniała kluczowych wskaźników. (Prawidłowa diagnostyka jest czymś bardzo pożądanym przez specjalistów zajmujących się tematyką żywienia i leczenia pacjentów dietą, pomaga w rozpoznawaniu i monitorowaniu zmian zachodzących w organizmie). W rozdziale poświęconym diagnostyce (s. 133) znajdziesz wykaz podstawowych badań, które moim zdaniem powinny być wykonane przed rozpoczęciem jakiejkolwiek terapii żywieniowej.

Aby się przed tym wszystkim uchronić, należy przeanalizować spożywane produkty pod kątem zawartości składników pokarmowych oraz ich zdolności do pobudzania wydzielania insuliny. Pomaga w tym sprawdzanie indeksu glikemicznego, ładunku glikemicznego, a także wciąż mało znanego indeksu insulinowego.

Pokazuje on, że produkty, które nie są bogatym źródłem węglowodanów lub wcale nie zawierają tych składników, również przyczyniają się do podnoszenia insuliny we krwi.

Indeks glikemiczny (IG)

Jest to wskaźnik, który pokazuje, jak wzrasta poziom glukozy po spożyciu 50 g węglowodanów w danym produkcie.

Wyróżniamy produkty o:

- niskim < 55,
- średnim >50–70,
- wysokim >70 indeksie glikemicznym.

Ładunek glikemiczny (ŁG)

Jest dokładniejszy niż IG, ponieważ określa wpływ danej żywności na zmiany poziomu cukru we krwi z uwzględnieniem zawartości węglowodanów w porcji produktu.

Aby go obliczyć, korzystamy ze wzoru:

$$\text{ŁG} = \frac{\text{Indeks glikemiczny danego produktu} \times \text{węglowodany (g)}}{100}$$

Wyróżniamy produkty o:

- niskim <10,
- średnim >11–19,
- wysokim >20 ładunku glikemicznym.

Indeks insulinowy (II)

Określa, jak dany produkt o kaloryczności równej 250 kcal podnosi poziom insuliny we krwi w ciągu 2 godzin po spożyciu pokarmu. Indeks insulinowy wskazuje na produkty, które powodują odpowiedź insulinową pomimo braku węglowodanów. Niski II mają produkty bogate w błonnik, pełnoziarniste i nieprzetworzone.

Przykładowe wartości II:

- mięso wołowe = 51,
- ryby = 59,
- ciemne pieczywo = 56
- biały chleb = 100
- banan = 81
- żelki = 160

Przy ocenie produktów i ich wpływu na proces trawienia przydatne jest stosowanie wszystkich 3 wskaźników. Niestety, indeks insulinowy został określony tylko dla 38 produktów, dlatego nie zawsze możemy go wykorzystać do analizy. Jednak na pewno jego uwzględnienie tam, gdzie to możliwe, pomoże nam zrozumieć pewne zależności metaboliczne, z których do tej pory mogliśmy nie zdawać sobie sprawy.

Dla zrozumienia zależności między indeksem glikemicznym i ładunkiem glikemicznym podam przykład:

IG banana = 72 – wysoki
IG arbuza= 75 – wysoki

Kiedy jednak obliczymy wartość ładunku glikemicznego, dojdziemy do nieco innych wniosków, niż kierując się samym indeksem glikemicznym.

Banan:
100 g = 72 (indeks) × 22 g (węglowodanów na 100 g produktu) = ŁG 15,84 – średnio-wysoki
Arbuz:
100 g = 75 × 8 g (węglowodanów na 100 g produktu) = ŁG 6 – niski

Arbuz, mimo wysokiego indeksu glikemicznego, nie zawiera dużej ilości węglowodanów w porcji, dlatego prawdopodobnie nie spowoduje dużego wyrzutu insuliny. Ten jednak może się pojawić po spożyciu banana, którego porcja zawiera prawie 3 razy więcej węglowodanów niż porcja arbuza, co również potwierdza jego wartość indeksu insulinowego, która wynosi 81.

Niektóre połączenia pokarmów szczególnie predysponują do wydzielania insuliny:
węglowodany proste (cukier, biała mąka) + białko zwierzęce (stek, kotlet),
produkty skrobiowe (ziemniaki, frytki) + pieczeń,
białe pieczywo + wędlina, ser,
słodkie, suszone owoce, płatki słodzone + jogurt, produkty mleczne.

Zarówno indeks glikemiczny, jak i ładunek glikemiczny oraz indeks insulinowy są bardzo przydatne w początkowej fazie zmiany stylu żywienia dla ogólnej klasyfikacji produktów. Zwracać na nie uwagę powinny nie tylko osoby cierpiące na cukrzycę, ale wszyscy, którzy chcą zadbać o zdrowie i zredukować wagę.

Jeśli więc chcesz zredukować wagę, to błędem jest skupienie się tylko na zmniejszeniu liczby kalorii. Okazuje się, że dla metabolizmu istnieje ogromna różnica między spożyciem 2000 kcal z posiłków, w których większość stanowią cukry i wysokoprzetworzona żywność, utwardzone tłuszcze i wysokobiałkowe produkty, a 2000 kcal z potraw, w których głównym źródłem energii są zdrowe tłuszcze, złożone węglowodany i wartościowe białko. W pierwszym przypadku znaczna część z nas pod wpływem insuliny na pewno przybierze na wadze, a w drugim, kiedy nie doszło do nadmiernego wydzielania „hormonu tycia", utrzyma wagę, a nawet schudnie. Jeśli jeszcze nie wierzysz w szkodliwość diety opartej w dużym stopniu na węglowodanach, przeczytaj książkę Australijczyka Damona Gameau *Cały ten cukier* (lub obejrzyj film pod tym samym tytułem). Autor przeprowadził na sobie eksperyment polegający na tym, że przez 60 dni codziennie zjadał ekwiwalent 40 łyżeczek cukru, ukrywający się – uwaga! – w rzekomo zdrowych produktach. Nie było więc objadania się batonami czy picia słodkich napojów, ale np. płatki śniadaniowe, owocowe jogurty, soki, regenerujące koktajle, czyli wszystko to, co twórcy reklam przedstawiają jako zdrową, niskokaloryczną, zbilansowaną dietę. Liczba spożywanych kalorii była przy tym taka sama jak wcześniej, w codziennym jadłospisie Gameau stosującego w normalnych warunkach dietę niskowęglowodanową. Na efekty eksperymentu nie trzeba było długo czekać. Jego autor znacznie podupadł na zdrowiu, czego dowiodły wszystkie testy robione przez lekarzy przed doświadczeniem i po nim. U Gameau stwierdzono m.in. pierwsze objawy stłuszczenia wątroby, podniesienie poziomu insuliny i zaburzenia lipidogramu, zaburzenia pracy jelit i objawy stanów zapalnych. O pogorszeniu sylwetki nie wspomnę.

Mimo tego typu oczywistych spostrzeżeń przemysł spożywczy wciąż lansuje pogląd, że wszystkie kalorie są takie same, i skupia się tylko na ich liczbie w posiłku, pomijając całkowicie ich źródło. Tymczasem dawka kalorii spożywana pod postacią fast-foodów czy lodów to zupełnie inne kalorie niż te pochodzące z jedzenia bogatego w składniki odżywcze. Organizm inaczej metabolizuje tłuszcze, białka, węglowodany proste i węglowodany złożone. Koniecznie trzeba to wziąć pod uwagę. Na pewno nie schudniemy i nie będziemy zdrowsi, jeśli jedyne, co zmienimy w sposobie odżywiania się, to ograniczenie liczby kalorii.

Teoria insulinowa wyraźnie wskazuje, że nadwaga, odkładanie tkanki tłuszczowej oraz jej redukowanie są bardzo złożonymi procesami, ściśle związanymi ze spożywaniem produktów, które podnoszą poziom glukozy oraz powodują wyrzut insuliny. Dlatego do diety powinniśmy włączyć potrawy, które nie mają takich skutków, a dodatkowo przyczyniają się do zwiększenia wrażliwości tkanek na insulinę oraz aktywizują glukagon. Jest on hormonem antagonistycznym do insuliny, możemy go nazwać hormonem spalania. Jego obecność we krwi jest niezbędna do aktywowania procesów redukcji tkanki tłuszczowej i spadku wagi. Aby zmniejszyć poziom insuliny, należy unikać produktów odpowiedzialnych za jej wydzielanie:

ŻYWNOŚĆ WYSOKOPRZETWORZONA, BOGATA W CUKIER I UTWARDZONE OLEJE:

- słodycze, wypieki cukiernicze, krakersy, chipsy,
- alkohol,
- guma do żucia, żelki,
- soki owocowe, słodkie owoce (banany, winogrona),
- warzywa skrobiowe (kukurydza, skrobia kukurydziana, przetworzone ziarna zbóż, płatki śniadaniowe kukurydziane, ziemniaki, frytki),
- produkty wysokowęglowodanowe i wysokoproteinowe,
- produkty mleczne np. jogurty, zwłaszcza smakowy, lody,
- rozgotowane warzywa.

Zjawisko hipoglikemii reaktywnej

Ograniczenie spożycia węglowodanów z dnia na dzień może nie być dla ciebie łatwe i przyjemne. Wymaga to silnej woli, a także nabywania wiedzy, sprawdzania – przynajmniej na początku – informacji o składnikach odżywczych i czytania etykiet. To jednak konieczny wysiłek, bo musimy się nauczyć wybierać produkty dla nas korzystne, aby nie wywoływać produkcji insuliny. Niestety, u niektórych osób z dużym stężeniem insuliny i zdiagnozowaną insulinoopornością organizm może nadal wydzielać zbyt wysokie dawki hormonu, mimo że nie dostarczyliśmy mu węglowodanów lub spożyliśmy ich relatywnie mało. Zjawisko to nazywa się hipoglikemią reaktywną i doprowadza do hipoglikemii.

Hipoglikemia to obniżony poziom glukozy we krwi, który jest niekorzystny dla organizmu i charakteryzuje się nieprzyjemnymi objawami, takimi jak: niepokój, drżenie rąk, bladość, zaburzenia koncentracji, uczucie osłabienia, zimne poty, głód. Zjawisko to świadczy o tym, że organizm nie reaguje na glukagon – hormon chudnięcia – i nie potrafi skorzystać ze zmagazynowanych węglowodanów pochodzących np. z glikogenu wątrobowego. W takim przypadku, kiedy czujemy się bardzo słabo z powodu obniżonego poziomu cukru, możemy spożyć odrobinę węglowodanów w postaci suszonych daktyli, moreli czy fig. Jednakże bardzo ważny jest umiar w ich spożyciu, nie należy podjadać ich stale, bo wtedy nigdy nie przerwiemy błędnego koła i cały czas będziemy uzależnieni od spożywania węglowodanów, a metabolizm nigdy nie przestawi się na spalanie tłuszczów. Po pewnym czasie organizm zaczyna się adaptować do zmian w żywieniu, w wyniku czego może dojść do chwilowego podwyższenia poziomu glukozy na czczo. Objawy niedocukrzenia mijają, a tkanka tłuszczowa zaczyna być wykorzystywana jako źródło energii. Prawidłowe wprowadzenie zmian żywieniowych skraca lub pomaga całkowicie zapobiec występowaniu tego zjawiska, dlatego warto pierwsze kroki postawić wraz ze specjalistą do spraw żywienia.

Cukier przyspiesza starzenie się

Jeśli nadal masz wątpliwości, czy podjąć wyzwanie zmiany stylu żywienia, mam dla ciebie kolejny argument. Przypuszczam, że dla niejednej osoby może on być decydujący. Otóż cukier dosłownie sprawia, że zbyt szybko się starzejemy! Glukoza ma zdolność do wbudowywania się w cząsteczkę np. tłuszczu czy białka, co określa się mianem glikacji. W wyniku tego procesu powstają całkowicie bezużyteczne, a wręcz niebezpieczne i toksyczne dla organizmu związki, tzw. AGE (Advanced Glycation End-Products). Trudno byłoby znaleźć dla nich bardziej adekwatną nazwę (ang. *age* – wiek).

Związki AGE te przyczyniają się do niszczenia struktur kolagenu, w wyniku czego skóra traci elastyczność, a my wyglądamy i czujemy się starzej. Ponadto powodują one twardnienie naczyń i wywołują stany zapalne, które mogą być pierwotną przyczyną rozwoju blaszki miażdżycowej i choroby wieńcowej. Glikacja zachodzi również w obrębie komórek nerwowych, doprowadzając do rozwoju choroby Alzheimera, demencji, osłabienia koncentracji, spowolnionego myślenia, a także pogorszenia wzroku (warto wiedzieć, że wśród często wymienianych zalet postu warzywno-owocowego jest wzrost koncentracji i poprawa wzroku, która wynika ze zmniejszenia ilości zblokowanych kompleksów białkowych typu AGE). Zahamowanie tego procesu jest możliwe dzięki usprawnionemu działaniu układu odpornościowego. Ma jednak szansę powieść się tylko wtedy, kiedy układ odpornościowy pracuje sprawnie i efektywnie i nie jest upośledzony wskutek nieprawidłowej diety i zatoksynienia. Niestety, jak pokazują badania opublikowane w „The American Journal of Clinical Nutrition" i w „Dental Survey", już spożycie 100 g cukrów takich jak fruktoza, glukoza czy sacharoza, zawartych w pasteryzowanych sokach owocowych i słodyczach, osłabia układ odpornościowy nawet o 50% i nawet na kilka

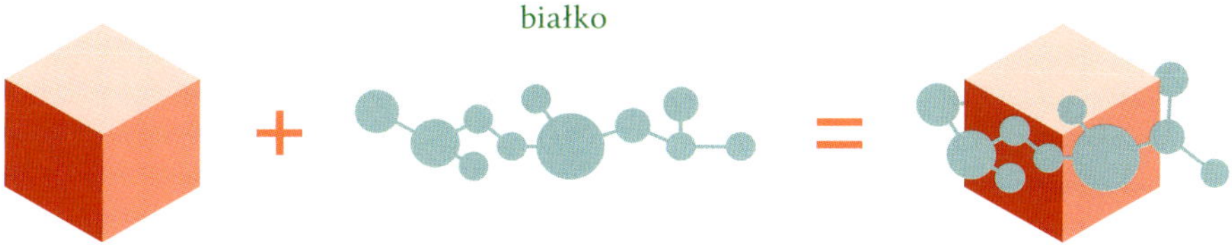

POWSTAWANIE GLIKOWANYCH BIAŁEK

godzin hamuje zdolność białych krwinek do pochłaniania i niszczenia szkodliwych patogenów odpowiedzialnych za rozwój infekcji. Dlatego jeżeli zdarza ci się pocieszać swoje chorujące dziecko albo kogoś bliskiego właśnie poprzez obdarowywanie go słodyczami, zastanów się, czy aby na pewno pomagasz im wyjść z choroby?

Przeciętny poziom spożycia cukrów w ciągu roku przez dorosłego Polaka wynosi 42 kg. Ilość ta z roku na rok wzrasta i łatwo sobie wyobrazić, jak negatywnie wpływa to na stan zdrowia. Skala spożycia cukru i jego odziaływanie na organizm to według mnie wystarczające powody, aby uznać tę substancję za główną przyczynę otyłości i rozwoju chorób cywilizacyjnych.

Utrzymanie nieprawidłowego sposobu żywienia i stopniowe przybieranie na wadze prowadzą do dalszych zaburzeń działania naturalnych mechanizmów zapobiegających otyłości. Przykładowo, leptyna jest hormonem wydzielanym przez tkankę tłuszczową, który daje sygnał uczucia sytości, co ma pomóc w utrzymaniu niskiego poziomu wagi. Niestety, w wyniku zaburzeń, dochodzi do sytuacji, w której mimo wysokiego stężenia leptyny organizm na nią nie reaguje – analogicznie jak w przypadku insuliny, zjawisko to nazywa się leptynoopornością. W efekcie odczuwamy permanentny stan głodu i nieodpartą chęć ciągłego spożywania posiłków.

Hormony tarczycy a metabolizm

Insulina nie jest jedynym hormonem, który wpływa na nasz metabolizm. Warte uwagi są również hormony tarczycy, których nierównowaga znacznie pogarsza nasze samopoczucie i zaburza proces odchudzania. Zaburzenia pracy tarczycy dotykają coraz większej liczby osób, obecnie szacuje się, że cierpi na nie co 5 kobieta i co 10 mężczyzna. Jeżeli obserwujesz u siebie któreś z objawów wymienionych w tabeli na następnej stronie, może to świadczyć, że twoja tarczyca nie pracuje najlepiej. Aby to sprawdzić, warto wykonać podstawowe badania (więcej: *Diagnostyka*, s. 133). Jeżeli cierpisz na zaburzenia pracy tarczycy, wiedz, że najlepsze, co możesz teraz dla siebie zrobić, to właśnie zmienić swoje żywienie.

OBJAWY ZABURZENIA PRACY TARCZYCY

- uczucie zimna,
- zaparcia,
- wypadanie włosów, osłabienie paznokci,
- sucha skóra,
- problem z opuchnięciami twarzy, dłoni, stóp,
- ospałość, brak energii,
- problem ze wstawaniem rano,
- wahania nastroju, gorsze samopoczucie, stany depresyjne,
- kołatanie serca, lękowość,
- zaburzenie koncentracji, problem z pamięcią, roztargnienie.

Na zaburzenie pracy tarczycy wpływa wiele różnych czynników. Wśród najważniejszych możemy wymienić:

1. Niedobory pokarmowe, wynikające z wieloletnich błędów żywieniowych, prowadzących do przewlekłych stanów zapalnych. Należą do nich niedobory jodu, witaminy D3, kwasów tłuszczowych omega-3, selenu, cynku, witaminy A i witamin z grupy B. Negatywnym czynnikiem jest jedzenie żywności wysokoprzetworzonej, modyfikowanej genetycznie, której ludzki organizm nie potrafi trawić i wytwarza przeciwko niej przeciwciała.
2. Zaburzenia trawienia i przyswajania substancji odżywczych, zaburzenia pracy jelit i przerosty bakteryjne, które zaburzają konwersje hormonów (jelita odgrywają ważną rolę w funkcjonowaniu tarczycy), nieszczelność jelita. Pobudzenie i nieprawidłowe funkcjonowanie układu odpornościowego, który w przypadku chorób autoimmunologicznych zaczyna produkować przeciwciała przeciwko tarczycy, również prowadzi do zaburzenia jej funkcji. U pacjentów z tej grupy ryzyka często obserwuje się nietolerancje pokarmową lub nadwrażliwość na pokarm. Wśród pokarmów najczęściej uczulających wymienia się: nabiał (kazeina), gluten, kofeinę, soję, kukurydzę i jaja.
3. Toksyny środowiskowe są jednym z najważniejszych czynników prowadzących do dysfunkcji tarczycy. Zaliczamy do nich m.in. pestycydy i dodatki do

żywności, które mogą działać jak hormony i zakłócać ich metabolizm i funkcję. Zatoksynienie organizmu, nagromadzenie metali ciężkich (rtęci), ale również fluor, ksenobiotyki, pozostałości hormonów, stare wypełnienia amalgamatowe zębów, nadmierne stosowanie środków czystości, dieta uboga w błonnik, który pomaga wiązać toksyny i je usuwać, zaburzenia funkcji detoksykacyjnej wątroby – wszystko to prowadzi do gromadzenia w organizmie ogromnych ilości śmieci i w efekcie zaburza pracę tarczycy. Gruczoł tarczycy jest szczególnie wrażliwy na toksyny, dlatego wprowadzenie zmian w żywieniu polegających na stopniowej detoksykacji, kontrolowanym poście daje bardzo korzystne rezultaty.

4. Chroniczny stres, czyli nasz wróg nr I w XXI wieku. Istnieje ścisła interakcja między hormonami stresu a funkcjonowaniem tarczycy. Ciągły stres obciąża nadnercza, powodując zaburzenia pracy tarczycy. O tym, jak sobie z nim radzić, opowiada Agnes (zajrzyj na s. 217).

Są wśród moich pacjentów takie osoby, u których udało się uzyskać całkowitą remisję i pozbyć się uciążliwych objawów chorób uważanych w dzisiejszych czasach za nieuleczalne, jak np. Hashimoto czy choroba Gravesa–Basedowa, dzięki zastosowaniu postów leczniczych i protokołu wyjścia. Mimo że nie znamy lekarstwa na ich całkowite wyleczenie, możemy pozbyć się objawów, uzyskać całkowitą remisję i przywrócić utracony komfort życia. Aby wesprzeć pracę tarczycy, warto zadbać o obecność w diecie należnych dawek jodu, selenu, cynku, witaminy D3, kwasów tłuszczowych omega-3, koenzymu Q10, witamin z grupy B. Należy również zadbać o odpowiedni odpoczynek, naświetlenie oraz kontakt z naturą. O tym, na co zwrócić uwagę, diagnozując swoją tarczycę, przeczytasz w rozdziale poświęconym diagnostyce (s. 133).

Hormon porażki – kortyzol

Myślę, że każdy z nas wie o tym, że stres jest niezdrowy i należy go unikać, redukować jak tylko się da; wiemy, że permanentny stres oddziałuje negatywnie na cały organizm. Mimo to bardzo często pomijamy ten fakt w kontekście redukcji wagi. Zamiast odpocząć, zrelaksować się czy po prostu wyspać, myślimy np. o tym, jak jeszcze bardziej zwiększyć spalanie kalorii. Może dodatkowy trening, może zrezygnować z kolejnego posiłku i jeszcze dokładniej liczyć kalorie? W ten sposób, ciągle dokładając sobie nowych obowiązków i wyzwań – jakby zwykła codzienność stawiała ich przed nami zbyt mało! – stresujemy się jeszcze bardziej. Nie dopuszczamy do siebie myśli, że to, czym zajmujemy nasz umysł, stymuluje nasz organizm do zmniejszania albo zwiększania wagi i może być przyczyną naszych problemów i niepowodzeń. Naukowcy potwierdzają, że tak właśnie jest.

Coraz częściej spotykamy się z określeniem „zmęczenie lub wypalenie nadnerczy", które jak epidemia dotyka także wielu moich pacjentów. Nadużywanie nadnerczy do produkcji hormonów stresu naraża nas na liczne przewlekłe choroby cywilizacyjne, takie jak cukrzyca, otyłość brzuszna, zawały serca i udary mózgu, sprzyja rozwojowi chorób tarczycy i chorób autoimmunologicznych, a jednocześnie osłabia tkankę kostną, przyczyniając się do osteoporozy. Negatywne emocje i przedłużający się stres dosłownie wywołują oporność na utratę wagi poprzez wydzielanie kortyzolu.

Kortyzol jest hormonem nadnerczy, należy do tzw. hormonów walki i ucieczki. Jest dla nas bardzo ważny, jednak dostaje również przydomek „hormonu porażki czy klęski", ponieważ jego zwiększone, długo utrzymujące się stężenie spowodowane przedłużającym się stresem wywołuje w nas takie emocje, jak całkowite zniechęcenie, przygnębienie, lub uczucie, że znajdujemy się w sytuacji, która nas całkowicie przerosła i kompletnie nie wiemy, co mamy robić.

W obliczu prawdziwego niebezpieczeństwa to właśnie kortyzol razem z adrenaliną i noradrenaliną pomagają nam przetrwać. Jego działanie ukierunkowane jest na poprawienie zmysłów wzroku, słuchu, a także na zwiększenie pompowania paliwa do krwiobiegu, abyśmy mogli szybciej uciekać w sytuacjach bezpośrednio zagrażających naszemu życiu. Jednocześnie hormon ten powoduje wyłączenie trawienia, spowalnia metabolizm, zatrzymuje regenerację czy porost włosów, bo w chwili zagrożenia życia nie to jest najważniejsze. Jego działanie bez wątpienia jest bardzo ważne i na pewno przyczyniło się do przetrwania naszego gatunku w czasach paleolitycznych. Jednak obecnie zdecydowana większość z nas nie potrafi go opanować, a jego właściwości działają na nas wręcz autodestrukcyjnie. Kortyzol wpływa również na sposób, w jaki twój organizm wykorzystuje i magazynuje energię, wpływa na stężenie cukru, a jego długotrwale podwyższony poziom stymuluje nas do spożywania wysokowęglowodanowych produktów bogatych w utwardzone kwasy tłuszczowe. Nierównowaga w sekrecji kortyzolu również prowadzi do błędnego koła, mianowicie hormon ten sprzyja odkładaniu się tkanki tłuszczowej w okolicach brzucha, co powoduje przyrost tłuszczu trzewnego, który zaostrza stan zapalny w organizmie i sprzyja rozwinięciu się chorób cywilizacyjnych. Tłuszcz trzewny z kolei prowadzi do zwiększenia się kortyzolu we krwi – i tak koło się zamyka.

W przypadku wypalenia nadnerczy na pewno nie pomagają liczne niedobory pokarmowe i przetworzona dieta, która stymuluje każde błędne koło opisane w tej książce. Aby uregulować poziom kortyzolu, musimy zrezygnować z przetworzonej żywności, ubogiej odżywczo, spożywać posiłki bogate w warzywa, zwłaszcza zielone (jak np. jarmuż), bogate w minerały i zdrowe nieprzetworzone tłuszcze (awokado, olej kokosowy, nasiona, orzechy, tłuszcz gęsi, tran), skupić się na eliminacji stanów zapalnych, uzupełnić niedobory zwłaszcza witaminy D, witamin z grupy B (szczególnie korzystna będzie tiamina [B1]), witaminy C, magnezu, żelaza, cynku, selenu, poprawić funkcjonowanie jelit i skład flory jelitowej, na którą stres ma szczególnie negatywny wpływ. Należy wyeliminować produkty spożywcze, których składników nie tolerujemy, papierosy, alkohol, ograniczyć kofeinę i zadbać o kulturę snu. O tym, jak lepiej radzić sobie w sytuacjach stresowych i lepiej kontrolować swoje emocje, przeczytasz na s. 217.

OBJAWY WYPALENIA NADNERCZY

- bezsenność,
- nerwowość, strach, kołatanie serca,
- zaburzenia koncentracji,
- poczucie przytłoczenia,
- wyczerpanie,
- obniżone libido,
- bóle głowy,
- problem z obrzękami,
- depresja,
- przybieranie na wadze,
- wzmożony apetyt na słodkie i słone pokarmy,
- problemy skórne, trądzik,
- wypadanie włosów,
- osłabiona odporność i częste infekcje,
- podatność na siniaki.

Hormony płciowe a skład ciała

Kolejną grupą hormonów, które mają wpływ na nasze samopoczucie, zdrowie i wagę, są hormony płciowe (estrogeny, progesteron i testosteron). Są to hormony steroidowe, co oznacza, że do ich syntezy organizm wykorzystuje cholesterol. Estrogen, progresteron i testosteron są produkowane zarówno u kobiet, jak i u mężczyzn, z tym że oczywiście w różnych ilościach. Estrogeny poza tym, że regulują wiele funkcji związanych z płcią damską, wpływają również na gospodarkę wodną, gęstość kości, enzymy trawienne, profil lipidowy oraz pracę serca.

W dzisiejszych czasach spotykamy się z dużą ilością estrogenów sztucznie wytwarzanych przez człowieka, czyli tzw. ksenostregoenów. Pochodzą one z zanieczyszczeń środowiska i związków używanych do produkcji np. tworzyw sztucznych (butelek, plastikowych opakowań, pojemników z tworzyw sztucznych), kosmetyków (szamponów, mydeł, lakierów), konserwantów, nieekologicznych owoców i warzyw (pestycydy i herbicydy), nieekologicznego mięsa i produktów mlecznych, pigułek antykoncepcyjnych (syntetyczny estrogen), filtrów przeciwsłonecznych. Ksenoestrogeny dostają się do naszego organizmu i zaburzają jego pracę.

Wśród estrogenów wyróżniamy trzy główne: estradiol, estron oraz estriol. Gdy układ hormonalny jest w równowadze, najbardziej korzystny i najsilniej działający (przed menopauzą) jest estradiol, nazywany również hormonem młodości, i to on w dużej mierze wywiera korzystny wpływ na nasza sylwetkę i demorficzne rozłożenie tkanki tłuszczowej (pierś, biodra), pomaga również regulować uczucie głodu. Jednak w okresie menopauzy oraz zaburzeń hormonalnych dochodzi do zmniejszenia estradiolu, a zwiększa się estron. Jego działanie jest dla nas mniej korzystne i objawia się choćby przenoszeniem tkanki tłuszczowej z bioder i pośladków na brzuch, co dodatkowo przyczynia się do insulinooporności. Podczas gdy aktywność jajników maleje, nasz organizm zaczyna produkować estrogeny z innych źródeł. Jednym z nich jest właśnie tkanka tłuszczowa, która również ma tą zdolność, oczywiście w dużo mniejszym stopniu niż jajniki. Taka hormonalna zależność od tkanki tłuszczowej powoduje, że organizm niechętnie redukuje tkankę tłuszczową i dochodzi do kolejnego błędnego koła (im więcej tkanki tłuszczowej – tym więcej estronu, więcej estronu – tym większe otłuszczenie brzuszne). Jednak co gorsze, tkanka tłuszczowa produkuje głównie niekorzystny dla naszej sylwetki estron. Oliwą dolewaną do błędnego koła estronu jest insulina, która zwiększa ilość estrogenu we krwi. U mężczyzn nadmiar estrogenu powoduje zaburzenie zdolności do efektywnego budowania masy mięśniowej i spalania tkanki tłuszczowej. Progesteron odgrywa ważną rolę w utrzymaniu równowagi estrogenów, jego obniżony poziom objawia się wzmożonym apetytem, zwłaszcza na słodycze i węglowodany proste. Takie objawy mogą być nasilone podczas utrzymującego się stresu, gdyż kortyzol rywalizuje o te same receptory co progesteron. Dochodzi wówczas do osłabienia działania progesteronu, a nasza chęć na słodycze wzrasta. Wszystkie te zjawiska są potęgowane przez nieprawidłową dietę, bogatą w rafinowane cukry, izomery trans, a ubogą w w ekologiczną żywność, a także przez zwiększoną ekspozycję na syntetyczne estrogeny znajdujące się w opakowaniach plastikowych, kosmetykach. Kontakt przezskórny powoduje natychmiastowe wchłanianie tych związków do organizmu, a działają one nawet dziesięciokrotnie mocniej niż przyjmowane doustnie. Dlatego oprócz zmiany diety warto korzystać z naturalnych kosmetyków i używać naturalnych środków czystości bazujących na sodzie, occie z dodatkiem probiotyków czy nawet szarym mydle.

Nie bez znaczenie jest również stres, który zaburza równowagę, a także niedobór w diecie zdrowych, nieprzetworzonych tłuszczów wysokiej jakości.

Naukowcy wskazują, że dominację estrogenową możemy powiązać z rozwojem licznych chorób, u których źródła leży zaburzenie gospodarki hormonalnej – mowa tu o raku piersi, endometriozie, mięśniakach macicy, PMS (zespole napięcia przedmiesiączkowego) i PCOS (zespole policystycznych jajników). Dziewczynki dojrzewają obecnie o wiele szybciej niż kiedyś, mamy problem z narastającą liczbą par, które nie mogą mieć dzieci, ogromny odsetek osób boryka się z nadwagą i otyłością, nowotworami, cukrzycą. Zaburzenia równowagi hormonalnej bez wątpienia wywierają duży wpływ na stan naszego zdrowia.

ZDROWE TŁUSZCZE

Tłuszcze od kilku dekad są okryte złą sławą, oskarżane o bycie przyczyną wszystkich chorób cywilizacyjnych, zaburzeń lipidowych, cukrzycy, nadwagi i otyłości. Ale co dziwne, mimo ciągłego minimalizowania ich spożycia problem zdrowotny cały czas narasta. Świetnym przykładem są Stany Zjednoczone, gdzie kampania obniżająca spożycie tłuszczu, *low fat diet*, trwa już około trzech dekad. Podczas stażu w Nowym Jorku, kiedy analizowałam nawyki żywieniowe Amerykanów i pisałam pracę dyplomową, miałam okazję przyjrzeć się produktom obecnym na rynku. Ku mojemu zaskoczeniu często okazywało się niemożliwe zakupienie jedzenia z normalną, nieobniżoną zawartością tłuszczu. Sytuacja całkowicie absurdalna, jeśli spojrzeć na liczbę osób borykających się z problemem nadwagi i otyłością. Z kolei ilość dodawanego cukru i syropu glukozowo-fruktozowego była horrendalnie wysoka. W dodatku warzywa czy owoce były znacznie droższe niż markowe słodycze. Doświadczenie to wzmogło moje wątpliwości dotyczące tego, czy słuszne jest oskarżanie na każdym kroku tłuszczów, a ignorowanie ogromnego problemu, jakim jest spożycie cukrów, słodyczy, słodkich napojów oraz przetworzonej żywności (która pokarmem w ogóle nie powinna być nazywana), w rzeczywistości odpowiadających za obecną plagę zachorowań. W tym czasie również po raz pierwszy miałam okazję posłuchać specjalistów z zakresu medycyny funkcjonalnej, którzy każdą terapię pacjentów opierali na zmianie nawyków żywieniowych. To podejście bardzo mnie zainspirowało do dalszej edukacji i rozpoczęcia studiów z zakresu medycyny funkcjonalnej.

W swojej praktyce często spotykam się z pacjentami, którzy mają zaburzenia lipidowe. Po przeprowadzeniu wywiadu żywieniowego odkrywam, że osoby te unikają spożywania czerwonego mięsa i tłuszczów zwierzęcych, na ich stołach króluje drób, a jajka jedzą tylko raz w tygodniu, albo nawet rzadziej. Dlaczego więc, mimo znacznego ograniczenia w diecie tłuszczów zwierzęcych i redukcji kalorycznej, pacjenci mają problem z wagą i nie mogą jej zredukować? Dlaczego mamy podwyższony cholesterol, skoro go nie jemy, dlaczego wegetarianie także mogą mieć podwyższony cholesterol? Na te wszystkie pytania postaram się odpowiedzieć w tym rozdziale oraz pokazać, że przyczyną twoich problemów może być niedobór zdrowych tłuszczów wraz z niedostatecznym spożyciem warzyw.

Jego wysokość cholesterol

Cholesterol dostarczany w diecie ma niewielki, jeśli jakikolwiek, wpływ na poziom cholesterolu we krwi – może go podnieść o zaledwie kilka procent. To nasza wątroba odpowiada za jego produkcję, gdyż mimo tak złej sławy cholesterol jest nam wyjątkowo potrzebny. Należy jednak brać pod uwagę, że do wzrostu poziomu cholesterolu (ale również do jego znacznego obniżenia – w długotrwałych stanach chorobowych) może dojść wtedy, kiedy cierpimy na jakiś stan zapalny. Może on być ostry (wypadek, zranienie, złamanie, oparzenie) i powodować bardzo wysokie skoki tego wskaźnika lub przewlekły, wynikający z wieloletnich nieleczonych infekcji, problemów jelitowych, chorób nowotworowych, chorób autoimmunologicznych, jak i utrzymującego się stresu. Niemniej należy stanowczo zaznaczyć, że rodzaj spożywanej przez nas żywności ma pośredni wpływ na poprawę lub pogorszenie parametrów krwi, w tym lipidogramu. Mianowicie jeżeli nasza dieta jest oparta na smażonych potrawach, przetworzonej żywności, a do tego uboga w warzywa (co prowadzi do niedoboru witamin i minerałów), to stan naszego zdrowia pogarsza się i poziom cholesterolu wzrasta. Smażenie wpływa na utlenianie tłuszczów i tworzenie szkodliwych wolnych rodników oraz kwasów tłuszczowych konfiguracji trans, co skutkuje podniesieniem poziomu cholesterolu we krwi. I tak np. spożycie jaj gotowanych na miękko będzie miało pozytywny wpływ na zdrowie, lecz jaja smażone będą szkodliwe, ponieważ smażenie sprzyja wydzielaniu toksycznych związków.

Co gorsze, niezdrowy styl życia prowadzi do powstania utlenionych form cholesterolu – a ten odpowiada za choroby sercowo-naczyniowe, współtworzą blaszkę miażdżycową i sprzyjają zawałom serca. Okazuje się, że tłuszczami, które najszybciej ulegają peroksydacji, czyli utlenieniu, są tłuszcze roślinne, bogate w zdrowe wielonienasycone kwasy tłuszczowe omega-3 i omega-6. Dodatkowo tłuszcze te mają bardzo niską temperaturę spalania, co oznacza, że już podwyższona ciepłota powietrza, działanie promieni słonecznych oraz błędny sposób przechowywania zmieniają ich strukturę w taki sposób, że powstają związki negatywnie wpływające na zdrowie. Pestki i orzechy również zawierają ogromną ilość kwasów omega-6, a ich niewłaściwe przechowywanie i przygotowywanie powoduje, że wykazują właściwości prozapalne. Spożywając utlenione tłuszcze roślinne, wprowadzamy do organizmu duże ilości toksycznych związków, które w połączeniu z niedoborami witamin i minerałów, wysokim spożyciem cukrów i glikacją oraz alkoholem wywołują stres oksydacyjny prowadzący do stanów zapalnych. W takiej sytuacji wątroba, w obronie przed wolnymi rodnikami, zaczyna produkować większe niż wcześniej ilości cholesterolu. Nie jest bowiem prawdą, że to tylko tłuszcze nasycone mogą powodować wzrost cholesterolu. Organizm sam potrafi wytworzyć ten związek i robi to, aby uchronić się przed stanami zapalnymi. Dlatego powtarzanie jak mantrę, że cholesterol jest zły, nie uwzględniając naszego sposobu żywienia i stanu zdrowia, jest niepoprawne. To tylko od nas zależy, czy cholesterol będzie naszym przyjacielem, czy wrogiem.

CHOLESTEROL – JEDEN Z NAJWAŻNIEJSZYCH ANTYOKSYDANTÓW

- jest niezbędny do syntezy hormonów płciowych (testosteron, estrogeny) i nadnerczy, których nierównowaga hamuje redukcję masy ciała,
- jest konieczny do budowy masy mięśniowej, która przyczynia się do poprawy metabolizmu,
- stanowi składnik błon komórkowych i mitochondriów wszystkich komórek, zapewnia ich zdrowy rozwój i prawidłowe funkcjonowanie,
- jest niezbędny do wytwarzania soli żółciowych odpowiedzialnych za prawidłowe trawienie tłuszczów i absorbcję witamin,
- jest konieczny do wytwarzania witaminy D3, której niedobór często obserwuje się u osób borykających się z problemem zbyt wysokiej wagi,
- gwarantuje prawidłowe funkcjonowania układu nerwowego,
- odgrywa również ważną rolę w mielinizacji układu nerwowego i szybkości przekazywania impulsów, co wpływa na szybkość reakcji, koncentrację i inteligecję. Dzieci, u których nie ogranicza się spożycia cholesterolu, mają wyższe IQ niż pozostałe,
- poprawia płodność.

Pamiętaj!

Jego podwyższony poziom jest skutkiem, a nie przyczyną choroby, i może być wynikiem procesów zapalnych zachodzących w organizmie.

Trójglicerydy groźniejsze niż cholesterol!

Zbyt duże spożycie węglowodanów, słodyczy bogatych w syrop glukozowo-fruktozowy, przetworzonej żywości pozbawionej witamin i minerałów, a nawet przesadnych ilości owoców o wysokim indeksie glikemicznym i ładunku glikemicznym przy braku odpowiedniej ilości warzyw doprowadza do podniesienia poziomu trójglicerydów we krwi oraz niedoboru antyoksydantów chroniących organizm. To skutkuje rozwojem stanów zapalnych, na które organizm reaguje podwyższeniem poziomu cholesterolu.

NISKI POZIOM CHOLESTEROLU

- związany jest z zaburzeniami hormonalnymi, a także zaburzeniami przemiany witamin,
- skraca życie (badania pokazują, że osoby z wyższym poziomem cholesterolu żyją dłużej),
- zwiększa ryzyko nowotworów i udarów,
- zwiększa ryzyko chorób autodegeneracyjnych, np. choroby Alzheimera, depresji i samobójstw, autyzmu, agresywnych zachowań,
- jego „sztuczne" obniżanie pozbawia organizm naturalnej obrony antyoksydacyjnej, zaburzając odporność, co przyczynia się do skrócenia życia, rozwoju nowotworów oraz występowania udarów.

Utrzymujący się podwyższony poziom cholesterolu przy bardzo dobrym samopoczuciu i właściwych pozostałych parametrach nie powinien budzić zaniepokojenia. Jeżeli jednak towarzyszy mu gorsze samopoczucie lub inne nieprawidłowe wyniki analiz, należy zdecydować się na szczegółową diagnostykę i znaleźć przyczyny stanu zapalnego.

Często pacjenci, którzy mają podwyższone wartości trójglicerydów, mimo że przestrzegają diety niskotłuszczowej i ogólnie rzecz biorąc, odżywiają się zgodnie z aktualnymi zaleceniami zdrowotnymi promowanymi przez WHO czy Instytut Żywności i Żywienia, cały czas mają zaburzony lipidogram. Okazuje się, że zaburzenia te mogą również wynikać z przesadnego ograniczenia spożycia zdrowych, nieprzetworzonych tłuszczów i – co z tym związane – zwiększenia w diecie ilości węglowodanów prostych i złożonych oraz owoców o wysokim indeksie glikemicznym, jak i produktów wysokobiałkowych oraz, jak to się często zdarza, nadal niskim spożyciem warzyw. Teza ta została potwierdzona również w badaniach. Dwóch naukowców, Jeff Volek i Stephen Phinney, przeprowadziło testy polegające na ograniczeniu spożycia tłuszczów do 15% bez zwiększenia podaży białka, przy jednoczesnym zwiększeniu spożycia nieprzetworzonych, zdrowych węglowodanów. Mimo ograniczenia tłuszczów badania wykazały stopniowy wzrost poziomu trójglicerydów. Dlatego zalecam zmianę swoich nawyków żywieniowych zawsze zaczynać od zwiększenia spożycia bogatych w błonnik, witaminy i antyoksydanty warzyw – są one bowiem niezbędnym elementem zdrowej diety.

Jeżeli natomiast udało ci się zmienić nawyki żywieniowe i przestrzegasz zaleceń opisanych w tej książce, spożywasz duże ilości warzyw i stosujesz odpowiednią suplementację, czujesz się znacznie lepiej i chudniesz, a mimo to poziom trójglicerydów wzrasta, świadczy to o tym, że organizm wykorzystuje zasoby tkanki tłuszczowej do pozyskania energii, co jest oczekiwanym rezultatem. Maskowanie objawów poprzez sztuczne obniżanie poziomu cholesterolu czy maskowanie bólu za pomocą nadmiernej farmakoterapii to droga donikąd. Nie rozwiązujemy wtedy problemu zdrowotnego, a w dodatku pozbywamy się silnego antyoksydantu, którego produkcja nie jest przecież przypadkową reakcją. Osobom, które chcą poszerzyć swoją wiedzę na temat cholesterolu, polecam książkę Uffe Ravnskova *Cholesterol – naukowe kłamstwo*.

Warto też pamiętać, że biochemii i zależności hormonalnej nie da się oszukać, ważny jest również stopień odżywienia organizmu oraz dodatkowe jednostki chorobowe, które mogą zaburzać dietoterapię. W kolejnym rozdziale opiszę najważniejsze kroki, które należy wykonać, aby leczenie żywieniowe przyniosło jak najlepsze rezultaty.

Niedobór zdrowych tłuszczów?

Tłuszcz i cholesterol są niezbędnymi składnikami diety, a ich unikanie nie przyniesie nic dobrego. Wręcz przeciwnie, może wywołać duże zaburzenia gospodarki hormonalnej, a wiemy, jak negatywny ma to wpływ na całe funkcjonowanie organizmu, w tym na redukcję wagi. Tłuszcz bierze udział w wytwarzaniu hormonów, absorbcji i przemianach witamin A, E, D i K, czyli głównych antyoksydantów chroniących ciało. Bez niego nie nastąpi też prawidłowe wchłanianie wapnia. Mózg w 60% składa się z tłuszczów, a dużą część z nich stanowi właśnie cholesterol. Jego odpowiednia jakość i ilość w diecie dzieci ma wpływ na ich inteligencję i poziom IQ. Ponadto tłuszcze (w tym tłuszcze nasycone) wraz z cholesterolem wchodzą w skład każdej błony komórkowej i budują układ nerwowy, zapewniając prawidłowe przewodnictwo impulsów. Jeżeli więc wiemy, że sporą część tłuszczu zmagazynowanego w tkance tłuszczowej stanowią tłuszcze nasycone, to musimy nauczyć nasz organizm pozyskiwania z nich energii. Jest to niemożliwe, jeżeli w diecie one nie występują, bo ograniczamy je na każdym kroku lub zastępujemy przetworzonymi utwardzonymi tłuszczami roślinnymi, których struktura jest inna niż tłuszczów nasyconych.

Tłuszcze dają uczucie sytości. Zawierają więcej kalorii niż taka sama ilość białka czy węglowodanów (tłuszcze: 9 kcal/g, węglowodany i białko: 4 kcal/g). Tłuszcz sprawia, że posiłek o małej objętości może mieć dużą gęstość odżywczą, nie rozpycha żołądka, a uczucie sytości po nim utrzymuje się długo, dzięki czemu zjadamy mniej w ciągu dnia. Zdrowe tłuszcze jako jedyne składniki odżywcze nie podnoszą poziomu glukozy we krwi, a ich spożycie gwarantuje lepszą stabilność insuliny. Z tych właśnie powodów to na ich podaży i jakości skupiamy się najbardziej przy wychodzeniu z diety warzywno-owocowej lub postu, ale żeby były one przydatne, należy nauczyć się na nowo, które tłuszcze będą dla nas dobre, a które nie i dlaczego.

Zdrowe i niezdrowe tłuszcze

Potocznie stosowana klasyfikacja, dzieląca tłuszcze na „zdrowe" i „niezdrowe", „zwierzęce" i „roślinne", uwzględnia wyłącznie ich budowę chemiczną i pochodzenie. Jest to podejście mylne i – jak pokazują statystyki – mało efektywne w zapobieganiu rozwojowi chorób cywilizacyjnych.

Determinując charakter tłuszczów, przypisując im negatywne i pozytywne właściwości, należy wziąć pod uwagę 3 najważniejsze czynniki:

1. Sposób produkcji: uprawy roślin i hodowli zwierząt.
2. Sposób przechowywania: opakowania, temperatura, nasłonecznienie.
3. Sposób wykorzystania: na ciepło, na zimno.

To te czynniki gwarantują jakość produktów i wskazują na zalecany kierunek zastosowania tłuszczów. Uwzględnienie tych czynników będzie dawało gwarancję ich bezpieczeństwa i korzystnego wpływu na organizm.

Tłuszcze roślinne, aby były zdrowe, powinny pochodzić z ekologicznych upraw, objętych gwarancją jakości. Niech będą wytwarzane w procesie pierwszego tłoczenia na zimno, nierafinowane, nieutwardzane i nieoczyszczone. Należy przechowywać je w ciemnych szklanych butelkach, nigdy plastikowych, najlepiej w lodówce lub w chłodnym miejscu bez dostępu promieni słonecznych.

Tłuszcze roślinne, które szczególnie polecam, to:

- olej kokosowy,
- oliwa z oliwek,
- olej lniany,
- olej z wiesiołka,
- olej rzepakowy bezerukowy,
- olej z ogórecznika.

Tłuszcze zwierzęce o dobrych właściwościach znajdziemy przede wszystkim u zwierząt dziko żyjących, wypasanych na zielonych łąkach, karmionych trawą i takich, w których hodowli nie stosowano antybiotyków ani hormonów.

Tłuszcz zwierzęcy powinien być przechowywany w szklanych lub papierowych opakowaniach.

Tłuszcze zwierzęce, które szczególnie polecam, to:

- tłuszcz rybi z ryb dziko żyjących,
- tłuszcz gęsi z ekologicznych hodowli,
- ekologiczny tłuszcz mleczy, masło klarowane (ghee),
- smalec od zwierząt karmionych trawą.

Spożywanie tłuszczów spełniających powyższe warunki i przestrzeganie zasad ich przechowywania oraz obróbki zagwarantuje korzystny wpływ tych produktów na zdrowie i ułatwi redukcję tkanki tłuszczowej.

Aby lepiej zrozumieć, jaki tłuszcz i dlaczego możemy spożywać tylko na zimno, a na jakim możemy obrabiać termicznie, musimy poznać ich charakter.

Toksyny magazynowane są w tkance tłuszczowej. Dlatego pochodzenie zwierząt ma kluczowe znaczenie dla jakości tłuszczu.

Podział tłuszczów

Wyróżniamy trzy rodzaje tłuszczów różniących się charakterem, właściwościami i zastosowaniem: tłuszcze nasycone, nienasycone i trans.

Jednonienasycone kwasy MUFA

Ten rodzaj kwasów tłuszczowych jest szczególnie korzystny dla zdrowia. MUFA (Monounsaturated Fatty Acids) zmniejszają stężenie „złego" cholesterolu LDL, równocześnie zwiększając frakcję „dobrego" HDL. Mają udokumentowane właściwości przeciwzapalne i przeciwnowotworowe. Występują w postaci płynnej lub półpłynnej, a ich najbogatszym źródłem jest oliwa z oliwek. Tłuszcze te charakteryzują się średnią stabilnością termiczną, ze względu na obecność jednego podwójnego wiązania między atomami węgla w budowie chemicznej, co oznacza, że są bardziej trwałe niż tłuszcze wielonienasycone, lecz mniej trwałe niż tłuszcze nasycone. Dlatego ważne jest wykorzystywanie ich zgodnie z przeznaczeniem. Polecam spożywać ja na zimno, a przede wszystkim – zwrócić uwagę na jakość produktu. Pamiętaj: właściwości prozdrowotne ma tylko dobrej jakości oliwa, składająca się w 70% z kwasu oleinowego, który należy do grupy tłuszczów omega-9 i jest stabilny w wyższych temperaturach. Może być ona używana do obróbki termicznej w temperaturze do 175°C.

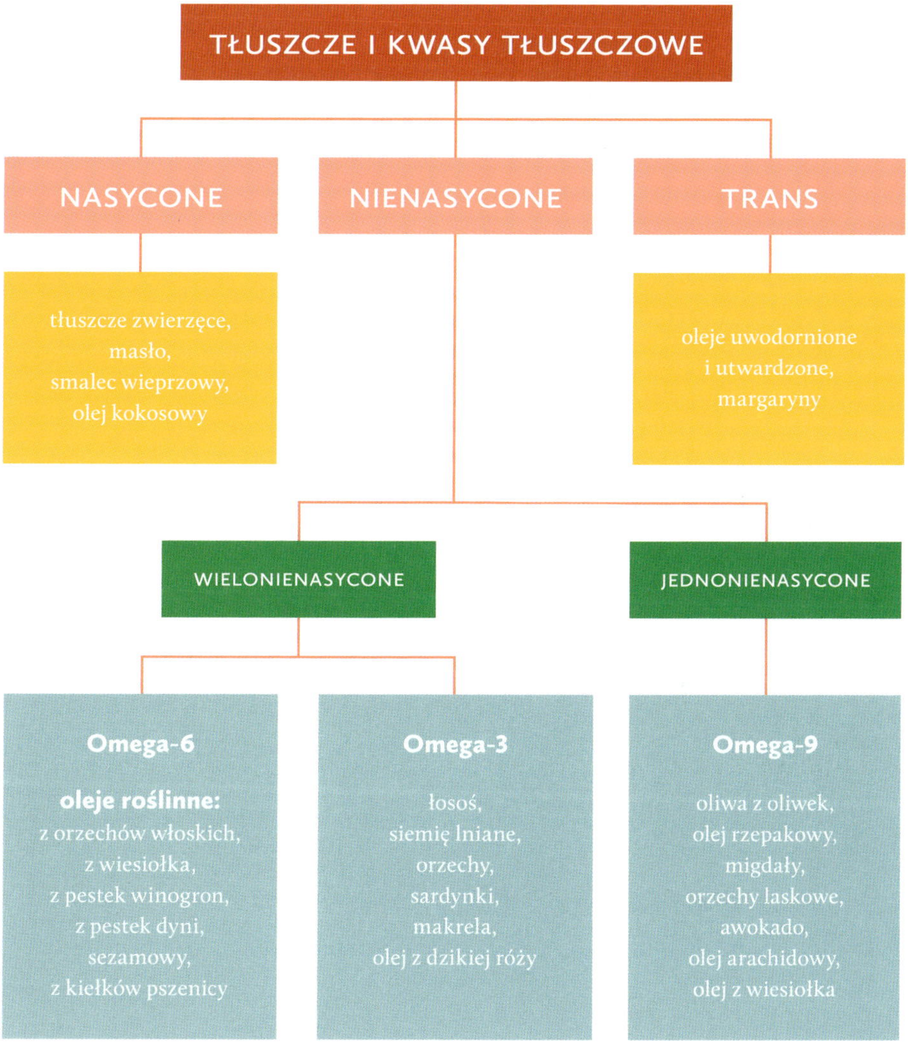
TŁUSZCZE I KWASY TŁUSZCZOWE
NASYCONE
NIENASYCONE
TRANS
tłuszcze zwierzęce, masło, smalec wieprzowy, olej kokosowy
oleje uwodornione i utwardzone, margaryny
WIELONIENASYCONE
JEDNONIENASYCONE
Omega-6
oleje roślinne: z orzechów włoskich, z wiesiołka, z pestek winogron, z pestek dyni, sezamowy, z kiełków pszenicy
Omega-3
łosoś, siemię lniane, orzechy, sardynki, makrela, olej z dzikiej róży
Omega-9
oliwa z oliwek, olej rzepakowy, migdały, orzechy laskowe, awokado, olej arachidowy, olej z wiesiołka

TEST JAKOŚCI OLIWY

- Po wstawieniu do lodówki prawdziwa oliwa Extra Virgin tężeje, gęstnieje i staje się mętna.
- Ma z natury cierpki i gorzkawy smak.
- „Drapie w migdałki" – to zasługa polifenoli (antyutleniaczy).
- Dobra oliwa powinna pachnieć świeżo wyciśniętym owocem.

OLIWKI

Oliwki to świetna przekąska, 10 oliwek to zaledwie 37 kcal!
Warto je jeść, bo mają cechy kiszonek:

- stanowią naturalny probiotyk,
- są źródłem kwasu mlekowego powstałego w czasie fermentacji,
- oczyszczają organizm i wzmacniają układ odpornościowy,
- regulują florę bakteryjną jelit,
- biorą udział w syntetyzowaniu witaminy K oraz niektórych witamin z grupy B,
- przyspieszają metabolizm,
- są źródłem antyoksydantów, witamin A, C i E o silnym działaniu przeciwzapalnym i przeciwnowotworowym,
- hamują procesy starzenia.

Tłuszcze wielonienasycone – niezbędne, ale nie do wszystkiego

Tłuszcze te nazywamy niezbędnymi wielonienasyconymi kwasami tłuszczowymi. Niezbędnymi – bo muszą być koniecznie dostarczane z jedzeniem, ponieważ organizm nie potrafi ich syntetyzować. Najważniejsze produkty tego typu to:

- omega-6, np. kwas linolowy – są niezbędne do prawidłowego funkcjonowania organizmu, lecz ich nadmiar może być niekorzystny.
- omega-3, np. kwas alfa-linolenowy – które organizm przekształca do bardzo korzystnych kwasów EPA (eikozapentaenowy) i DHA (kwas dokozaheksaenowy), wykazujących silne działanie przeciwzapalne.

Tłuszcze wielonienasycone charakteryzują się dużą niestabilnością ze względu na występowanie dwóch lub więcej wiązań podwójnych w łańcuchu. To właśnie sprawia, że tłuszcze te występują w postaci płynnej i są bardzo wrażliwe na temperaturę, światło i łatwo się utleniają, w wyniku czego powstają wolne rodniki uszkadzające organizm. Tłuszcze wielonienasycone mają też krótki okres przydatności do spożycia, ponieważ szybko jełczeją. Co gorsza, zwykle nie zdajemy sobie z tego sprawy. Tłuszcze nie informują nas o swoim stanie zbyt wyraźnie, np. za pomocą nieprzyjemnego

ŹRÓDŁA KWASÓW TŁUSZCZOWYCH	
OMEGA-3	OMEGA-6
• tłuszcz ryb dziko żyjących • łosoś, węgorz, sardynki, śledzie, makrela • nasiona siemienia lnianego i chia • olej lniany, olej z dzikiej róży, olej konopny • orzechy włoskie i orzechy makadamii • algi • ekologiczne mięso zwierząt karmionych trawą: króliki, dziczyzna, wołowina • nasiona siemienia lnianego i chia	• olej z wiesiołka • olej z ogórecznika • olej z czarnuszki • olej z ostropestu • olej z pestek winogron i pestek dyni • olej słonecznikowy • olej sojowy • olej ryżowy • olej sezamowy • olej kukurydziany • orzechy włoskie • nasiona siemienia lnianego i chia Mniej polecane: • olej słonecznikowy, sojowy, kukurydziany, z pestek winogron, z zarodków pszenicy

zapachu czy zmiany konsystencji, a my – nieświadomi – zjadamy popsute produkty, myśląc, że są zdrowe. Sprawdzanie dat przydatności do spożycia, odpowiednie przechowywanie i obróbka to według mnie jedyny sposób, żeby sobie z tym poradzić.

Żywy kolor fileta z łososia jest często „zasługą" stosowania specjalnych barwników dodawanych do karmy dla ryb. Łososie karmione są często mączką sojową lub zbożową, przez co obfitują w kwasy omega-6, a nie omega-3. Hodowlany łosoś jest skażony dużą ilością pestycydów i metali ciężkich.

Omega-3 – dobre, jeżeli z dobrego źródła!

Zarówno tłuszcz zwierzęcy, jak i roślinny może pozytywnie lub negatywnie wpływać na organizm. Zależy to od pochodzenia produktu. Dobrym przykładem, który to wyjaśni, są opisane wcześniej niezbędne kwasy tłuszczowe omega-3. Mogą one pochodzić z różnych źródeł:

- Tłuszcz rybi

  Zwykle podaje się, że jego najlepszym źródłem są ryby, np.: łosoś, makrela, sardynki. Ale uwaga, jest jeszcze jedna, mniej nagłaśniana wiadomość. Otóż te dane dotyczą tylko ryb dziko żyjących w czystych akwenach, pochodzących z pewnego źródła. Lepiej natomiast unikać ryb wędzonych, kupowanych w marketach, przetworzonych, bo duże spożycie tych zanieczyszczonych produktów może przynieść więcej szkody niż pożytku. Warto wziąć to pod uwagę i dokonywać wyborów, nie kierując się uprzedzeniami – bo okazuje się, że dobrym źródłem omega-3 może być również mięso zwierząt karmionych trawą, pochodzących z ekologicznej hodowli. Zawartość omega-3 jest w nich znacznie wyższa niż w mięsie łososia hodowlanego, a ilość kwasów nasyconych jest zbliżona.

- Olej lniany

  Bardzo dobrym źródłem omega-3 jest olej z siemienia lnianego. Musi on jednak być tłoczony na zimno i zarówno w sklepie, jak i w domu przechowywany w ciemnej, szklanej butelce w lodówce! Trzeba go spożyć w ciągu maksymalnie 3 tygodni od otwarcia.

- Ziarno siemienia lnianego i chia

  Ziarna siemienia lnianego, a także modne obecnie nasiona chia czy też ziarna konopi indyjskich są również bardzo bogate w kwasy omega-3. Aby w pełni z nich skorzystać, ziarno powinno być zmielone. Inaczej nie zostanie prawidłowo strawione, a dobroczynne składniki nie będą przyswojone. Ziarna należy mielić tuż przed spożyciem, przy użyciu młynka mechanicznego (ręcznego), a nie elektrycznego, aby nie podnosić ich temperatury. Nie polecam kupowania gotowego, zmielonego siemienia lub chia, chyba że zużyjemy je tuż po otwarciu torebki, ewentualnie będziemy przechowywać w ciemnym, szklanym opakowaniu i niskiej temperaturze. W przeciwnym wypadku kwasy wielonienasycone mogą się utlenić i przynieść efekt odwrotny do zamierzonego.

Jak wspomniałam, kwasy omega-3 są bardzo niestabilne termicznie, szybko się utleniają pod wpływem światła i temperatury, nie zmieniając przy tym smaku czy zapachu. Ich stan jest niemożliwy do rozpoznania za pomocą zmysłów. Najbardziej stabilne termicznie są orzechy bogate w jednonienasycone kwasy tłuszczowe należące do grupy omega-9, czyli laskowe, migdałowe, arachidowe i makadamii. Mniejsze uszkodzenie kwasów tłuszczowych uzyskamy również, gotując na parze albo piekąc w niższej temperaturze.

Znalezienie dobrego źródła kwasów omega-3 może być, jak widać, sporym wyzwaniem. Czasem jedyną bezpieczną drogą jest odpowiednia, zgodna z zapotrzebowaniami suplementacja tego składnika.

PRODUKTY BOGATE W KWASY TŁUSZCZOWE OMEGA-3

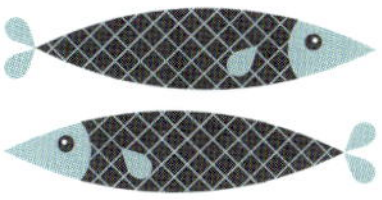

sardynki

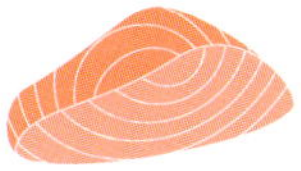

dziko żyjące ryby: łosoś, makrela, węgorz

jajka od kur z wolnego wybiegu

siemię lniane i nasiona chia

tran

Omega 3 i 6 – zdrowa proporcja 1:2

Aby wielonienasycone kwasy tłuszczowe były naprawdę korzystne dla zdrowia, ważne jest spożywanie ich w odpowiednich proporcjach. Obecnie jemy dużo orzechów, pestek, olejów roślinnych, bogatych w kwasy omega-6, jednak przy bardzo częstym niskim spożyciu omega-3 może to być szkodliwe.

Odpowiedni stosunek omega-3 i omega-6 to 1:2. Tymczasem statystyki pokazują, że ta proporcja często bywa zaburzona. Jemy nie 2 czy 4 razy, ale aż 15 razy więcej omega-6 niż omega-3. W Stanach Zjednoczonych ten stosunek wynosi nawet 1:20! Dużym problemem jest wysokie spożycie omega-6, który w nadmiarze wykazuje działanie prozapalne związane ze zwiększoną produkcją kwasu arachidonowego, z którego powstają silnie prozapalnie działające hormony tkankowe, takie jak prostaglandyny, leukotrieny i wreszcie tromboksany.

Skąd tak wysokie spożycie omega-6? Otóż do produkcji większości przetworzonej żywności, a także potraw przygotowywanych w restauracjach, szkolnych stołówkach czy szpitalach, wykorzystywane są tanie rafinowane oleje roślinne i przetworzone margaryny bogate właśnie w te kwasy. Z kolei podaż w diecie produktów naturalnie bogatych w omega-3 jest bardzo mała. Efektem są zaburzenia pracy układu immunologicznego, co z czasem prowadzi do stanów zapalnych, nasilenia chorób autoimmunologicznych, a nawet przyczynia się do powstawania nowotworów.

Nadmiar kwasów omega-6 w diecie może prowadzić do niedoborów enzymu delta-6-desaturazy, który przekształca wielonienasycone kwasy tłuszczowe zarówno omega-3, jak i omega-6. Organizm używa tego samego enzymu do produkcji zarówno bardzo korzystnych EPA oraz DHA, jak i korzystnego, ale nie w nadmiarze, kwasu arachidonowego.

KORZYSTNE KWASY OMEGA-3 (EPA I DHA)

- działają dobroczynnie na układ sercowo-naczyniowy, chronią przed miażdżycą, zawałem serca, udarem mózgu,
- wyrównują ciśnienie w tętnicach,
- pomagają poprawić wyniki lipidogramu,
- opóźniają procesy starzenia się i demencji,
- poprawiają koncentrację i pracę mózgu,
- wzmacniają naszą odporność,
- chronią przed depresją, zaburzeniami lękowymi, ADHD,
- są konieczne dla prawidłowego rozwoju dziecka, jego odporności, wzroku, rozwoju mózgu,
- są korzystne w profilaktyce cukrzycy i nowotworów, chorób neurodegeneracyjnych,
- mają pozytywny wpływ na naszą urodę: skórę, włosy i paznokcie.

Chory i zatoksyniony organizm ma problem z ich metabolizowaniem, w konsekwencji czego dochodzi do nadmiernego powstawania kwasu arachidonowego (a nie prozdrowotnych kwasów EPA i DHA), który w nadmiarze ma prozapalne działanie. To właśnie z uwagi na kwas arachidonowy krytykujemy mięso i określamy je jako rakotwórcze. Tymczasem sami spożywamy rekomendowane duże dawki wielonienasyconych kwasów tłuszczowych, które wraz z dużą dawką węglowodanów przyczyniają się do produkcji tego szkodliwego kwasu, i to niekiedy w niemałych ilościach. Prowodyrem produkcji tego kwasu jest również insulina, dlatego zmniejszając jej poziom, zmniejszamy stany zapalne. Ponieważ w naszym pokarmie królują łatwo dostępne kwasy omega-6, bardzo rzadko dochodzi do ich niedoboru. Suplementacja powinna dostarczać kwasów omega-3. Stosunek obu rodzajów kwasów w organizmie może być dla pewności zbadany w laboratorium, badanie to wykonuje się z próbki krwi. W przypadkach podejrzenia niedoboru enzymów (np. w chorobach autoimmunologicznych) najlepsza okazuje się bezpośrednia suplementacja EPA i DHA, a czas wysycenia organizmu odpowiednia dawką kwasów może dochodzić nawet do 6 miesięcy.

Nasycone kwasy tłuszczowe – czy tylko złe?

Odsądzane od czci i wiary nasycone kwasy tłuszczowe okazują się... nie takie złe, a może i nawet przydatne ze względu na wysoką temperaturę dymienia, co czyni je bardziej stabilnymi produktami do obróbki cieplnej. Są stabilne termicznie,

OMEGA-3

VS.

OMEGA-6

ZALECANE SPOŻYCIE
(stosunek 1:2)

RZECZYWISTE SPOŻYCIE
(stosunek 1:15)

podczas smażenia nie przekształcają się w szkodliwe związki, praktycznie nie jełczeją i mają długi okres przydatności do spożycia. Ich źródła to przede wszystkim tłuszcze zwierzęce, smalec, tłuszcz mleczny, ale również niektóre tłuszcze roślinne, np. olej kokosowy.

Błona komórkowa składa się zarówno z kwasów tłuszczowych nasyconych, które nadają jej trwałość, jak i z kwasów wielonienasyconych nadających jej elastyczność i większą przepuszczalność. Biorą one udział we wbudowywaniu wapnia w kości, a ich niedobór może sprzyjać odkładaniu się złogów wapnia w tętnicach. Są również konieczne do prawidłowego wykorzystania NNKT. Wszystkie składniki, które z natury występują w naszym ciele, pełnią jakąś istotną funkcję. Najważniejsze jest, aby utrzymywać je w odpowiedniej równowadze.

Tłuszcz, który odchudza – olej kokosowy i kwasy MCT

Olej kokosowy nie jest typowym tłuszczem nasyconym. W blisko 92% składa się z kwasów tłuszczowych w postaci trójglicerydów średniołańcuchowych MCT. Ma właściwości lecznicze, działa jak antybiotyk, chroni organizm przed infekcjami wywoływanymi przez wirusy, bakterie, drożdże, grzyby, pierwotniaki i owady, pomaga w łagodzeniu stanów zapalnych i poprawia funkcjonowanie układu odpornościowego. Zawiera kwasy laurynowy i mirystynowy, które mają działanie wirusobójcze, grzybobójcze i bakteriobójcze. Oleje bogate w kwasy tłuszczowe MCT są lekkostrawne, nie obciążają żołądka i jelit, są trawione bez udziału enzymów i żółci i łatwo ulegają wchłanianiu (co sprawia, że są dobrze tolerowane przez osoby po zabiegu usunięcia woreczka żółciowego i z zaburzeniami trawienia tłuszczów). Wykorzystane bezpośrednio jako źródło energii dają uczucie sytości i pomagają kontrolować apetyt.

W jaki sposób odchudzają? Otóż olej kokosowy przyspiesza proces redukcji wagi przede wszystkim dlatego, że metabolizuje się inaczej niż pozostałe tłuszcze. Organizm nie ma zdolności jego magazynowania, wykorzystuje go więc jako energię, a nadmiar wydala. Olej kokosowy wspomaga również przyswajanie innych ważnych składników, np. witamin A, D, E i K oraz minerałów takich jak wapń, żelazo, magnez, pomagając tym samym w zmniejszaniu niedoborów pokarmowych. Przy prawidłowo przeprowadzonym protokole wyjścia kwasy tłuszczowe nie zostaną odłożone w tkance tłuszczowej, a ich nadmiar będzie wydalony w postaci ciał ketonowych. Olej kokosowy nie podnosi poziomu glukozy i insuliny we krwi. Ponadto dzięki obecności w jego składzie dobroczynnych kwasów (laurynowego i mirystynowego) jest niezbędny do redukowania stanów zapalnych. Dotyczy to zarówno samego oleju, jak i mleka kokosowego, mąki kokosowej czy świeżego orzecha kokosowego. Każda żywność zawierająca kokos poprawia metabolizm i łagodzi objawy związane z zespołem jelita drażliwego! Pomaga w walce z pasożytami, *Candidą*, wspomaga pracę układu pokarmowego i chroni przed nowotworami jelita grubego.

Zauważono, że w krajach, w których olej kokosowy jest wykorzystywany do przygotowywania praktycznie wszystkich posiłków (np. w Indiach), liczba zachorowań na choroby serca i układu krążenia jest bardzo niska. A kiedy mylne doniesienia o szkodliwości oleju kokosowego spowodowały zmniejszenie jego spożycia na rzecz innych rafinowanych olejów roślinnych, które, jak już wiemy, nie nadają się do obróbki termicznej, wskaźniki zapadalności na choroby serca się potroiły!

Margaryna jako tłuszcz roślinny, bogaty w kwasy wielonienasycone, w naturze występuje w postaci płynnej. Jednak w wyniku poddania procesom technologicznym uwodornienia i oczyszczania przyjmuje konsystencję stałą. Staje się jednocześnie produktem wysokoprzetworzonym, którego spożycie może mieć negatywny wpływ na zdrowie. Bywa nawet toksyczna, tak jak bogate w tłuszcze trans margaryny kostkowe, masowo wykorzystywane w przemyśle spożywczym. Bądźmy więc wierni jednej zasadzie: JEDZMY TO, CO NATURALNE!

Izomery trans – unikaj!

Tłuszcze trans to jedna z najbardziej szkodliwych rzeczy, jakie mogą wylądować na twoim talerzu. Oto kilka przykładów ich działania:

- wywołują stany zapalne,
- sprzyjają rozwojowi nowotworów,
- sprzyjają powstawaniu cukrzycy,
- zaburzają pracę układu immunologicznego,
- przyczyniają się do rozwoju alergii i nietolerancji pokarmowych, stwardnienia tętnic, choroby niedokrwiennej serca, zawałów serca, chorób autoimmunologicznych,
- zaburzają prawidłowy rozwój mózgu,
- podnoszą poziom cholesterolu LDL i obniżają HDL,
- wnikają w strukturę komórek, zmniejszając ich elastyczność i zaburzając ich funkcje,
- są przyczyną cellulitu i obwisłej, nieelastycznej skóry.

Ukrywają się w prawie każdym przetworzonym produkcie pod nazwami: margaryna, hydrogenizowane lub częściowo hydrogenizowane oleje roślinne, tłuszcze uwodornione, tłuszcze roślinne, utwardzone oleje roślinne, tłuszcz spożywczy. Znajdziesz je w fastfoodowych „smakołykach" i gotowych daniach: margarynach kostkowych, chipsach, frytkach, herbatnikach (tych dla dzieci też!) i krakersach, mrożonych plackach, polewach do tortów, paluszkach, ciastkach, pieczywie, słodyczach, pizzy, zupkach instant, kostkach rosołowych, rafinowanych olejach roślinnych. Izomery trans powstają również podczas smażenia na olejach, które mają niską temperaturę dymienia, czyli wszystkich bogatych w wielonienasycone kwasy tłuszczowe, takich jak olej lniany, słonecznikowy, z pestek winogron, sojowy i kukurydziany.

ZAWARTOŚĆ IZOMERÓW TRANS

- paczka chipsów: ok. 6 g
- herbatniki: ok. 8 g
- łyżeczka margaryny: ok. 4–6 g
- porcja frytek przygotowana na oleju roślinnym: ok. 8–9 g

Szacuje się, że spożycie tłuszczów trans w zachodnioeuropejskiej diecie może wynieść około 50 g! Zaleca się, aby ich spożycie było niższe niż 2 g). Skąd taka ich popularność? Oczywiście ze źle pojętej ekonomii. Tłuszcze trans, podobnie jak syrop glukozowo-fruktozowy czy gluten, okazały się bardzo tanim i opłacalnym składnikiem. Nadają produktom chrupkość, praktycznie się nie psują, nie jełczeją, nie nabierają nieprzyjemnego zapachu, nie zmieniają swojej konsystencji. Cudowne odkrycie, prawda?

Ale, niestety, nie dla nas. Podstawą każdej diety powinna być zdrowa, nieprzetworzona żywność i warzywa. Założenie to wyklucza całkowicie np. stosowanie margaryn, które poddaje się licznym procesom technologicznym hydrogenizacji, oczyszczania, aromatyzowania, wybielania, z zastosowaniem wysokich temperatur i użyciem różnych związków chemicznych, barwników, aromatów i metali (ich całkowite usunięcie nie jest możliwe).

Na co dzień słyszymy zalecenia, aby nie spożywać olejów rafinowanych – bo te naturalne, nierafinowane są dużo zdrowsze – a jednocześnie reklamowane są „prozdrowotne" margaryny, których proces wytwarzania zaczyna się właśnie od rafinacji!

Oleje roślinne zmieniają swój stan skupienia na stały i stają się tłuszczami o konfiguracji trans, co wpływa na zmianę ich właściwości nie tylko organoleptycznych, ale przede wszystkim zdrowotnych. Naukowcy mówią, że to prawdopodobnie najbardziej toksyczne produkty na świecie. Tymczasem większość gotowych produktów i żywność z długą datą przydatności do spożycia zazwyczaj przygotowywana jest na oleju utwardzonym. Spożycie już 1% tłuszczów trans w diecie może przyczynić się do poważnych nieprawidłowości zdrowotnych. Mogą one zalegać w organizmie nawet przez 680 dni, dlatego najlepiej usunąć je z talerza. Tutaj będę radykalna – te substancje są tak szkodliwe, że konieczne jest całkowite wyeliminowanie ich z diety.

MITOCHONDRIA

Metabolizm

Ostatnim, lecz wcale nie najmniej ważnym z opisywanych przeze mnie filarów, jest nasz metabolizm, a dokładniej miliony małych fabryk produkujących energię, czyli: mitochondria komórkowe. Nie możemy mówić o dietoterapii, poprawie zdrowia czy odchudzaniu, nie zwracając uwagi na te małe organella komórkowe, które znajdują się w niemal każdej komórce naszego ciała i odpowiadają za nasz metabolizm, czyli spalanie spożywanej przez nas żywności. Mitochondria najliczniej występują w wątrobie, sercu, nerkach, mózgu i mięśniach. Naukowcy podają, że stanowią one nawet 10% naszego ciała. Skoro są one tak liczne, bez wątpienia są istotne dla naszego zdrowia.

Rola mitochondriów polega na wykorzystaniu spożywanej żywności oraz wdychanego przez nas powietrza do produkcji energii, tzw. cząsteczek ATP, które są życiowym paliwem. Poza metabolizmem ich kondycja związana jest również z autofagią, której celem jest usuwanie obumarłych i uszkodzonych komórek i mitochondriów (mitofagia), aby nie doszło do rozwoju chorób chronicznych i zaburzeń metabolizmu.

Gdy mitochondria działają prawidłowo, nie grożą nam choroby, słaby metabolizm, brak energii, nadwaga czy otyłość. Są one bardzo delikatne, dlatego wiele czynników może negatywnie wpłynąć na ich działanie. Problem zaczyna się, kiedy praca mitochondriów zostanie zaburzona, a my zaczynamy stopniowo czuć się gorzej, odczuwamy spadki energii, mamy problem z koncentracją i zapamiętywaniem, osłabia się nasza odporność czy mamy tendencję do przybierania na wadze i po prostu szybciej się starzejemy. Permanentne zmęczenie jest najczęstszym objawem źle funkcjonujących mitochondriów.

Mitochondria wytwarzają energię zarówno z węglowodanów, jak i tłuszczów, w procesie utleniania, jednak procesy te znacząco się od siebie różnią w zależności od tego, jakie źródło energii będzie spalane. Mianowicie podczas spalania węglowodanów dochodzi do wytworzenia znacznie większej ilości reaktywnych form tlenu (ROS) i wolnych rodników, bo aż o 30–40%! Nadmierna ilość tych związków, wraz z niedoborami podstawowych witamin antyoksydacyjnych oraz minerałów, jest dla nas bardzo szkodliwa, skutkuje bowiem uszkodzeniami błon komórkowych, DNA i tkanek, co stopniowo prowadzi do ich dysfunkcji oraz rozwoju wielu chorób zwyrodnieniowych.

Produkcja wolnych rodników jest znacznie nasilona, jeżeli w naszej diecie królują węglowodany proste, wysokoprzetworzona żywność, bogata w utwardzone oleje roślinne i izomery trans oraz uboga w błonnik. Dieta oparta na warzywach oraz zdrowych nieprzetworzonych tłuszczach dobrego pochodzenia znacząco zmniejsza produkcję szkodliwych dla nas związków, a dodatkowo dostarcza niezbędnych antyoksydantów i minerałów dla prawidłowego metabolizmu, co zmniejsza stany zapalne i wspomaga regenerację. Dodatkowo naukowcy wskazują, że dieta ketogeniczna o wysokiej zawartości zdrowych, nieprzetworzonych tłuszczów i ograniczonej ilości węglowodanów naśladuje metaboliczny głód, co dodatkowo pozwala wydłużyć czas trwania korzystnych efektów postów warzywno-owocowych. Sugeruje się również, że dieta ketogeniczna jest bardzo dobrą terapią wspomagającą leczenie nowotworów (chemio- i radioterapie). Ten fakt dodatkowo potwierdza odkrycie, że komórki nowotworowe żywią się cukrem, a jego znaczne ograniczenie może osłabić rozwój komórek rakowych.

Niestety wielu z nas opiera swoją dietę na wysokoprzetworzonej żywności – ubogiej odżywczo, a bogatej w węglowodany proste – a to bez wątpienia ma niszczycielski wpływ na naszą zdolność spalania tłuszczu. Aby organizm mógł traktować tłuszcz zmagazynowany w tkance tłuszczowej jako źródło energii, musimy zwiększyć podaż zdrowych tłuszczów w diecie i zaprogramować metabolizm na ich spalanie. Niedobór zdrowych tłuszczów jest bardzo powszechny, dlatego tak wiele osób ma problem z redukcją wagi i jej utrzymaniem.

Jeżeli przeczytałeś poprzedni rozdział o tłuszczach, to wiesz, że kluczem do sukcesu jest dokonywanie prawidłowego wyboru tłuszczu. Tylko zdrowy nieprzetworzony tłuszcz będzie dla nas korzystny! Najlepsze źródła tłuszczów to: naturalny nieprzetworzony olej kokosowy, oliwa z oliwek, awokado, nasiona, orzechy bogate w kwasy tłuszczowe omega-3 i omega-9, tran, dziko żyjące tłuste ryby, ale również tłuszcz zwierzęcy czy mleczny od zwierząt karmionych trawą i nieprzetworzoną paszą oraz jaja od kur z wolnego wybiegu. Dokonując dobrych wyborów, masz szansę na nowo odzyskać metaboliczną zdolność spalania tłuszczów. Tłuszcze, których należy unikać, to przede wszystkim izomery trans, rafinowane i utwardzane oleje roślinne oraz nadmierne ilości kwasów omega-6. Jeśli jest ich zbyt dużo, stają się one budulcem błon komórkowych. Błony te są wówczas bardziej delikatne i podatne na uszkodzenia. Warto też zwrócić uwagę na ilość spożywanego białka, gdyż nasza dieta nie powinna być wysokobiałkowa. Zbyt duże spożywanie białka jest dla większości z nas niekorzystne i nie pozwoli zresetować metabolizmu i zregenerować mitochondriów. Nadmiar białek w początkowej fazie, zwłaszcza jeżeli dochodzą do tego zaburzenia innych filarów zdrowia, zostanie przekształcony w glukozę, a to spowoduje jej zwiększenie i nie uda nam się utrzymać ketozy odżywczej wywołanej na poście czy też samym protokołem wyjścia. Ponadto dochodzi do aktywowania czynnika MTOR (tzw. ssaczy cel rapamycyny), którego wzrost hamuje autofagię (mTor jest jej inhibitorem). Dodatkowo nadmiar białka coraz częściej łączony jest z rozwojem chorób nowotworowych i aktywacją szlaków odpowiedzialnych za przyspieszenie rozwoju raka. Nadmiar protein powoduje również zwiększone wydzielanie insulinopodobnego czynnika wzrostu IGF-1, który wykazuje podobne działanie do insuliny. Kiedy jest go za dużo, przyspieszeniu ulegają procesy starzenia się.

Dodatkowo na pracę mitochondriów wpływa stan naszego odżywienia i zasoby witamin i minerałów. Nie jest dobry ani ich niedobór, ani nadmiar. Problemem może być np. nadmiar żelaza, który dotyka bardzo dużego odsetka mężczyzn i kobiet po menopauzie. Nadmiar żelaza uszkadza mitochondria, prowadząc do ich dysfunkcji, uszkadza również inne narządy, takie jak wątroba, nerki czy mózg, dlatego zachęcam do badania zarówno żelaza, jak i ferrytyny (białka magazynującego żelazo) nie tylko u osób z podejrzeniem anemii, ale również w przypadkach zaburzonego metabolizmu. Aby poradzić sobie ze zbyt dużą ilością żelaza, oprócz zmiany stylu życia warto regularnie oddawać krew. Nie tylko będziemy zdrowsi, ale też zrobimy coś dobrego dla innych.

Potrzebne są wyrzeczenia,
aby móc świętować,
potrzebna jest praca,
aby móc odpoczywać,
i potrzebna jest strata,
aby umieć doceniać.

Diagnostyka

Paulina Borkowska

Każdy z nas raz roku powinien wykonać podstawowe badania. Powinien... Różnie z tym bywa, czasem zapominamy o tej konieczności, czasem przekładamy ją na później. Zdarza się, że przegląd samochodu robimy częściej niż przegląd własnego organizmu (tu radzę się zastanowić, czy kupno benzyny też byłoby priorytetem wobec kupna jedzenia). Jednak przed rozpoczęciem zmian żywieniowych wykonanie chociażby minimalnej diagnostyki jest absolutną koniecznością. Uzyskane dzięki niej informacje są niezbędne, aby odpowiednio ustalić dietę, monitorować postępy czy też modyfikować zalecenia żywieniowe w trakcie terapii. Pominięcie diagnostyki jest częstym błędem: jeżeli nie wiesz, co się dzieje w twoim ciele, możesz sobie zaszkodzić, a na pewno pozbawisz się przyjemności wynikającej z obserwowania, jak zmienia się twoje ciało i jak wracasz do zdrowia oraz co jeszcze możesz zrobić, aby je wspierać.

W tym rozdziale przedstawiam zestaw ważnych według mnie badań, jednak ich dokładniejszy wybór jest kwestią indywidualną. Wszystkie badania powinien zlecić lekarz rodzinny, mogą one się różnić u każdego pacjenta w zależności od stanu zdrowia. Wymieniona przeze mnie diagnostyka obejmuje badania podstawowe i nieco bardziej rozszerzone, nie ma jednak sensu wykonywać wszystkich bez konsultacji z lekarzem czy dietetykiem – niektóre mogą okazać się zbędne. Z drugiej strony, może się okazać, że akurat ty potrzebujesz jeszcze bardziej rozszerzonej diagnostyki – o tym również poinformuje cię specjalista.

Badania należy wykonać przed rozpoczęciem protokołu wyjścia, tak aby uzyskane wyniki były punktem odniesienia do zaleceń żywieniowych i wskazywały kierunek zmian. Jest to ważne dla kontrolowania terapii i jej prawidłowej modyfikacji. Pamiętaj, że podane wartości norm mogą różnić się w zależności od laboratorium, w którym analizy zostały wykonane. Powtórz odczyt po 2–3 miesiącach najlepiej w tej samej placówce, wtedy uzyskasz miarodajny wynik.

Po wprowadzeniu zmian w sposobie żywienia zauważysz następujące rezultaty: normalizację ciśnienia krwi, poziomu glukozy i insuliny na czczo, poprawienie wrażliwości tkanek na insulinę, unormowanie poziomu trójglicerydów, uregulowanie hormonów, redukcję ryzyka chorób sercowo-naczyniowych, wzrost poziomu „dobrego" cholesterolu HDL, redukcję stanów zapalnych. Piszę to na podstawie własnego doświadczenia pracy z pacjentami. Jeśli uważasz, że warto postarać się o taki sukces – to do dzieła!

Zacznij od samodzielnej diagnostyki!

Pomiary ciała

Podstawowym i bardzo pomocnym wskaźnikiem, który powinien być brany pod uwagę przez każdego z nas, jest nie waga, a obwody poszczególnych części ciała. Dotyczy to szczególnie obwodu brzucha (pasa), który wykorzystuje się do zdiagnozowania otyłości brzusznej (wiscelarnej). Wskazuje ona na wzrost ryzyka zapadalności na choroby układu krążenia, skutkujące zaburzeniami metabolicznymi oraz większą liczbą zgonów z powodu zawału serca lub udaru mózgu. Spójrz na tabelę na następnej stronie – jeśli twój obwód w pasie osiągnął poziom otyłości II stopnia, nie czekaj dłużej i zacznij pracować nad zredukowaniem masy ciała!

Pomiary, które warto wykonać, to:

1. Biceps.
2. Klatka piersiowa.
3. Talia.
4. Obwód brzucha (pasa między żebrami a pępkiem).
5. Biodra w ich najszerszej części.
6. Udo w jego najszerszej części.
7. Łydka w jej najszerszej części.

OTYŁOŚĆ BRZUSZNA	KOBIETA	MĘŻCZYZNA
	OBWÓD W PASIE	
I stopnia	80 cm	94 cm
II stopnia	88 cm	102 cm

Pomiarów dokonujemy w miejscu największego odkładania się tkanki tłuszczowej lub najszerszym miejscu danej części ciała. Wraz ze zmianą stylu życia dochodzi do poprawy składu ciała. Nie zawsze musi być to spadek kilogramowy. Aby utrzymać motywację, trzeba koniecznie zwrócić uwagę również na obwody ciała. Tkanka tłuszczowa waży znacznie mniej niż tkanka mięśniowa, dlatego jej redukcja nie musi skutkować dużym spadkiem wagi. Tkanka tłuszczowa zajmuje jednak więcej miejsca niż mięśnie, dlatego mimo nieznacznej redukcji wagowej dochodzi do widocznej zmiany obwodów ciała.

Dodatkowo, jeżeli masz w domu ciśnieniomierz krwi czy glukometr do mierzenia stężenia glukozy we krwi, dokonaj pomiarów zaraz na starcie i powtarzaj je codziennie, a zobaczysz, jakie zmiany zachodzą w twoim organizmie!

Analiza składu ciała

Sama kontrola wagi i pomiary obwodów części ciała wciąż jednak nie będą wystarczającymi wskaźnikami podczas redukcji. Nie dostarczają bowiem szczegółowych informacji o tym, co dzieje się z ciałem – czy spadek kilogramów wynika z utraty niechcianego tłuszczu, czy cennej masy mięśniowej. Dlatego w swojej praktyce do monitorowania postępów pacjentów wykorzystuję analizę składu ciała. Jest to badanie metodą bioimpedancji elektrycznej, dzięki któremu uzyskujemy informacje na temat stopnia nawodnienia organizmu, masy mineralnej kości, masy tkanki mięśniowej i tłuszczowej, otłuszczenia wewnętrznego. Jest ono niezwykle pomocne, bo pomaga dostosować i modyfikować leczenie dietetyczne zgodnie z indywidualnymi potrzebami danej osoby. Analiza składu ciała jest coraz bardziej popularnym badaniem i przeprowadzić ją można w prawie każdej poradni żywieniowej, a także w klubach sportowych czy na siłowniach. Cena badania waha się od 30 do 50 zł i zależy od jakości i dokładności urządzenia. Do tego dochodzi opcjonalnie koszt interpretacji wyników.

Zalecam analizę składu ciała na każdym etapie procesu leczenia żywieniowego. U swoich pacjentów wykonuję badanie na samym początku terapii, przed wprowadzeniem zaleceń dietetycznych, a to w celu określenia stanu odżywienia. Następnie powtarzam je na poszczególnych etapach terapii, zarówno podczas postu, jak i po nim, czy też w trakcie wprowadzania dalszych zmian nawyków żywieniowych. Analizę wykonuję nie częściej niż co 2 tygodnie w początkowej fazie leczenia, przy czym robię ją minimum raz w miesiącu. Dzięki temu na bieżąco obserwuję stan organizmu i stopień jego adaptowania się do często nowych zaleceń. Pozyskane w ten sposób informacje są niezbędne do dalszego efektywnego planowania i monitorowania procesu leczenia.

Pomiary wykonywane podczas analizy składu ciała

Nawodnienie

Wskazuje na zawartość wody w organizmie, pomaga w ocenie stopnia nawodnienia, diagnozowaniu obrzęków i zaburzeń gospodarki wodnej.

Zawartość tkanki tłuszczowej

Pozwala obliczyć zawartość tkanki tłuszczowej z podziałem na segmenty ciała, określić typ oraz stopień otyłości.

Wskaźnik BMI

Daje ogólną ocenę stopnia ryzyka rozwoju niedożywienia, nadwagi lub otyłości.

Otłuszczenie wewnętrzne

Wskazuje na poziom otłuszczenia wewnętrznego, które jest bardzo niekorzystne dla zdrowia i silnie koreluje z rozwojem chorób cywilizacyjnych.

Zawartość masy mięśniowej

Pokazuje zawartość masy mięśniowej, niezbędnej dla prawidłowego metabolizmu. Tkanka mięśniowa spala 7–8 razy więcej kalorii niż tkanka tłuszczowa, a przy tym ma mniejszą objętość.

Typ budowy ciała

Umożliwia wykrycie często występującej tzw. ukrytej otyłości, wynikającej z niewłaściwej proporcji tkanki tłuszczowej do masy mięśniowej mimo prawidłowego wskaźnika BMI.

Zawartość substancji mineralnych

Pozwala określić zawartość substancji mineralnych, przydatną w ocenie stanu odżywienia organizmu (przy podejrzeniu zakwaszenia organizmu, niedoborowej diecie, zaburzeniach wchłaniania), pomaga w ocenie ryzyka osteoporozy.

Metabolizm

Wskazuje na podstawową przemianę materii (PPM) – jest to ilość kalorii, jakiej organizm potrzebuje do utrzymania podstawowych funkcji życiowych, nie uwzględniając wysiłku fizycznego i codziennych czynności.

Wiek metaboliczny

Jest określany na podstawie porównania podstawowej przemiany materii do średnich z poszczególnych grup wiekowych.

W początkowej fazie postu zwykle można zaobserwować duży spadek masy ciała, wynikający z utraty wody spowodowanej utrata glikogenu, który ma dużą zdolność wiązania płynów. Dopiero później dochodzi do redukcji tkanki tłuszczowej. Stopień utraty masy ciała i redukcji tkanki tłuszczowej jest bardzo indywidualną kwestią, a zależy od zaburzeń metabolicznych danej osoby i od jej początkowego stopnia nadwagi czy otyłości. Z doświadczenia wiem, że spadki tkanki mięśniowej można zaobserwować w początkowej fazie u pacjentów zmagających się ze stanami zapalnymi, rozregulowaną gospodarka hormonalną i insulinoopornością. Jednak ten spadek, jak pokazują badania przedstawione przez dr Ewę Dąbrowską, w 80% dotyczy białek pochodzących ze zwyrodniałych, uszkodzonych tkanek, a tylko w 20% pochodzi ze zdrowych tkanek. Aby zminimalizować utratę tkanki mięśniowej, trzeba zadbać o aktywność fizyczną – więcej na ten temat w rozdziale *Dusza i ciało* (s. 205). Spadek poziomu tkanki tłuszczowej w pierwszej fazie postu może być niewielki, ale nie powinno to budzić niepokoju. Na wstępnym etapie to nie redukcja tkanki tłuszczowej jest celem, lecz oczyszczenie organizmu oraz wywołanie samoleczącego zjawiska autofagii. Spadek poziomu tkanki tłuszczowej jest tylko dodatkiem do całego procesu leczenia i na pewno przyjdzie on z czasem.

Sytuacja zmienia się po zakończeniu diety warzywno-owocowej. Dzięki przedstawionemu w tej książce protokołowi wyjścia możemy w pełni skupić się na aktywnym spalaniu tkanki tłuszczowej, redukcji otłuszczenia wewnętrznego i odbudowywaniu tkanki mięśniowej. Przy prawidłowo dopasowanym programie dietetycznym efekty zrobią wrażenie i będą bardzo dobrze widoczne na analizie składu ciała. Protokół wyjścia jest całkowicie nastawiony na redukcję tłuszczu trzewnego, a to wiąże się ze zmniejszeniem poziomu insuliny, redukowaniem insulinooporności i aktywności hormonalnej tkanki tłuszczowej u osób otyłych poprzez redukcję wydzielanych przez nią prozapalnych adipokin. Najnowsze badania wskazują, że związki te powodują liczne nieprawidłowości metaboliczne i zaburzają odpowiedź immunologiczną.

Analiza składu ciała może też pomóc we wskazaniu innych problemów zdrowotnych, polecam ją np. przy podejrzeniu choroby trzewnej, nietolerancji pokarmowych, zaburzeń wchłaniania. Zdarza się, że u niektórych osób mimo rzetelnego przestrzegania diety ilość masy mięśniowej spada podobnie jak poziom tłuszczu. Oznacza to, że organizm nie odbudowuje się tak, jak powinien. Warto wtedy wykonać dodatkową diagnostykę. Na kolejnych etapach diety analiza składu ciała pozwala planować i modyfikować sposób żywienia. Nie bez znaczenia jest też to, że obserwowanie, jakie pozytywne zmiany zachodzą w organizmie, to doskonała motywacja!

Testy na nietolerancję pokarmową

Długotrwałe, przewlekłe objawy chorobowe, takie jak bóle głowy, migrena, bóle stawów, wysypka, egzema, obniżenie odporności, częste infekcje, biegunki, zaparcia, mogą mieć u podłoża nietolerancję pokarmową lub nadwrażliwość na pewien rodzaj pokarmu. Objawy związane z nietolerancją pokarmową występują zazwyczaj z opóźnieniem od kilku godzin do kilku dni od spożycia posiłku, dlatego najczęściej nie są z nim kojarzone. Jeśli cierpisz na trudne do zdiagnozowania dolegliwości, rozważ wykonanie testów diagnostycznych pod kątem nietolerancji pokarmowych. Są one bardzo proste do przeprowadzenia, robi się je z próbki krwi w laboratorium (wtedy zdiagnozujemy nawet do 200 produktów) lub na podstawowym poziomie w domu, za pomocą uproszczonych testów. Testy wykrywają pokarmy, które mogą być przyczyną dolegliwości, a zdobyte informacje są punktem wyjścia diety eliminacyjnej. Nietolerowane produkty wyłącza się z menu na minimum 3 miesiące (a u niektórych nawet na całe życie) – to okres niezbędny do oczyszczenia organizmu z toksycznych kompleksów immunologicznych, regeneracji sił witalnych i wzmocnienia odporności. Takie odtrucie pozwala układowi odpornościowemu wrócić do prawidłowego wykonywania swoich zadań. Testy na nietolerancje pokarmowe są bardzo pomocne w chorobach autoimmunologicznych, których główną przyczyną jest nadmierne pobudzenie i nieprawidłowe funkcjonowanie układu immunologicznego.

Ważne, żeby testy wykonać przed zmianą sposobu żywienia, bo to gwarantuje jego rzetelność. Podczas postu, gdy z posiłków wyłączone są potencjalne alergeny, w organizmie spada stężenie przeciwciał, przez co wynik może nie być jednoznaczny. To sprawi, że nadal nie będziesz wiedzieć, które potrawy cię uczulają. Dlatego jeśli podejrzewasz u siebie alergię pokarmową, zbadaj się koniecznie przed rozpoczęciem dietoterapii.

Homocysteina, czyli nowy cholesterol

Jeżeli po raz pierwszy spotykasz się z tym terminem, to zapamiętaj tę nazwę, bo za kilka lat będzie tak samo często przywoływana jak cholesterol. Jest to aminokwas, którego zbyt duża ilość we krwi może spowodować zmiany miażdżycowe. Wykazano, że ma ona bardzo niekorzystny wpływ na naczynia krwionośne – stają się one za jej przyczyną mniej elastyczne i bardziej podatne na rozwój miażdżycy. W czasie trawienia białek dochodzi do uwolnienia aminokwasów, do których należy niezbędny aminokwas metionina. W wyniku metylacji metionina ulega przekształceniu do homocysteiny. Zdrowy organizm przy pomocy metylacji przekształca homocysteinę ponownie do metioniny lub cysteiny, co zapobiega jej nadmiernej kumulacji w ciele.

Negatywne działanie homcysteiny polega na tym, że jeżeli nie zostanie ona odpowiednio przekształcona, a jej stężenie w organizmie wzrasta, to zaczyna dosłownie atakować ściany naczyń krwionośnych. Inicjuje ich stan zapalny, a w zaatakowanych miejscach zaczynają gromadzić się lepkie substancje tłuszczowe, tworzy się blaszka miażdżycowa i w efekcie rozwija choroba wieńcowa. Badacze wskazują również na wpływ homocysteiny na rozwój chorób neurodegeneracyjnych, takich jak choroby Alzheimera i Parkinsona, a także na niepłodność (jej wysoki poziom prowadzi do zaburzenia interakcji miedzy plemnikami a komórką jajową). Związek jest również czynnikiem ryzyka poronień, wad układu nerwowego, może przyczyniać się do rozwoju depresji, gorszego samopoczucia psychicznego, a także nowotworów.

Homocysteina występuje powszechnie w pokarmach białkowych, więc nie można liczyć na wykluczenie jej z diety. Pomogą się z nią uporać odpowiednie zasady żywienia, oczyszczanie i wspomagająca suplementacja. Do prawidłowego procesu usuwania homocysteiny niezbędna jest odpowiednia ilość kwasu foliowego, witamin B2, B6, B12 oraz cynku. Nie bez znaczenia jest również prawidłowo przebiegający proces metylacji, którego zaburzenie jest częstą przyczyną dużych stężeń homocysteiny. Przy zaburzeniach metylacji organizm nie jest w stanie przekształcić witamin do form aktywnych, dlatego cały proces usuwania homocysteiny może być zaburzony i nieefektywny. W takim przypadku korzystne jest wykonanie szczegółowej diagnostyki z uwzględnieniem homocysteiny, mutacji genu MTHFR oraz poziomu witaminy B12, kwasu foliowego i dodatkowo B6, B2, cynku. Badania te mogą wskazać na konieczność stosowania witamin w formie zmetylowanej oraz wprowadzania dodatkowo suplementu tzw. dawcy grup metylowych, np. TMG (trimetyloglicyna), który dostarcza aż trzech grup metylowych, dzięki czemu możliwe jest obniżenie poziomu homocysteiny i zmniejsza ryzyko chorób.

Zaburzenia metylacji

Metylacja to proces przekazywania grupy metylowej (zbudowanej z 1 atomu węgla i 3 atomów wodoru: CH_3) z jednej cząsteczki na inną. Powstaje w ten sposób aktywna cząsteczka, którą nazywamy zmetylowaną. Dzięki metylacji grupa metylowa zostaje przyłączana do enzymu, przez co staje się on aktywny i może efektywnie pełnić swoją określoną przez biologię funkcję. Postać zmetylowaną mogą mieć: białka, witaminy, DNA, RNA, a także neurotransmitery i fosfolipidy oraz antyoksydanty. Proces metylacji zachodzi w każdej komórce naszego ciała przez całą dobę i wpływa na działanie wszystkich układów. Jego zachwianie sprawia, że organizm nie funkcjonuje prawidłowo, a zaburzenia mogą dotyczyć rożnych obszarów.

Zrozumieć metylację

Gdy jesteśmy zestresowani, nasz organizm przenosi grupę metylową na noradrenalinę i wytwarza hormon stresu adrenalinę. Jednak gdy stres mija, organizm usuwa grupę metylową z adrenaliny, a my stajemy się spokojniejsi.

Znaczenie prawidłowej metylacji:

- Zapewnia prawidłowy detoks organizmu, chroni przed metalami ciężkimi.
- Eliminuje histaminę, której nadmiar przyczynia się do licznych reakcji alergicznych: migrenowych bóli głowy, wodnistego kataru i zatkanego nosa, a także zaburzeń rytmu serca i poważnych problemów kardiologicznych.
- Aktywuje zdolności samolecznicze i regeneracyjne organizmu oraz powstawanie komórek odpornościowych.
- Zmniejsza stany zapalne i pozytywnie wpływa na stan jelit.
- Zapewnia prawidłowy wzrost i trwałość ścian komórkowych oraz syntezę DNA i RNA.

- Ma funkcję włączania lub wyłączania genów, co ma wpływ na pojawienie się choroby lub wywołanie jej remisji.
- Jest niezbędna dla syntezy neuroprzekaźników: serotoniny, dopaminy i melatoniny.
- Niezbędna do produkcji energii.
- Wpływa na przekształcanie kwasu foliowego i witaminy B12 do postaci aktywnych, wykorzystywanych przez organizm. Gdy do tego nie dochodzi, nadmiar kwasu foliowego i witaminy B12 krążą we krwi i mogą być toksyczne dla organizmu.
- Odpowiada za produkcję glutationu, jednego z naszych najważniejszych antyoksydantów.

Do zaburzeń metylacji dochodzi wskutek mutacji genu MTHFR. Może ona wystąpić u każdego z nas, coraz więcej zagranicznych doniesień wskazuje na jej częste występowanie. Ta aberracja prowadzi do nieprawidłowości w przebiegu wielu procesów, m.in. wydalania toksyn, syntezy białek, hormonów i neuroprzekaźników w ośrodkowym układzie nerwowym, w tym serotoniny, noradrenaliny i dopaminy oraz hormonu melatoniny. Wpływa to na emocje, powstawanie uczucia lęku, szybkość myślenia oraz jakość snu. Odpowiada za nieefektywne przekształcanie i wykorzystanie witamin, przede wszystkim kwasu foliowego i witaminy B12, a także antyoksydantów, w tym glutationu. Sprzyja też rozwojowi chorób serca, chorób neurodegeneracyjnych, nowotworów, wad wrodzonych, poronień oraz problemów natury psychicznej.

Osoby, które cierpią na szereg różnych zaburzeń, a nie mogą odkryć przyczyn swoich dolegliwości, powinny zbadać się w kierunku tej mutacji. Badanie jest dość drogie, bo kosztuje około 330 zł, i rzadko kiedy jest refundowane, jednak ta wiedza może dać odpowiedź na wiele pytań. Test w kierunku mutacji zaleca się dzieciom z podejrzeniem autyzmu, kobietom planującym ciążę – szczególnie tym, które już kilkukrotnie poroniły. One właśnie powinny unikać zażywania kwasu foliowego, ale suplementować folian, czyli jego zmetylowaną postać.

Mutacja przekazywana jest genetycznie, choć sama jej obecność nie oznacza jeszcze, że gen został aktywowany. Jednakże na skutek różnych czynników wywołujących mutacja ta może dać o sobie znać w postaci pojawienia się choroby. Do czynników tych zaliczamy: nieodpowiednią dietę, nadmiar cukru, przetworzoną żywność, stres, palenie papierosów, skażenie środowiska, chemię w żywności, endotoksyny, metale ciężkie z warzyw korzeniowych, środki przeciwgrzybicze, chemię zawartą w opakowaniach i kosmetykach, alkohol, narkotyki, kawę, nadmiar leków i suplementów, stany zapalne, dysbiozę w jelitach, pleśń, pasożyty, grzyby, aflatoksyny.

Osobom z wykrytą mutacją zalecam post oraz stosowanie protokołu wyjścia wraz z suplementacją niezbędnej witaminy B12 w formie zmetylowanej, czyli biologicznie aktywnej. Pomocne może być również przyjmowanie witamin B9, B2, B6 w formie zmetylowanej oraz glutationu. Często u osób z mutacją genu MTHFR dochodzi również do niedoborów cynku, selenu, magnezu i innych minerałów, dlatego bardzo ważne jest przeprowadzenie odpowiedniej diagnostyki. Należy pamiętać, że wszelkie suplementowane witaminy i minerały u osób z mutacją muszą być podane w postaci zmetylowanej, inaczej organizm ich nie wykorzysta, a co więcej, staną się one toksyczne.

U osób z zaburzeniem metylacji szczególnie ważny jest detoks. Nie powinien być traktowany jako jednorazowa kuracja, ale jako wybór dokonywany każdego dnia. Polega on na spożywaniu naturalnej żywności, nieobciążaniu się substancjami balastowymi, przetworzoną żywnością bogatą w konserwanty, sztuczne barwniki i metale ciężkie. Dla poprawy metylacji ważne jest też dodatkowe oczyszczanie organizmu, dlatego polecam regularnie przeprowadzane posty: jeden dzień raz w tygodniu lub kilka razy w miesiącu.

Pomocne może być też spożywanie posiłków w tzw. oknach żywieniowych, *intermittent fasting*, co oznacza, że jemy tylko przez 8 godzin w ciągu dnia, a przez pozostały czas dajemy organizmowi odpocząć.

Okna żywieniowe poprawiają stan jelit i wspierają detoksykacje wątroby, bo dzięki dłuższej przerwie między posiłkami układ pokarmowy i wydalniczy mają więcej czasu na regenerację oraz uszczelnienie. Okna żywieniowe mogą okazać się szczególnie korzystne dla osób cierpiących na przerosty bakteryjne, np. *Candidę*.

Diagnostyka laboratoryjna

Poniżej podaję wykaz badań laboratoryjnych. Podstawowe elementy diagnostyki każdy z nas powinien wykonać minimum raz do roku. Jeżeli jesteś w grupie ryzyka chorób cywilizacyjnych, masz lub podejrzewasz u siebie zaburzenia hormonalne i jelitowe, pomyśl o wykonaniu bardziej szczegółowej diagnostyki. W takich przypadkach zestaw analiz najlepiej dobrać indywidualnie, po konsultacji z lekarzem lub dietetykiem klinicznym. Profesjonalista pomoże ci też zinterpretować wyniki i wskaże odpowiedni kierunek terapii. Dodatkowo normy są z podane na wydrukach z wynikami, więc swój stan zdrowia możesz wstępnie ocenić tuż po wyjściu z laboratorium. Jednak, jak pokazuje doświadczenie, laboratoryjne wyniki w normie nie zawsze pokrywają się ze stanem rzeczywistym i mogą być zawyżone lub zaniżone, dlatego ich interpretacja powinna uwzględniać również stan zdrowia i samopoczucie pacjenta.

PODSTAWOWA DIAGNOSTYKA

badanie	wskazówki
Morfologia krwi z rozmazem, OB (odczyn Biernackiego)	• Ogólna ocena stanu zdrowia, stanowiąca podstawę do rozpoznania wielu chorób, m.in. anemii, odwodnienia, osłabienia organizmu czy zaburzeń krzepnięcia krwi. • Wykrycie infekcji wirusowych, bakteryjnych, pasożytniczych, nietolerancji lub alergii pokarmowych, stanów zapalnych związanych z różnymi chorobami, obniżenia odporności.
CRP, micro-CRP (białko ostrej fazy)	• Wykrycie stanów zapalnych. • Wartość powyżej 10 mg/l może świadczyć o czynnym zakażeniu lub przewlekłym stanie zapalnym.
Ciśnienie tętnicze	• Zbyt wysokie ciśnienie może być spowodowane złą dietą, nadmiernym spożyciem przetworzoną żywnością bogatą w sól, ale również nietolerancjami i alergiami pokarmowymi.
Cholesterol całkowity	• Ogólny poziom cholesterolu nie daje nam rzetelnej informacji, dlatego należy szczegółowo przeanalizować poziom poszczególnych frakcji z uwzględnieniem stanu zdrowia pacjenta.
Cholesterol LDL Istnieją dwa rodzaje LDL: – duże cząsteczki LDL są stosunkowo niegroźne, – małe cząsteczki VLDL są bardzo szkodliwe.	• Współcześnie prowadzona diagnostyka nie uwzględnia różnicowania tych frakcji. U osób prowadzących niezdrowy tryb życia, których dieta bazuje na węglowodanach prostych z niedoborem witamin i minerałów, wysoka wartość LDL będzie świadczyła o podniesionym poziomie VLDL i toczących się w organizmie procesach zapalnych i chorobowych. • Cholesterol VLDL wykazuje większą zdolność do utleniania się pod wpływem złej diety i nadmiaru cukru, co prowadzi do rozwoju miażdżycy, chorób układu krążenia i glikacji oraz przyspiesza starzenie się i uszkadza komórki. Powodem wysokiego poziomu LDL mogą być: • toczący się proces zapalny, choroby autoimmunologiczne, • zaburzenia flory bakteryjnej, • zbyt duże spożycie węglowodanów, przetworzonej żywności, smażonych potraw (kiełbasy, kabanosy, wędliny wędzone, z konserwantami, nieekologiczne), • niedobory pokarmowe.
Cholesterol HDL	Wykazuje bardzo korzystne działanie prozdrowotne. Zbyt niski poziom może świadczyć o: • stanach zapalnych, • obniżonej odporności, • niewłaściwym spożyciu tłuszczów w diecie, • niedoborze kwasów omega-3, • niedoborze witamin i minerałów.

Trójglicerydy TG	Wysoki poziom jest niekorzystny, często związany z: • wysokim spożyciem węglowodanów, słodyczy, syropu glukozowo-fruktozowego, utwardzonych olejów roślinnych, izomerów trans, dużym spożyciem fruktozy w owocach o wysokim IG.
Stosunek TG do HDL	Wskaźnik ryzyka chorób układu sercowo-naczyniowego. • Im niższa wartość stosunku TG/HDL-C, tym lepiej. • Nie powinien wynosić więcej niż 3. • TG/HDL-C powyżej 3 może wskazywać na inuslinooporność.
Homocysteina, tzw. nowy cholesterol	• Wskaźnik w ocenie ryzyka zawału serca, zakrzepicy, choroby sercowo-naczyniowej, choroby wieńcowej, udaru mózgu, nadciśnienia tętniczego, cukrzycy, zespołu metabolicznego, chorób przewodu pokarmowego, podwyższonego poziomu cholesterolu, podwyższonego ryzyka powstawania chorób neurodegeneracyjnych (choroba Pakinsona, choroba Alzheimera). • Poziom nie powinien przekraczać 7 mol/l. Wysoki wynik świadczy o: • niezdrowej diecie bogatej w cukry, utwardzone oleje, izomery trans, przetworzone produkty, bogate w konserwanty, nadmiernym smażeniu, • niskiej ilości spożywanych warzyw, błonnika, witamin i minerałów, niedoborze zdrowych tłuszczów, • może być spowodowany defektem pewnego genu MTHFR i zaburzeniami metylacji.
B12, kwas foliowy	Wskaźniki: • wchłaniania i metabolizmu aminokwasów, • zaburzeń metylacji, wchłaniania i wykorzystywania aktywnych form witaminy B12 oraz kwasu foliowego. Niedobór powoduje anemię megaloblastyczną.
Witamina D (25OHD3)	Bardzo często występujący niedobór może powodować: • osłabienie odporności, wzrost ryzyka infekcji, • zahamowanie redukcji wagi, • ryzyko chorób autoimmunologicznych, sercowo-naczyniowych, nowotworów, • obniżenie nastroju, depresję, schizofrenię.
Żelazo	Niski poziom może wskazywać na: • anemię z niedoboru żelaza, • nieprawidłowe zakwaszenie żołądka, zaburzenie wchłaniania, • przerosty bakteryjne i zakażenie grzybicze, np. *Candida albicans*. Zbyt wysoki poziom może wskazywać na stany zapalne. Negatywnie wpływa na mitochondria.

Ferrytyna	Badanie pozwala ocenić zasoby żelaza w organizmie. Niedobór może świadczyć o: • niedoborach żelaza, • zaburzeniach trawienia białek i wchłaniania żelaza, • być przyczyną wypadania włosów. Nadmiar może sygnalizować: • stany zapalne, • stres.
Wątroba	Próby wątrobowe to badanie krwi, które ma ocenić pracę wątroby. • ALAT • AspAT • GGTP • Bilirubina
Nerki	Podstawowe badania funkcji nerek: • mocznik, • kreatynina, • eGFR.

DIAGNOSTYKA ZABURZEŃ PRACY JELIT

Domowe sposoby: 1. Test z sodą oczyszczoną 2. Test buraczany Dokładna diagnostyka: PH-metria	1. Domowy test z sodą oczyszczoną polega na mierzeniu czasu po wypiciu 1/2 szklanki wody z 1/2 łyżeczki sody, po którym dojdzie do efektu odbicia (dwutlenek węgla CO_2). Jeśli odbicie nastąpi: • przed upływem 90 sekund, to zakwaszenie żołądka jest prawidłowe, • między 90 a 180 sekund, to zakwaszenie żołądka jest słabe, • powyżej 180 sekund lub wcale, to zakwaszenie jest niedostateczne. Próbę najlepiej wykonać rano; ze względu na neutralizację kwasów żołądkowych, nie zaleca się spożywanie posiłków zaraz po teście, należy odczekać 2–3 godziny i wypić sok z cytryny, miętę, krople żołądkowe lub ocet jabłkowy. 2. Domowy test buraczany polega na wypiciu soku z 2–3 świeżych buraków. Jeśli żołądek nie ma właściwego pH, mocz będzie lekko lub intensywnie różowy. Brak różowego zabarwienia moczu po pewnym czasie stosowania diety oznacza lepsze zakwaszenie żołądka. 3. PH-metrię wykonuje się w szpitalu lub punktach diagnostycznych.
Badanie składu flory jelitowej z próbki kału	• Celem jest ocena ekosystemu jelitowego, składu bakterii prozdrowotnych, bakterii stymulujących odporność, bakterii potencjalnie chorobotwórczych oraz grzybów drożdżopodobnych (*Candida*). • Korzystna dla dopasowania skutecznego i indywidualnego planu żywienia wraz z odpowiednią suplementacją probiotyczną.

Alergie i nietolerancje pokarmowe	Pełna diagnostyka opóźnionych reakcji pokarmowych powinna obejmować badanie przeciwciał IgA- i IgG-zależnych.
Wodorowy test oddechowy (WTO) z wykorzystaniem glukozy, fruktozy, laktozy	Diagnostyka w kierunku: • zespołu przerostu bakteryjnego w jelicie cienkim SIBO, • nietolerancji na łatwo fermentujące wielocukry, dwucukry, cukry proste i alkohole wielowodorotlenowe (nietolerancja FODMAP). Wskazaniami do wykonania testu są uporczywe wzdęcia, biegunki i bóle brzucha, zespół jelita drażliwego.
Badanie w kierunku nieszczelności jelita	Zonulina • Wzrost poziomu zonuliny w kale uznawany jest za marker rozszczelnienia jelita. Badanie laktuloza/mannitol • Podczas badania wypijamy roztwór z dwóch cukrów (mannitolu i laktulozy). • Wynik jest prawidłowy, gdy w moczu mamy dużą przewagę mannitolu nad laktulozą. • Mała ilość mannitolu w moczu może świadczyć o zaburzeniach wchłaniania. • Większa ilość laktulozy w moczu świadczy najprawdopodobniej o nieszczelności jelita.
Celiakia	Oznaczenie przeciwciał: • transglutaminaza tkankowa (tTg), • endomysium mięśni gładkich (EmA), • nowa gliadyna (deamidowa gliadyna DGP lub GAF).

DIAGNOSTYKA W KIERUNKU GOSPODARKI WĘGLOWODANOWEJ, INSULINOOPORNOŚCI

Glukoza na czczo	• Podstawowe badanie w rozpoznawaniu cukrzycy. • Wysoki poziom glukozy (101–125 mg/dl) może świadczyć o stanie przedcukrzycowym. • Wynik bardzo wysoki (powyżej 125 mg/dl) może świadczyć o cukrzycy typu II.
Insulina na czczo	• Wynik powyżej 10 mU/ml może wskazywać na problemy z odchudzaniem i zaburzoną gospodarką węglowodanową. • Poziom insuliny na czczo wraz z wysoką glukozą na czczo powyżej normy może wskazywać na problem z insulinoopornością.
Hemoglobina glikowana HbA1c	Pokazuje, jak kształtował się poziom glukozy we krwi przez ostatnie 2–3 miesiące. Wynik powyżej normy świadczy o zbyt dużym spożyciu węglowodanów, zaburzeniu gospodarki węglowodanowej, podejrzeniu insulinoopornosci, glikacji białek.

Wskaźnik HOMA-IR

Miernik insulinooporności:

$$\text{HOMA-IR} = \frac{\text{insulina na czczo (mU/ml) x glikemia na czczo (mmol/l)}}{22{,}5}$$

- Wynik powinien miesicić się między 1 a 2. Im niższy, tym lepszy.
- Wartość powyżej 2 świadczy o insulinooporności.

Badanie krzywej cukrowej i krzywej insulinowej (test OGTT) 3-punktowa lub 4-punktowa

- Stosowany w diagnostyce insulinooporności, cukrzycy, hipoglikemii reaktywnej.
- Pomaga w dokładnym dopasowaniu dawki leków, ustaleniu diety i aktywności fizycznej.

DIAGNOSTYKA ZABURZEŃ PRACY TARCZYCY

Diagnostyka tarczycy

- TSH (tyreotropina)
- Wonne T3, T4 (trójjodotyronina i tyroksyny)
- Jod (dobowa zbiórka moczu, test z jodyną)
- Badania ultrasonograficznego (USG)

Dodatkowo badanie przeciwciał stosuje się w celu potwierdzenia lub wykluczenia zapalenia tarczycy.

- Anty TPO – przeciwciała przeciwko peroksydazie tarczycowej
- Anty TG – przeciwciała przeciwko tyreoglobulinie
- Przeciwciała TRAB przeciwko receptorowi TSH

DIAGNOSTYKA ZABURZEŃ METYLACJI

Mutacja genu MTHFR

Najczęściej dotyczy 2 genów: MTHFR C677T i MTHFR A1298C. Do badania wykorzystywany jest wymaz z policzka.

KETOADAPTACJA

Ketonuria (badanie próbki moczu)

- Za pomocą pasków do badania ciał ketonowych w moczu wykrywane jest stężenie kwasu acetooctowego.
- Ciemne zabarwienie świadczy o tym, że organizm produkuje ciała ketonowe.

Ketonemia (badanie próbki krwi)

Dzięki badaniu poziomu BHB (beta-hydroksymaślanu) z krwi można dokładnie ocenić wykorzystywanie ciał ketonowych jako źródła energii.

- Wynik mieszący się w granicach 0,3–0,5 mmol/l świadczy o rozpoczęciu ketogenezy i adaptowaniu się organizmu do wykorzystywania ciał ketonowych jako nowego źródła energii.
- Wynik 1 mmol wskazuje, że 50% energii wykorzystywanej przez mózg pochodzi z ketonów. Optymalna ketoza to 1–3 mmol/l.

Protokół wyjścia

Paulina Borkowska

Wejdź na poziom spalania

Założenia podstawowe

Gratulacje! Za tobą najważniejsza decyzja, by zmienić swój sposób odżywiania się na zdrowszy i zgodny z naturą. Być może masz już za sobą dietę warzywno-owocową, a wiem, że był to etap trudny. Niezależnie od tego, ile dni trwał, wymagał siły woli, samozaparcia, w dużym stopniu dostosowania do niego planu dnia. Teraz najważniejsze jest, aby utrzymać efekty postu, zachować zdrowe nawyki i w bezpieczny sposób powrócić do codziennego odżywania się – odtąd opartego na dobrych dla twojego zdrowia produktach. Temu właśnie służy protokół wyjścia. Jego celem jest dalsza aktywacja procesu spalania tkanki tłuszczowej dzięki przedłużeniu ketozy odżywczej przy jednoczesnym zwiększaniu ilości spożywanych produktów (takich, które nie prowadzą do nadmiernego wydzielania insuliny) o bogatej wartości odżywczej. Jeżeli nie zdecydowałaś się lub nie zdecydowałeś się na przeprowadzenie postu, to protokół wyjścia potraktuj jako łagodniejszy sposób na oczyszczenie, detoksykację, redukcję tkanki tłuszczowej i przestawienie metabolizmu na pozyskiwanie energii z ciał ketonowych (czyli tłuszczów). Pomoże ci on przygotować się do podjęcia diety warzywno-owocowej. Na tym etapie w każdej fazie będziesz włączać do diety zdrowe produkty w odpowiedniej kolejności, która da organizmowi czas na zaadaptowanie się do nowego sposobu żywienia.

W tej części kuracji nastawiamy się na redukcję wagi dzięki wprowadzaniu produktów o dużej gęstości odżywczej przy jednoczesnym ograniczeniu ilości spożywanych węglowodanów. Efektem będzie zmniejszenie stanów zapalnych, usprawnienie pracy układu pokarmowego, regulacja poziomu insuliny – hormonu tycia, aktywacja glukagonu – hormonu chudnięcia, oraz utrzymanie procesu spalania tkanki tłuszczowej. Celem natomiast nie jest utrzymanie diety bardzo niskokalorycznej, dlatego kaloryczność posiłków po zakończonym poście powinna stopniowo wzrastać, aż do uzyskania diety o wartości kalorycznej zgodnej z twoim indywidualnym zapotrzebowaniem lub zapewniającej mały deficyt kaloryczny (nie większy niż

500 kcal). Taki sposób żywienia zapewnia pokrycie zapotrzebowania na składniki odżywcze, witaminy i minerały. Dzięki temu jesteśmy lepiej odżywieni, a to sprzyja redukcji tkanki tłuszczowej oraz tłuszczu wewnętrznego.

Protokół wyjścia składa się z trzech faz, które różnią się od siebie kalorycznością potraw (tylko w pierwszych dniach tuż po poście) oraz listą wprowadzanych produktów, a także niezbędnej fazy startowej. Jej celem jest przygotowanie układu pokarmowego do prawidłowego trawienia, wchłaniania i wykorzystywania składników odżywczych oraz substancji czynnych, a także usprawnienie procesów eliminacji toksyn.

Jeżeli decydujesz się na post, to dobrze byłoby zmienić nieco kolejność i fazę startową wprowadzić kilka dni przed jego rozpoczęciem. W ten sposób, dzięki stopniowej redukcji spożywanych potraw, lepiej przygotujesz organizm do detoksykacji, dzięki czemu będzie ci łatwiej sprostać wyzwaniom diety warzywno-owocowej. Jest to również dobry czas na to, by w choć małym stopniu uzupełnić niedobory za pomocą suplementów.

Fazę startową wprowadzam u każdego pacjenta, z którym zaczynam pracę. Ten element ma bardzo korzystny wpływ na osiągnięcie trwałych rezultatów zdrowotnych i wagowych.

Pierwsza faza, wyjściowa, wprowadzana zaraz po poście, charakteryzuje się najmniejszą kalorycznością posiłków, która wynosi 1000 kcal w pierwszym dniu wyjścia. W kolejnych dniach kaloryczność stopniowo wzrasta o 200–400 kcal, aż do wartości, która odpowiada co najmniej 80% twojego dziennego zapotrzebowania na energię i składniki odżywcze. Wraz z drugą i trzecią fazą w diecie pojawiają się nowe produkty. Bardzo ważne jest to, żeby wprowadzać je w określonej kolejności, to niezbędny element dalszej terapii. Naszym celem jest jednak skupienie się na jakości żywności i jej biodostępności, a nie samej zawartości kalorii. Proponowane przeze mnie produkty – przygotowane według odpowiednich zasad – gwarantują utrzymanie zredukowanej wagi i poprawę zdrowia. Pamiętaj, że to ty w głównej mierze odpowiadasz za rezultaty. Można je utrzymać tylko dzięki sumiennej realizacji zaleceń, wybieraniu produktów jak najlepszej jakości, pogłębianiu wiedzy i świadomemu podejściu do sposobu odżywiania się i zdrowia.

Długość każdej fazy powinna być dobierana indywidualnie w zależności od: wieku, płci, stanu zdrowia, głównych jednostek chorobowych, występujących niedoborów składników odżywczych, wyników badań laboratoryjnych, stopnia nadwagi czy otyłości, dotychczasowej redukcji wagi, poziomu otłuszczenia organów wewnętrznych, zmiany wyników analizy składu ciała po przeprowadzeniu diety. Pominięcie którejkolwiek z faz albo ich zbyt szybkie wprowadzanie może wiązać się z powrotem objawów chorobowych czy też zatrzymaniem spadku wagi. Każda modyfikacja w przebiegu protokołu powinna być konsultowana z dietetykiem prowadzącym lub lekarzem. Przypomnę tu jeszcze słowa dr Ewy Dąbrowskiej o czasie, jaki należy przeznaczyć na wychodzenie z postu: zasada, zgodnie z którą powinno ono trwać tyle dni, ile trwał post, dotyczy wyłącznie postów całkowitych o wodzie, z których wychodzi się, stosując dietę warzywno-owocową.

Wejdź na poziom aktywnego spalania – pierwsze kroki

Ketoadaptacja

Przy stosowaniu wysokoprzetworzonej diety bogatej w węglowodany proste, białko i utwardzone oleje roślinne, dochodzi do wydzielania czynników prozapalnych, które przyczyniają się w dłuższym okresie do pojawienia się stanów zapalnych, rozwoju chorób i nadwagi czy otyłości. Zostało naukowo udowodnione, że podczas spalania glukozy powstają wolne rodniki i toksyny, które w dłuższej perspektywie negatywnie wpływają na zdrowie. Dieta bogata w zdrowe tłuszcze wiąże się natomiast z obniżeniem ilości negatywnych mediatorów stanu zapalnego, co wpływa na stopniowe łagodzenie stanów zapalnych i usprawnienia metabolizmu. Przemiany energetyczne tłuszczów, tzw. beta-oksydacja, zachodzą w mitochondrium komórki przy pomocy karnityny oraz niezbędnych dla procesu spalania tych składników odżywczych witamin B2 i B3, których niedobór może zaburzać cały proces. Efektem spalania tłuszczów jest duża ilość energii w postaci tzw. ATP (adenozynotrifosforanu – głównego przenośnika energii w komórce, będącego swoistą „walutą" energii w naszym ciele), wody i dwutlenku węgla.

Tłuszcze, dzięki swojej strukturze, są znacznie bardziej efektywnym źródłem energii niż węglowodany. Z jednej cząsteczki tłuszczu pozyskujemy 130 ATP, a z jednej cząsteczki glukozy tylko 40 ATP.

Z tego właśnie powodu osoby, które podczas postu wchodzą w stan ketozy odżywczej, a poprzez zastosowanie protokołu wyjścia go utrzymują, uzyskują duże siły witalne, niezbędne zarówno do regeneracji organizmu, jak i do dalszego zrzucania zbędnych kilogramów.

Podczas ketoadaptacji (ograniczenia spożycia węglowodanów) organizm zaczyna przystosowywać się do spalania tkanki tłuszczowej i wykorzystywania ciał ketonowych jako głównego źródła energii. Dochodzi wtedy do spadku poziomu glukozy do 60–75 mg/dl oraz normowania poziomu insuliny na poziomie 7–10 μu/ml. Ilość ciał ketonowych w moczu wzrasta do 0,5 mmol/l. W początkowej fazie taka zmiana może się wiązać z pojawieniem się uczucia osłabienia, zwanego również grypą węglowodanową, którego natężenie zależne jest od stopnia zaburzeń metabolicznych i uzależnienia od glukozy. Mija ono wraz z momentem przestawienia się organizmu na spalanie tłuszczów. Po osiągnięciu ketozy odżywczej glikemia (stężenie glukozy we krwi) normuje się tak, że otrzymujemy idealny wynik 75–80 mg/dl. Poziom ciał ketonowych we krwi waha się w granicach 1–3 mmol/l.

W zależności od stopnia zaburzeń metabolicznych i uzależnienia organizmu od glukozy w początkowej fazie ketozy odżywczej może dojść do spadku masy mięśniowej. Dzieje się tak dlatego, że uzależniony organizm pozbawiony swojego ulubionego źródła energii – glukozy dostarczanej z zewnątrz, produkuje ją samodzielnie. Jest to możliwe dzięki procesowi glukoneogenezy. Wykorzystywane są w tym celu aminokwasy pochodzące z białek mięśniowych. Okazuje się bowiem, że ok. 58% aminokwasów ma właściwości glukoplastyczne i z sukcesem może zostać przekształcone w glukozę. Straty masy mięśniowej w czasie postu i protokołu wyjścia w dużym stopniu pomoże zmniejszyć zachowanie umiarkowanej aktywności fizycznej.

Węglowodany netto = ilość węglowodanów (w gramach) – błonnik (w gramach)

Zakłada się, że okres adaptacji do nowego sposobu odżywiania się może trwać do miesiąca. Proces ten może jednak przebiegać szybciej, jeśli zastosujemy posty warzywno-owocowe. Z każdym dniem organizm w coraz większym stopniu przestawia się na wykorzystywanie tłuszczu do syntezy ciał ketonowych i zapotrzebowanie tkanek na glukozę się zmniejsza. Po okresie adaptacji 90% energii potrzebnej do codziennego funkcjonowania pokrywane jest z ciał ketonowych, czyli tkanki tłuszczowej.

Aby zainicjować ketozę odżywczą, ilość węglowodanów netto w diecie nie powinna przekraczać 40–50 g dziennie. To pozwoli wejść i utrzymać spalanie tłuszczu w tzw. oknie spalania tkanki tłuszczowej (*fat-burning zone*). U osób z insulinoopornością może być konieczne jeszcze większe ograniczenie, nawet poniżej 15–20 g.

Jeżeli masz problemy metaboliczne lub cierpisz na cukrzycę, konieczne jest ustalenie prawidłowej proporcji makroskładników (białek, tłuszczów i węglowodanów) oraz kontrola poziomu glukozy i ciał ketonowych we krwi. Wszelkie zmiany w żywieniu powinny się też odbywać pod kontrolą specjalisty, np. dietetyka klinicznego. Aby utrzymać potencjał spalania, świeże warzywa oraz zdrowe tłuszcze powinny być głównym źródłem energii.

Pierwszym objawem zwiększonej produkcji ciał ketonowych z kwasów tłuszczowych jest zmieniona woń oddechu. W początkowej fazie może nie być zbyt przyjemna. Tłuszcz jest bowiem głównym magazynem toksyn, więc jego zwiększone spalanie wiąże się z ich większym uwalnianiem i potrzebą detoksykacji. Na szczęście z czasem zapach się zmienia na znacznie przyjemniejszy zapach owocowy (acetonowy), charakterystyczny dla ketozy odżywczej. Kontrola syntezy ciał ketonowych jest możliwa również poprzez badanie moczu. Wydzielanie ciał ketonowych wraz z moczem nosi miano ketonurii. Można ją zdiagnozować samodzielnie w domu, przy użyciu specjalnie do tego przeznaczonych pasków, jest to jednak badanie obarczone marginesem błędu. Pozytywny wynik testów na ketonurię daje tylko informację o zachodzącym procesie tworzenia ciał ketonowych, a nie gwarantuje, że organizm wykorzystuje je jako źródło energii. Wysoki poziom ciał ketonowych niekoniecznie musi świadczyć o adaptacji organizmu do spalania tłuszczów. Niski poziom ciał ketonowych z kolei może wynikać z tego, że nie są one wydalane z moczem, bo wykorzystujemy je na bieżąco. Bardziej wiarygodne jest badanie stężenia we krwi krwi BHB beta-hydroksymaślanu (jedno z ciał ketonowych). Należy przy tym pamiętać, że jak w każdej diagnostyce wynik może różnić się w zależności od pory dnia poboru próbki, wcześniejszej aktywności fizycznej czy też spożycia średniołańcuchowych kwasów tłuszczowych MCT (pochodzących z oleju kokosowego czy tłuszczu mlecznego ghee).

Protokół wyjścia – najważniejsze zasady

Wspomniane początkowe gorsze samopoczucie podczas ketozy odżywczej może wynikać z zaburzeń w gospodarce wodno-elektrolitowej, dlatego na tym etapie należy zadbać o odpowiednie spożycie sodu, magnezu i potasu, które znajdziemy w dobrej jakości soli. Polecam polską sól kłodawską. Najlepszym źródłem elektrolitów są świeże warzywa, ale również jajka, owoce morza czy buliony z ekologicznych kości. Na początku protokołu wyjścia może istnieć potrzeba stosowania odpowiedniej suplementacji (więcej na ten temat piszę na s. 195).

Główne rodzaje tłuszczów na tym etapie żywienia to przede wszystkim tłuszcze nasycone pochodzące z oleju kokosowego, tłuszcze jednonienasycone, których głównymi źródłami są oliwa z oliwek, awokado i orzechy, oraz tłuszcze wielonienasycone omega-3 i omega-6, pochodzące z oleju lnianego, wiesiołka, orzechów, nasion, a także z ryb, owoców morza i alg.

Bardzo polecam używanie oleju kokosowego ze względu na zawartość średniołańcuchowych kwasów tłuszczowych MCT. Mają one zdolność wzmacniania szlaków metabolicznych będących domeną postów. Tłuszcze te wykazują szczególnie korzystne właściwości, bo nie wymagają do strawienia żółci, karnityny ani enzymów trawiennych, ale trafiają bezpośrednio do wątroby i tam są przekształcane w ciała ketonowe. Ich zbyt duża ilość jest wydalana. Kwasy tłuszczowe MCT znajdziemy również w maśle klarowanym. Zawiera ono sześciokrotnie mniej kwasów MCT niż olej kokosowy. Należy przy tym spożywać masło od krów wypasanych na zielonej trawie, sklarowane samodzielnie albo kupne, posiadające certyfikat ekologiczny. Dopiero to daje pewność, że produkt będzie dla nas korzystny, ponieważ będzie źródłem kwasów stearynowego, palmitynowego i CLA (sprzężony kwas linolowy), które sprzyjają regeneracji jelit i walce z patogenami.

Ważne jest, aby podczas wychodzenia z postu tłuszcze wprowadzać stopniowo, zaczynając od małych dawek w każdym posiłku. W początkowych fazach wyjścia z dłużej trwających postów nagłe wprowadzenie tłuszczów w dużych dawkach mogłoby skutkować biegunką tłuszczową, ponieważ organizm nie jest jeszcze gotowy do metabolizmu tego składnika w większych ilościach. Dotyczy to szczególnie osób po zabiegu cholecystektomii, czyli usunięciu woreczka żółciowego, co wpływa na zaburzone trawienie tłuszczów. U nich konieczne jest wprowadzenie suplementu żółci pochodzenia bydlęcego, która pełni naturalne funkcje ludzkiej żółci i w ten sposób poprawia trawienie tłuszczów, oraz enzymów trawiennych zawierających lipazę, czyli enzym trzustkowy odpowiedzialny za trawienie tłuszczów.

Najważniejsze są warzywa

Aby zachować zdrowie i zredukować wagę, należy kontynuować spożywanie dużej ilości warzyw, które zawierają witaminy, minerały oraz dobroczynne związki wpływające na pracę komórek i spalanie składników odżywczych. Do najważniejszych z nich należą: karotenoidy, polifenole, fitosteryny, fitoestrogeny, flawonoidy, antocyjany, kwercetyna. Są to antyoksydanty o działaniu przeciwzapalnym, bakteriobójczym, przeciwnowotworowym, które dodatkowo wspomagają przemianę materii, wpływają pozytywnie na proces trawienia i regulują ciśnienie krwi. Warte uwagi są przede wszystkim warzywa niskowęglowodanowe z dużą zawartością błonnika. Dzięki temu spożycie węglowodanów netto (liczba węglowodanów minus błonnik) nie będzie przekraczało dozwolonej dziennej dawki. Najbardziej godne polecenia są: świeże zielone warzywa liściaste, czyli jarmuż, szpinak, brokuł, szczypior, pietruszka, a także kalafior, cebula, czosnek, kapusta, surowa marchew. Warto też jeść owoce jagodowe, jabłka i grejpfruty. Na końcu tego rozdziału znajduje się wykaz produktów uwzględniający zawartość węglowodanów netto, który znacznie ułatwi komponowanie posiłków tuż po poście.

Podstawowe zasady przeprowadzania protokołu wyjścia

1. Zadbaj o prawidłowe trawienie.
2. Żywność musi być świeża, najlepiej ekologiczna, wysokiej jakości, pochodząca od lokalnych rolników lub z własnego ogródka.
3. Surowe pokarmy mają najwyższą biodostępność, dlatego spożywaj je jak najczęściej. Dozwolona obróbka termiczna to: gotowanie na parze, duszenie w wodzie, gotowanie w szybkowarze, pieczenie w piekarniku, w naczyniu żaroodpornym albo na pergaminie, grillowanie na ruszcie (tak aby nie dopuszczać do spalenia), smażenie na patelni ceramicznej z dodatkiem tłuszczu w końcowej fazie obróbki.
4. Unikaj przetworzonej żywności i eliminuj produkty wędzone, bo ich spożycie wiąże się z produkcją wolnych rodników.
5. Zadbaj o różnowartość i różnorodność posiłków. Stałe spożywanie pełnowartościowych produktów dostarczy ci kompletu składników odżywczych.
6. Pamiętaj, że kaloria kalorii nierówna. Jedz do syta zdrowe pokarmy, ale nie objadaj się.
7. Spożywaj produkty, które naturalnie nie zawierają glutenu: niepaloną kaszę gryczaną i jaglaną, komosę ryżową, amarantus.
8. Komponuj odpowiednio posiłki, do każdego dodawaj warzywa. Jaja, ryby, mięso jedz z warzywami, nie łącz ich z kaszą. Tę również spożywaj wyłącznie z warzywami, dzięki temu lepiej strawisz i przyswoisz posiłek. Owoce serwuj oddzielnie.
9. Stosuj naturalne przyprawy i zioła świeże i suszone. Przyprawy przyspieszające przemianę materii to: majeranek, ogórecznik, kurkuma, seler.
10. Uśmiechnij się! Każde wyzwanie jest początkiem drogi, a każda droga ma swój cel. Żeby się podnieść, musisz się schylić!

Komponowanie i liczba posiłków

Protokół wyjścia, tak jak i post, prowadzi do procesu aktywnego spalania tkanki tłuszczowej, lecz wymaga to ustalenia odpowiednich proporcji makroskładników. Podstawą diety są warzywa o wysokiej wartości odżywczej. Stanowią one najlepsze źródło witamin, minerałów, enzymów i wody. Głównym źródłem energii powinny jednak stać się tłuszcze, następnie białko (nie za dużo, bo ketoza odżywcza nie jest dietą wysokobiałkową), a na samym końcu bogate w błonnik węglowodany złożone, pochodzące z dobrych źródeł. Sukces utrzymania wagi jest zapisany w jakości spożywanych produktów i ich proporcji.

Tłuszcze

Wybieraj tłuszcze dobrej jakości. Aby utrzymać ketozę odżywczą, muszą one stanowić minimum 60%, a nawet 80% dziennej dawki kalorii. Nie ograniczaj zdrowych tłuszczów, nawet jeśli masz jeszcze sporo kilogramów do zrzucenia! Aby spalać tłuszcz, musisz zacząć go jeść. Dzięki temu zyskasz poczucie sytości bez zwiększania objętości porcji oraz unormujesz poziom glukozy i insuliny, a w rezultacie zjesz mniej i zredukujesz wagę.

Białko

Nie przejadaj się białkiem. Jego właściwe spożycie to 0,8–1 g na 1 kg beztłuszczowej masy ciała, a dla osób naprawdę aktywnych fizycznie 1,5–2 g na 1 kg beztłuszczowej masy ciała. Zbyt duża ilość może podnieść poziom glukozy we krwi i sprawić, że produkt zostanie zmagazynowany jako tkanka tłuszczowa. Dodatkowo dieta wysokobiałkowa wpływa hamująco na proces autofagii. Więcej nie musi więc wcale oznaczać lepiej. Zdrowy człowiek ma zdolność trawienia do ok. 30 g czystego białka w czasie jednego posiłku, reszta zostanie odłożona lub wydalona, co w dłuższej perspektywie niekorzystnie obciąża organizm.

Węglowodany

Ogranicz węglowodany do 40–50 g dziennie. Jest to ilość węglowodanów netto, czyli liczba zawartości węglowodanów w produkcie minus ilość błonnika. Skrupulatnie czytaj etykiety, sprawdzaj te dane we wszystkich produktach spożywczych, w tym owocach i warzywach. Zbyt wysokie spożycie węglowodanów może zahamować proces chudnięcia. W początkowej fazie wyjścia całkowicie wykluczamy kasze, pieczywo pełnoziarniste i płatki. Warto natomiast spożywać nasiona roślin strączkowych o niższej zawartości węglowodanów, a wysokiej zawartości błonnika, takie jak niemodyfikowana genetycznie soja czy bób. Produkty o wyższej zawartości węglowodanów powinny być wprowadzane stopniowo, po osiągnięciu pożądanego spadku wagi w czasie stabilizacji, kiedy już zostanie przywrócona równowaga wszystkich pięciu filarów.

Cztery fazy wyjścia

FAZA STARTOWA

Jej celem jest usprawnienie procesu trawienia, tak aby nowe produkty wprowadzane w kolejnych fazach były metabolizowane oraz wchłaniane prawidłowo. Z doświadczenia wiem, że ten etap bardzo często jest pomijany w każdym procesie odchudzania. Niestety, nawet najlepiej zbilansowana dieta zawierająca pokarmy o najwyższej jakości nie da pozytywnego rezultatu, jeżeli układ pokarmowy nie będzie potrafił prawidłowo strawić, wchłonąć i wykorzystać składników odżywczych. Droga na skróty i pominięcie fazy startowej nie doprowadzi więc do oczekiwanych efektów. O zaburzeniach prawidłowego trawienia pisałam na samym początku; zalecenia, które podaję poniżej, mają bez wątpienia pierwszorzędne znaczenie.

1. Nawodnienie

Prawidłowe nawodnienie organizmu jest podstawowym elementem każdej terapii odchudzającej i detoksykacyjnej. Nawodniony organizm funkcjonuje lepiej na każdej płaszczyźnie, również jelitowej czy komórkowej. Wchłanianie i transportowanie składników odżywczych staje się bardziej efektywne, a to wpływa na szybszy metabolizm oraz usprawnienie procesu detoksykacji, który na tym etapie diety wciąż jeszcze trwa i trwać będzie, jeżeli się postaramy. Prawidłowe nawodnienie sprawia też, że ograniczanie węglowodanów staje się znacznie łatwiejsze. Zalecaną ilość płynów należy dobrać indywidualnie, nie powinno to jednak być mniej niż 2,5–3 l wody dziennie. Woda powinna być źródlana, średnio- lub wysokozmineralizowana, z wapniem i magnezem, o niskiej zawartości azotanów i niezawierająca fluoru. Najlepiej wybierać tę w szklanych butelkach. Plastikowe butelki zawierają bisfenole (BPA), czyli sztuczne związki chemiczne imitujące estrogeny i zakłócające pracę wielu organów oraz gospodarkę hormonalną. Warto zaopatrzyć się w domowe filtry do uzdatniania wody.

Podczas postu oraz redukowania tkanki tłuszczowej narażeni jesteśmy na utratę dużej ilości płynów wraz z elektrolitami, dlatego do wody pitnej można dodać

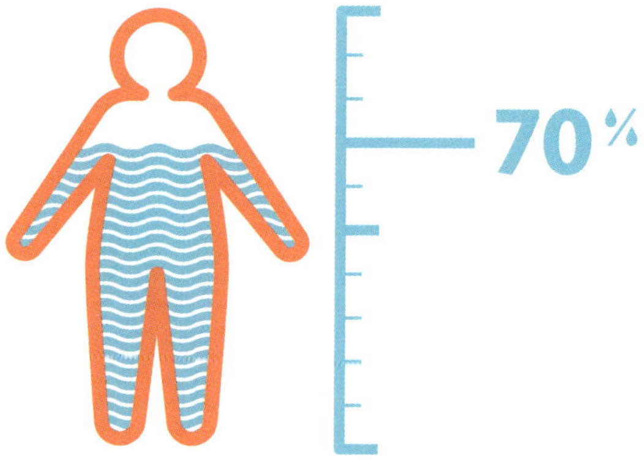

szczyptę soli himalajskiej lub polskiej soli kłodawskiej, która jest dodatkowym źródłem makro- i mikroelementów. Ograniczenie spożycia soli dotyczy osób borykających się z nadciśnieniem i obrzękami. Pamiętajmy, że post całkowicie wyklucza przetworzoną żywność, zawierającą ogromne ilości niskiej jakości soli, której nadmiar bez wątpienia nie jest dla nas korzystny. Natomiast niedobór elektrolitów może objawiać się bólem głowy, migreną czy potęgować apetyt na przetworzoną żywność. Osoby z wysokim stopniem otyłości i insulinooporności w początkowej fazie powinny z kolei zrezygnować z dodawania do wody substancji smakowych zawierających sztuczne słodziki, bo mogą one wywołać wydzielanie insuliny, co będzie zaburzało proces odchudzania. Wodę powinno się wypijać między posiłkami, aby nie rozcieńczać kwasów trawiennych. Korzystny jest dodatek soku ze swojskich kiszonek (pamiętaj, aby ich nie przesalać!), który zawiera kultury bakterii, oraz octu jabłkowego, mięty czy imbiru. Trzeba jednak zawsze uważać na jakość płynu i zawartość soli.

2. Soki trawienne – zakwaszenie żołądka

Prawidłowe stężenie soków trawiennych i zakwaszenie żołądka jest warunkiem efektywnego trawienia (wydzielania enzymów) na kolejnych etapach pracy układu pokarmowego. Gwarantuje też lepsze wchłanianie i biodostępność składników, co wpływa na szybszą regenerację organizmu i usprawnienie szlaków metabolicznych.

Ze swojego doświadczenie wiem, że zaburzenia trawienia są dość powszechnym problemem u pacjentów, a jego skala cały czas narasta. Bardzo częstymi objawami są nawracająca zgaga i refluks, wzdęcia, anemia, niedobór witaminy B12. Często przyczyną tego jest hypochlorhydria żołądka, czyli stan, w którym obserwuje się niewystarczające wydzielanie kwasu solnego w żołądku. Niestety często stawiana jest odwrotna diagnoza, wskazująca na nadkwasotę żołądka. W efekcie pacjenci przez lata przyjmują leki mające zmniejszyć zakwaszenie żołądka, tzw. inhibitory pompy proteinowej (IPP). Jest to jednak często błędne koło, które maskuje objawy i nie prowadzi do rozwiązania problemu. Wręcz przeciwnie, nieprawidłowe pH utrudnia trawienie, zaburza florę jelitową i upośledza odporność, co w konsekwencji prowadzi do rozwoju wielu chorób. Spostrzeżenia te potwierdza fakt, że w wywiadzie klinicznym u moich pacjentów często jednym z pierwszych wymienianych objawów jest właśnie zgaga lub nadkwasota czy latami leczony refluks. Fizjologicznie nasz układ pokarmowy jest podzielony na kilka części, w których występują różne odczyny pH. I tak w żołądku soki trawienne, a dokładnie naturalnie zawarty w nich kwas solny, wpływają na niski odczyn pH.

W żołądku pH fizjologiczne musi być kwaśne, niskie, w granicach 1–2,5.

Takie środowisko jest niezbędne do prawidłowego zaciskania zwieracza przełyku, którego zadaniem jest zapobieganie cofania się treści żołądkowej. Gdy pH nie jest wystarczająco niskie, dochodzi do zaburzenia trawienia, w wyniku czego soki żołądkowe „burzą się" i "chlupią", trafiają przez przełyk do gardła i skutkują zgagą, pieczeniem czy nawet nudnościami i wymiotami. Ponadto odpowiednie pH jest niezbędne dla aktywowania enzymów proteolitycznych, które rozkładają białko, ma również działanie bakteriobójcze. Stanowi jedną z bardzo ważnych linii obrony organizmu przed wirusami, bakteriami i pasożytami pochodzącymi z zewnątrz. Niskie pH żołądka jest też konieczne do produkcji tzw. czynnika wewnętrznego, odpowiedzialnego za wchłanianie witaminy B12 i żelaza oraz wydzielania i aktywowania enzymów trawiennych na pozostałych odcinkach układu pokarmowego.

Brak odpowiedniego pH może prowadzić do niedokrwistości, zaburzeń trawienia i przerostów bakterii jelitowych. Jeżeli przez wiele lat nie możesz wyjść z niedokrwistości, potraktuj to jako wskazówkę, że jest to również twój problem. W takim zaburzonym środowisku białko nie jest prawidłowo trawione i znacznie dłużej zalega w żołądku, co skutkuje uczuciem ciężkości, palenia i kwaśnego odbijania w przełyku. Nie do końca strawione białko przechodzi do dalszych części układu pokarmowego, czyli do dwunastnicy, gdzie ze względu na jej fizjologicznie zasadowe środowisko dalszy rozkład nie jest możliwy. To sprawia, że żywność zalega w jelitach, gdzie ulega fermentacji. W efekcie mnożą się bakterie proteolityczne, co zaburza florę bakteryjną jelit. Zachodzą również liczne procesy gnilne, które dają objawy takie jak wzdęcia, bóle brzucha czy apetyt na słodycze. Mimo inwestycji w dobrej jakości białko i przestrzegania zbilansowanej, gęstej odżywczo diety nie osiągamy też zamierzonych rezultatów zdrowotnych i nie budujemy tkanki mięśniowej. Wchłanianie aminokwasów jest zaburzone, więc dochodzi do ich niedoborów, co generuje problemy na różnych płaszczyznach (np.: aminokwas tyrozyna jest niezbędny do wytworzenia hormonów tarczycy, więc jego niedobór może skutkować nieprawidłowym metabolizmem). Jak widać, nieprzyjemnych skutków jest wiele, a często pierwotnym problemem nie jest wcale nadmiar, ale niedobór kwasów trawiennych w żołądku. Zachowanie fizjologicznego pH na każdym odcinku układu pokarmowego jest konieczne do aktywacji poszczególnych enzymów odpowiedzialnych za trawienie. Ignorowanie zaburzeń w tej sferze lub nadmierne korzystanie z leków, które dają chwilowe ukojenie dzięki maskowaniu objawów, może w dłuższej perspektywie przyczynić się do rozwoju poważnych chorób.

Domowy test na zakwaszenie żołądka znajdziesz na s. 147.

W czasie zachodzących zmian dobrze jest wiedzieć, że organizm może ci czasem wysyłać krótkotrwałe, fałszywe sygnały. Jeżeli z dnia na dzień zmienisz swoją wysokowęglowodanową dietę bogatą w gotową, przetworzoną żywność o niskiej gęstości odżywczej na dietę obfitującą w surowe warzywa, zdrowe tłuszcze, nasiona, orzechy oraz domowe potrawy z ryby, mięsa i jaj, możesz odczuwać dyskomfort, mieć biegunkę lub zaparcia czy chwilowo pogorszone samopoczucie. Dzieje się tak z powodu zaburzeń trawienia, obumierania patogennej flory jelitowej, która produkuje endotoksyny dające uczucie chwilowego osłabienia. Twój układ pokarmowy po latach spożywania wysokoprzetworzonej, bezwartościowej żywności nie produkuje odpowiedniej ilości enzymów i kwasu solnego, co upośledziło trawienie. A powstałe przez lata niedobory składników mineralnych, nie pomagają w rozwiązaniu problemu. Nie możesz się jednak wtedy poddać! Taki objaw to wyraźny znak, że czas na zmianę. Nie ignoruj go, ale przyjrzyj się swojemu organizmowi i zastanów, jak możesz mu pomóc. Jeśli masz wątpliwości, skorzystaj z pomocy dietetyka, możesz też zajrzeć na moją stronę internetową (zob. s. 247).

Zawsze zaczynamy od mniejszych dawek i obserwujemy reakcję organizmu. Jeżeli mamy stany zapalne błony śluzowej żołądka, w zależności od ich nasilenia możemy spróbować przyjąć ocet jabłkowy w formie tabletki, krople żołądkowe lub zażyć betainę HCL, która poprawia trawienie, przywracając prawidłowe pH żołądka (preparat przyjmujemy w trakcie posiłku). Pomocne są również krople żołądkowe na ziołach, produkty gorzkie albo kwaśne w smaku. Niektórzy mają też potrzebę spożycia dobrej jakości soli. Warto na stałe przekonać się do octu jabłkowego czy octu winnego, oba bowiem obniżają wydzielanie insuliny. Jeżeli ocet jabłkowy ci nie służy, możesz mieć nietolerancję histaminy. W takiej sytuacji spróbuj kropli żołądkowych, herbaty miętowej lub soku z cytryny.

NATURALNY SPOSÓB NA ZGAGĘ I POPRAWĘ TRAWIENIA

Polecam ci tu prosty, naturalny sposób na przywrócenie układowi pokarmowemu prawidłowego funkcjonowania bez konieczności uciekania się do farmakoterapii. Warto w tym celu stosować ocet jabłkowy z naturalnej fermentacji, sok z cytryny, krople żołądkowe albo specjalne suplementy zawierające betainę HCL z pepsyną. Czasami konieczne będzie również zażywanie enzymów trawiennych. Ważne jest, aby w czasie takiej terapii całkowicie odstawić leki na zgagę.

1–2 łyżki octu jabłkowego rozpuść w 50 ml wody. Wypij 10–15 minut przed posiłkiem.

3. Enzymy trawienne

Jeżeli udało ci się już wyrównać pH żołądka, a mimo to męczą cię dolegliwości gastryczne, może to wynikać z niedoborów enzymów trawiennych. Przyczyną często jest spożywanie martwej, zmodyfikowanej żywności, której organizm nie potrafi prawidłowo rozpoznać, a co za tym idzie, nie jest w stanie wydzielić odpowiednich substancji do jej strawienia. Warto tutaj wiedzieć, że enzymy naturalnie występujące w produktach są niszczone przez obróbkę termiczną potraw w temperaturze powyżej 40 stopni. Większość przetworzonych potraw jest ich więc całkowicie pozbawiona.

Problemy z trawieniem pogłębia częsta antybiotykoterapia, a także liczne nieżyty żołądkowo-jelitowe, które zaburzają pracę jelit, uszkadzają ten organ oraz upośledzają produkcję i aktywację niektórych enzymów. Dlatego często konieczne jest wprowadzenie suplementacji tych substancji. Wspomagają one proces trawienia i zapobiegają odkładaniu się niestrawionych resztek w jelicie. Enzymy są potrzebne również do trawienia białek grzybów, pleśni czy pasożytów, a zatem do niszczenia tych substancji, których nasz organizm właśnie usilnie próbuje się pozbyć. Niedobór enzymów upośledza eliminację produktów przemiany materii, co ma negatywny wpływ na detoksykację.

Aby poprawić samopoczucie, warto stosować dietę rozdzielną. Takie rozwiązanie znacznie wspomaga pracę układu pokarmowego, który nie musi produkować jednocześnie wielu różnych enzymów do strawienia rozmaitych pokarmów. Świeże owoce i warzywa, surowe jaja, mięso zawierają enzymy ułatwiające ich trawienie, ale obróbka termiczna, w tym gotowanie, doprowadza do zniszczenia tych cennych substancji. Dlatego warto spożywać jaja gotowane na miękko czy półkrwiste steki, sushi – po prostu nie przesmażać wszystkiego w jak najwyższej temperaturze za wszelką cenę. Lepiej przyrządzać potrawę chwilę dłużej, ale w niższej temperaturze.

4. Flora bakteryjna: probiotyki i prebiotyki

Temat ten dokładnie opisałam w drugim filarze zdrowia (s. 77). Nasze jelita mają ogromną moc. Obecnie uważa się, że są „drugim mózgiem" i odpowiadają za 80% naszej odporności. Ich zły stan może więc prowadzić do choroby, podobnie jak ich wyleczenie może przynieść remisję. Najważniejszymi czynnikami wpływającymi na stan flory jelitowej są odżywianie i styl życia. Jeżeli zainwestujesz w te obszary czas i chęci, osiągniesz sukces w postaci prawidłowej flory jelitowej, a co za tym idzie, zdrowia.

5. Suplementacja

Dobór suplementacji powinien być indywidualny. Owszem, należałoby wprowadzić pewne preparaty u większości osób borykających się z permanentnymi stanami zapalnymi spowodowanymi niedoborami składników odżywczych, chorobami cywilizacyjnymi czy zaburzeniami metylacji. Jednakże sposób podania specyfików oraz dawka powinny być ustalane przez specjalistę, po przeprowadzonej diagnostyce i z uwzględnieniem rodzaju już przyjmowanych środków farmakologicznych.

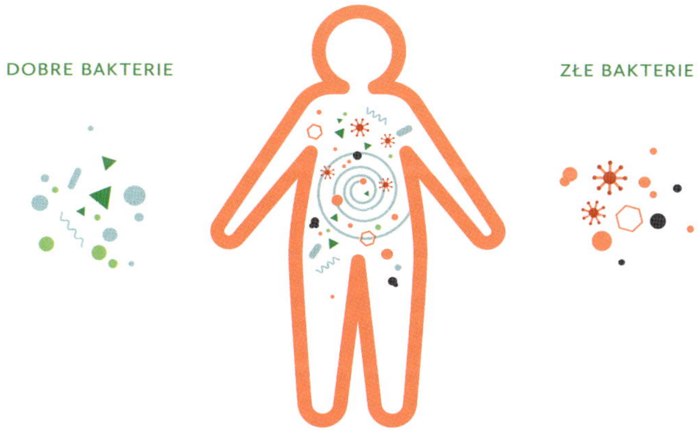

Tę tematykę opisałam szerzej w rozdziale poświęconym suplementacji (s. 195). Tu chcę tylko zwrócić uwagę, że warto rozważyć przede wszystkim wspomaganie się betainą HCL z pepsyną, kwasami omega-3, witaminą D3 z K2MK7, kompleksem witamin z grupy B, magnezem, potasem i selenem. Współczesny tryb życia sprawia, że to na niedobory tych elementów cierpimy najczęściej. Decydując się na suplementację, zawsze wybieraj naturalny, sprawdzony i przetestowany preparat bez zbędnych dodatków. Suplementy niepewnego pochodzenia mogą przynieść więcej szkody niż pożytku.

PROTOKÓŁ WYJŚCIA W PIGUŁCE

Gdybym miała w kilku słowach przekazać najważniejszą zasadę protokołu wyjścia, taką, której przestrzeganie zagwarantuje ci sukces, powiedziałabym: dbaj o wysoką jakość żywności, trawienie i wchłanianie. To jest założenie numer jeden, bez niego nie sposób mówić o mądrym i zdrowym odżywianiu. Jakość pokarmów zależy od trzech czynników. Są to:

1. Źródło pochodzenia.
2. Sposób produkcji: uprawa roślin, hodowla zwierząt.
3. Sposób przechowywania: opakowanie, temperatura, nasłonecznienie.

Zwracaj na nie uwagę zawsze, gdy wybierasz produkty spożywcze. Jeśli odpuścisz sobie przestrzeganie tej zasady, zarówno post, jak i protokół wyjścia mogą nie przynieść oczekiwanych rezultatów.

Koncentruj się na żywności lokalnej, wytwarzanej w twojej okolicy. Ostatnimi czasy na szczęście przypomnieliśmy sobie o tradycyjnych, lokalnych pokarmach. Pojawiło się wiele możliwości zakupu wyrobów, które pochodzą z okolic miejsc naszego zamieszkania. Dotyczy to przede wszystkim warzyw i owoców, ale można też znaleźć ryby i mięsa bardzo wysokiej jakości czy ekologiczne produkty mleczne. W większych miastach organizowane są targi, na których gospodarze sprzedają swoje ekologiczne wyroby. Jeśli mieszkasz w mniejszej miejscowości, rozejrzyj się wokół siebie – może w okolicy znajdziesz rolnika, który sprzedaje zdrowe swojskie produkty. Jeśli masz własny ogródek, spróbuj samodzielnie uprawiać warzywa i owoce. Do ich uprawy używaj specjalnych naturalnych probiotyków, które wzbogacą ich wartość. Takie świadome podejście do kwestii wyboru żywności jest bardzo popularne na Zachodzie, powstał z tego cały ruch nazywany *locavore*.

CO JEMY W CZASIE PROTOKOŁU WYJŚCIA

Kolejność wprowadzanych produktów uwarunkowana jest zawartością węglowodanów ze względu na ich powinowactwo do insuliny. Oznacza to, że pokarmy bogate w węglowodany, a stosunkowo ubogie w błonnik, wprowadzamy na samym końcu. Należy jednak pamiętać, że glukoza odpowiada tylko za częściową sekrecję insuliny. Produkty wysokobiałkowe, choć w mniejszym stopniu, również powodują jej wydzielanie. Najmniej obciążone powinowactwem do insuliny są czyste tłuszcze, dlatego to na zwiększeniu ich spożycia skupimy się na samym początku. Przedstawiony program jest tylko propozycją, nie ścisłą zasadą. Każdy z produktów spożywczych może być szybciej lub później wprowadzany (pamiętaj jednak, aby nie był to produkt wysokoprzetworzony – bogaty w węglowodany proste, ale ubogi w błonnik). Osobom, którym zależy na dalszej redukcji wagi, zalecam utrzymywanie diety niskowęglowodanowej podtrzymującej ketozę odżywczą. Nie chodzi o trzymanie ścisłego reżimu dietetycznego. Pamiętaj, że każdy zdrowy produkt może być zastosowany na każdym etapie protokołu wyjścia; trzeba jednak uwzględnić jego ilość oraz to, jak zawartość jego makroskładników i błonnika wpłynie na dobową sekrecję insuliny. Na końcu tego rozdziału znajdziesz tabele produktów z zawartością węglowodanów netto. Pomogą ci one komponować pożywne posiłki.

FAZA PIERWSZA

1000–1800 kcal i więcej, zgodnie z zapotrzebowaniem
Ilość przyswajalnych węglowodanów netto: 30–50 g dziennie

Czas trwania pierwszej fazy wyjścia jest uzależniony od celów terapii, problemów z gospodarką hormonalną, kondycją jelit, stopnia nadwagi. Może trwać od jednego do kilku dni, a nawet więcej. Kaloryczność diety powinna się podnosić z każdym dniem, zaczynając od 1000 kcal w pierwszym dniu wyjścia. W każdym kolejnym dniu należy ją zwiększać o 200–300 kcal, aż do uzyskania właściwego dla danej osoby zapotrzebowania kalorycznego. Nie może być też niższa niż podstawowa przemiana materii, a jeżeli jesteśmy aktywni fizycznie, powinna w minimum 80% pokrywać nasze całkowite zapotrzebowanie kaloryczne. Pierwsza faza jest również alternatywą dla osób, które mimo wielkich chęci nie dały rady przezwyciężyć uczucia głodu i nie przeszły postu. Pomaga ona osiągnąć podobne rezultaty jak w poście i wejść w stan

PIRAMIDA ŻYWIENIOWA
W PIERWSZEJ FAZIE WYJŚCIA

ketozy odżywczej, choć zwykle trwa to nieco dłużej, ok. 5–6 dni (dokładny czas to bardzo indywidualna kwestia). Pierwsza faza wyjścia nie jest tak restrykcyjna jak post, wymagane jest jedynie spożywanie wskazanej grupy produktów i przestrzeganie określonej liczby kalorii. Część moich pacjentów zaczęła swoją przygodę ze zmianą żywienia właśnie od tej fazy, obecnie cieszą się oni utratą licznych kilogramów i odzyskują zdrowie. Ich metabolizm uregulował się tak, że bez problemu i z wielką przyjemnością przechodzą 1–2-dniowe posty warzywno-owocowe.

LICZBA POSIŁKÓW

3–4 posiłki w ciągu 8–12 godzin

Lista produktów w pierwszej fazie

1. Warzywa zielone liściaste, kapustne, krzyżowe, kiszone, kiełki o niskiej zawartości węglowodanów netto.
2. Tłuszcze: olej kokosowy, oliwa z oliwek, oliwki zielone, awokado, olej z wiesiołka, ogórecznika i ostropestu, olej lniany.
3. Domowy jogurt kokosowy z probiotykami, mleko i śmietana kokosowa.
4. Algi, grzyby, kiełki, zioła.
5. Nasiona, orzechy.
6. Jaja od kur z wolnego wybiegu.
7. Owoce: awokado, śladowe ilości owoców niskowęglowodanowych.
8. Bulion, wywar z ekologicznych ryb, kości.

Dodatek do żywienia: algi, wodorosty, zioła

Celem pierwszej fazy jest w miarę możliwości jak najszybsze uzupełnienie niedoborów, zwłaszcza witamin rozpuszczalnych w tłuszczach, minerałów, enzymów, kwasów tłuszczowych i pełnowartościowych białek. Na tym etapie stopniowo zwiększana jest kaloryczność potraw z 800 do 1000 kcal, a następnie do 1200 kcal i więcej, liczba posiłków spożywanych w ciągu dnia powinna wynosić 3–4. Im mniejsza liczba posiłków, tym większa powinna być ich gęstość odżywcza. Wydłużenie czasu między posiłkami do 4–5 godzin może przynieść bardzo korzystny efekt związany z uregulowaniem poziomu glukozy i insuliny. Korzystne jest również przyjęcie zasady tzw. okien żywieniowych (*intermittent fasting*). Polega to na przyjmowaniu posiłków tylko w określonych przedziałach czasowych w ciągu doby, np.

jedynie w ciągu 8 czy 12 godzin dziennie (czyli np. jemy pierwszy posiłek o 10 rano, a ostatni o 18). Dzięki temu wydłużamy czas częściowej głodówki nawet do 16 godzin, co przynosi duże korzyści dla regeneracji mitochondriów, stabilizuje poziom insuliny i kierunkuje dalsze redukowanie tkanki tłuszczowej.

Warto też przeprowadzać jednodniowe posty raz w tygodniu lub kilka razy w miesiącu, bo dadzą one organizmowi czas na regenerację, oczyszczenie i ustabilizowanie gospodarki hormonalnej. Każdy, aby wytrwać w diecie, potrzebuje różnorodności. Dlatego zarówno jednodniowe posty, będące „przypominajkami", jak i *cheat meals* z okazji urodzin i świąt są nam potrzebne.

Jeśli chodzi o same produkty, to najważniejszymi składnikami każdej fazy są warzywa – one stanowią podstawę piramidy żywieniowej. W piramidzie na s. 168 znajduje się wykaz warzyw polecanych w pierwszej fazie, mających bardzo niską zawartość węglowodanów netto i wysoką zawartość błonnika. Stosowanie się do tej listy jest niezbędne, aby móc jeść warzywa w dużej ilości, a jednocześnie ograniczyć spożycie węglowodanów netto do 30–50 g dziennie. Najbardziej polecane są zielone warzywa liściaste, a zwłaszcza jarmuż ze względu na dużą zawartość wapnia, kwasu foliowego, błonnika i siarki, która wspomaga pracę mitochondriów.

Warzywa należy jeść przede wszystkim w postaci świeżej, nie mrożonej, serwować je w surówkach, sałatkach, jako koktajle czy soki. Warzywa gotowane powinny stanowić mniejszą część codziennej diety. Jeżeli decydujemy się na obróbkę termiczną, to najlepiej wybrać gotowanie na parze przez 4–5 minut, co zmniejsza stratę witamin, fitozwiązków i enzymów. Warto też spożywać warzywa w postaci kiełków. Kiełki to rośliny we wczesnej fazie wzrostu, w których zawartość składników odżywczych jest znacznie większa niż we w pełni wykształconym organizmie. Zawierają one witaminy z grupy B, a także witaminy A, C, E. W ich skład wchodzą również pierwiastki potrzebne do prawidłowego metabolizmu oraz rozwoju i funkcjonowania ciała: wapń, żelazo, siarka, cynk, magnez, selen, potas i lit. Kiełki są ponadto źródłem aktywnych enzymów, które zwiększają przyswajalność substancji odżywczych. W pierwszej fazie poleca się kiełki: lucerny, rzodkiewki i brokuła.

Bardzo korzystne dla zdrowia są również warzywa serwowane w postaci domowych kiszonek i soków z nich. Stanowią one niezwykle bogate źródło żywych kultur bakterii, kwasu mlekowego oraz witaminy K2, ułatwiają także wypróżnianie się. Podczas fermentacji zmniejsza się ilość węglowodanów w warzywach, dlatego kiszonki są mniej kaloryczne i lepiej trawione niż świeże warzywa. Sprawdzą się tu nie tylko tradycyjne ogórki i kapusta, ale też rzodkiewka, kalafior czy marchew i buraki (te ostatnie w ograniczonej na początku ilości ze względu na zawartość węglowodanów). Jeśli udało ci się przejść wcześniej dietę warzywno-owocową, to możesz kontynuować codzienne wypijanie obecnego w jadłospisie zakwasu buraczanego, jednak ważne jest, by kontrolować jego ilość. W 100 ml gotowego zakwasu znajduje się około 8 g węglowodanów (dokładna ilość zależy od zawartości węglowodanów w warzywie i długości procesu fermentacji). To sporo, dlatego najlepiej pić rozcieńczony płyn w niewielkich dawkach.

O ile więc kiszone buraki czy marchew są dopuszczalne w pierwszej fazie w ograniczonych ilościach, o tyle nie powinny być one spożywane w postaci gotowanej, bo mogłyby dostarczyć zbyt dużej ilości węglowodanów. Z kolei marchew surowa podawana w kontrolowanej ilości nie powinna stanowić problemu, ponieważ zawiera sporo błonnika, który skutecznie zmniejsza ilość węglowodanów netto.

Polecam jadać też grzyby, które są bardzo dobrym źródłem białka, witamin i minerałów, a zwłaszcza magnezu, potasu, cynku i żelaza (w formie hemowej, co czyni żelazo wysoko biodostępne). Grzyby wzmacniają też układ odpornościowy, pomagają w walce z wirusami i nowotworami. Szczególnie cenne są grzyby shiitake, boczniaki i sprawdzone grzyby leśne. Zawsze należy zadbać o ich dobrą jakość oraz pochodzenie, bo grzyby mają tendencję do kumulowania metali ciężkich (dlatego nie należy ich zbierać w okolicach wysypisk śmieci czy autostrad).

W początkowej fazie spożycie owoców powinno być śladowe z powodu zbyt dużej w stosunku do warzyw zawartości węglowodanów, co mogłoby przyczynić się do zahamowania spalania, a nawet do zatrzymania ketozy odżywczej. Pamiętajmy również, że owoce jako źródło fruktozy nie są obojętne dla naszej gospodarki hormonalnej i wywierają wpływ na wydzielanie insuliny. Wyjątek stanowi awokado, które również jest owocem, a także kokos, który jest owocem pestkowym. Ze względu na niską zawartość węglowodanów, a wysoką zawartość błonnika i tłuszczów oba są dla nas bardzo korzystne.

Kaloryczność potraw w pierwszych dniach wyjścia z postu zwiększaj stopniowo, dodając do posiłków tłuszcz kokosowy, który dzięki swoim wyjątkowym właściwościom nie obciąża układu pokarmowego. Tłuszcze pochodzące z oleju kokosowego zostają wykorzystane bezpośrednio jako energia, a ich nadmiar jest wydalany, dzięki czemu nie odkładają się w postaci tkanki tłuszczowej. Doświadczenie pokazuje, że im więcej dodamy tłuszczu kokosowego do posiłków, tym łatwiej jest nam utrzymać plan diety i redukować wagę. Dla zachowania równowagi kwasów tłuszczowych stosuj również oliwę z oliwek, awokado bogate w jednonienasycone kwasy tłuszczowe, olej z wiesiołka lub ogórecznika zawierający dużą ilość kwasów omega-6, a także olej lniany i naturalny, sprawdzony tran czy olej z fermentowanej wątroby dorsza lub inny preparat bogaty w omega-3. Trzeba przy tym pamiętać, że wiele składników odżywczych przyswaja się dopiero wtedy, gdy są spożywane ze zdrowymi tłuszczami, oraz że tłuszcz w czystej postaci w najmniejszym stopniu wpływa na wydzielanie insuliny.

Wyjściowy chlebek

Składniki na foremkę 24 × 12 cm

- 100 g mąki kokosowej
- 30 g mąki z orzechów laskowych lub migdałowej
- 140 g ziaren słonecznika i pestek dyni
- 60 g orzechów laskowych
- 50 g ziaren babki płesznik
- 50 g mielonej babki płesznik
- 40 g siemienia lnianego
- 4 jaja
- 1 łyżeczka soli
- 3 łyżeczki oleju kokosowego
- przyprawy do smaku: zioła prowansalskie, bazylia, kmin rzymski

Nasiona, orzechy i sól wymieszaj ze sobą i zalej wodą. Odstaw na 8–12 godzin.
Na patelni rozpuść olej kokosowy i ostudź. Jajka ubij mikserem na pianę.
Do odcedzonych nasion i orzechów dodaj mąkę kokosową, migdałową i mielone ziarna babki płesznik, olej kokosowy i przyprawy. Całość dokładnie wymieszaj.
Dodaj ubite jajka i ponownie delikatnie wymieszaj.
Keksówkę (12 × 24 cm) wyłóż pergaminem, przełóż do niej powstałą masę i dokładnie ją ugnieć.
Zostaw na minimum 30 minut, aby składniki dokładnie się połączyły.
Następnie włóż keksówkę do piekarnika rozgrzanego do 160 stopni. Piecz 20 minut. Następnie odwróć formę dnem do góry i przerzuć podpieczony chlebek na blachę z pergaminem. Piecz kolejne 20 minut.

Kolejnym nowym produktem, zaraz po zdrowych tłuszczach, który powinien się pojawić w diecie, o ile nie ma na niego nietolerancji, jest jajko kurze, przepiórcze, ale również kacze czy gęsie. Ważne, aby jajka były ekologiczne lub pochodziły od kur z wolnego wybiegu. Jajko jest cudowną multiwitaminą, zawiera wszystkie witaminy i minerały oprócz witaminy C. W żółtku przeważają tłuszcze jednonienasycone, te same co w oliwie z oliwek, dodatkowo mogą być również źródłem prozdrowotnych

PRZYKŁADOWY JADŁOSPIS

faza pierwsza	1000 kcal	1400 kcal	1800 kcal
ŚNIADANIE	warzywa + 1 łyżka oliwy z oliwek + ½ awokado	warzywa + 2 łyżki oliwy z oliwek + ½ awokado	warzywa + 2 łyżki oliwy z oliwek + 150 ml domowego jogurtu kokosowego
OBIAD	zupa lub leczo z warzyw na oleju kokosowym (2 łyżki) z dodatkiem wodorostów + 100 ml wywaru z kości + 1 jajko gotowane	zupa lub leczo z warzyw na oleju kokosowym (3 łyżki) z dodatkiem wodorostów + 1 jajko gotowane + 150 ml wywaru z kości	zupa lub leczo z warzyw na oleju kokosowym (3 łyżki) z dodatkiem wodorostów + 2 jajka gotowane + 250 ml wywaru z kości
KOLACJA	surówka warzywna + 1 łyżka oleju lnianego	surówka warzywna + 1 łyżka oleju lnianego	surówka warzywna + 1 łyżka oleju lnianego + awokado

kwasów omega-3. Zależy to od karmy, jaką podawano ptactwu. Ze względu na doskonałe wartości jaj nie powinniśmy ograniczać ich spożycia, ale wraz ze wzrostem kaloryczności zwiększać ich liczbę w diecie, oczywiście zwracając przy tym uwagę na prawidłową obróbkę. Badania pokazały, że jajka wykazują najmniejszy efekt insulinowy spośród innych źródeł białek zwierzęcych (następnie było mięso z indyka i ryb; największy wyrzut odnotowano po spożyciu białka serwatkowego).

Nowością w pierwszej fazie protokołu wyjścia są również nasiona i orzechy. Możemy je zaliczyć do produktów o wysokiej gęstości odżywczej. Zawierają dużo ważnych witamin – witaminy z grupy B, kwas foliowy, biotynę, witaminę E – oraz minerałów, w tym wapń, fosfor, żelazo, bor, cynk, kobalt, magnez, miedź, mangan, siarkę, a nawet jod.

Trzeba jednak pamiętać, że orzechy są zasobne zarówno w tłuszcze jednonienasycone, jak i wielonienasycone, głównie omega-6, których nadmiar może mieć działanie prozapalne. Dlatego należy zadbać o jakość produktów i spożywać je w umiarkowanej ilości, nieprzekraczającej 20–30 g dziennie. Dodatkowo orzechy stanowią źródło węglowodanów i białka: zawierają ok. 10–15% węglowodanów i aż 15–25% białka. Zbyt wysokie spożycie węglowodanów i białka może zaś zaburzyć proces odchudzania. Orzechy i nasiona są więc smaczną przekąską w ciągu dnia, ale nie powinniśmy spożywać ich bez ograniczeń.

Obecny w orzechach kwas fitynowy wiąże wiele minerałów, czyniąc je niedostępnymi, dlatego aby lepiej wykorzystać wartości odżywcze produktów, należy je namoczyć na 6–12 godzin przed spożyciem. Można również przygotować z nich domowe masło orzechowe, które następnie należy przechowywać w szklanym słoiku w lodówce, oraz domowe mleko z migdałów, nerkowców, orzechów włoskich lub laskowych. Orzechy powinny być świeże i mieć przyjemny zapach oraz pochodzić z pewnego źródła, tak aby nie były zanieczyszczone aflatoksynami (są to niebezpieczne metabolity grzybów i pleśni). W miarę możliwości należy je kupować w łupinach i łuskać tuż przed spożyciem. Nie powinny być przetworzone, puszkowane, prażone ani solone.

Zawarte w orzechach PUFA (wielonienasycone kwasy tłuszczowe) łatwo się utleniają i dlatego mogą być dla nas toksyczne. Z tych samych względów (niska stabilność termiczna) nie powinniśmy nadmiernie wykorzystywać mąk z orzechów do gotowania czy pieczenia. Najbardziej stabilne termicznie są orzechy laskowe, migdały, a zaraz po nich orzechy makadamii ze względu na dość dużą zawartość jednonienasyconych kwasów tłuszczowych (omega-9). W naszej kuchni natomiast może królować mąka kokosowa, która zawiera nasycone kwasy tłuszczowe, bardzo dobrze tolerujące wysoką temperaturę, dzięki czemu świetnie nadaje się ona do ciast i wypieków. Należy też pamiętać, że popularne orzechy ziemne tak naprawdę nie są orzechami, ale nasionami roślin strączkowych, i mogą mieć działanie pleśniotwórcze.

Nasiona są bardzo bogatym źródłem wartości odżywczych. Tymi, które powinniśmy przede wszystkim włączyć do diety, są siemię lniane, nasiona chia, nasiona babki płesznik, a także nasiona słonecznika, pestki dyni, ziarna sezamu. Są świetnym źródłem witamin E, A, witamin z grupy B, minerałów takich jak magnez, wapń, cynk, potas, a także błonnika oraz niezbędnych nienasyconych kwasów tłuszczowych. Dla lepszej przyswajalności warto je namoczyć kilka godzin przed spożyciem, co aktywuje cenne enzymy i sprawia, że nasiona są bardziej strawne i biodostępne. Jeżeli zdecydujemy się jeść je na surowo, to najlepiej je zmielić, ale trzeba to zrobić tuż przed spożyciem, aby zapobiec utlenieniu kwasów omega-3 i omega-6, które pod wpływem światła i temperatury przekształcają się w bardzo niekorzystne dla zdrowia związki. Nasiona, podobnie jak orzechy, mają niską stabilność termiczną, dlatego nie powinniśmy ich nadmiernie prażyć ani używać do pieczenia w postaci zmielonej. Przygotowywanie wypieków na pewno ułatwi nieco zapomniana babka płesznik, zwana również *psyllium*. Jest to roślina bardzo bogata w błonnik i ceniona za zawartość substancji śluzowych, które z łatwością spajają każdy wypiek. Babka płesznik to źródło przede wszystkim błonnika, co czyni ją jeszcze bardziej korzystną dla zdrowia. Możemy stosować zarówno nasiona całe, jak i zmielone – świetnie sprawdzają się jako subsytut mąki.

Jajka należy spożywać ugotowane na miękko, tak aby żółtko nie było ścięte. Są wtedy bogate w cholinę oraz antyoksydanty, takie jak lecytyna oraz zeaksantyna, które chronią przed miażdżycą, wspierają pracę wątroby i wspomagają metabolizm. Zawierają też korzystne kwasy omega-3 – im lepsza jakość jajka, tym wyższe ich stężenie – oraz cholesterol, który w nieprzetworzonej postaci jest dobroczynnym antyoksydantem. Smażenie jajek w wysokiej temperaturze może powodować utlenianie lipidów, przez co produkty nie będą korzystne dla zdrowia. Nie polecam również gotowania jajek na twardo, bo wtedy tracą większość swoich korzystnych właściwości i stają się ciężkostrwane. Tym bardziej nie wolno ich przegotowywać. Sina otoczka, która pojawia się przy zbyt długim gotowaniu, sygnalizuje, że jajko straciło swoje wartości i nie jest najlepszym wyborem żywieniowym, bo np. wytworzyły się siarczki żelaza, które mogą powodować wzdęcia.

Bardzo zdrowym składnikiem diety w pierwszej fazie wyjścia jest domowy jogurt kokosowy lub migdałowy, robiony własnoręcznie, z dodatkiem żywych kultur bakterii. Ponadto polecam spożywanie alg morskich, wakame, kelp, morszczynu jako dobrego źródła kwasów omega-3 i jodu (ważne dla osób z niedoborem tego pierwiastka) oraz alg słodkowodnych, takich jak spirulina i chlorella. Zawierają one pełnowartościowe białko, są bogate w chlorofil, który poprawia funkcjonowanie całego organizmu, i mają zdolność usuwania metali ciężkich, co wspomaga odtruwanie.

W początkowych dniach pierwszej fazy wyjścia z postu na stole powinien się pojawić długo gotujący się rosół, nazywany również zupą mocy albo magicznym rosołem. Bulion powinien być przyrządzony na grubych kościach ze szpikiem ze zwierząt pochodzących z ekologicznej hodowli lub na bazie ryb, a należy go gotować nawet do 72 godzin na małym ogniu. Jest on bardzo dobrym źródłem aminokwasów i składników mineralnych, takich jak sód, magnez czy potas, które są niezbędne w procesie regeneracji i utrzymania homeostazy elektrolitów. Dodatkowo zawiera kolagen i glutaminę, które pozytywnie wpływają na uszczelnianie jelit, dzięki czemu nasze trawienie i wchłanianie znacznie się poprawia. Obecność innych aminokwasów, takich jak glicyna, prolina, arginina o działaniu przeciwzapalnym, przyczynia się do wspierania systemu odpornościowego, łagodzenia bóli stawowych i zwyrodnień, zmniejszenia stanów zapalnych oraz przyspieszenia metabolizmu.

ZUPA MOCY

Kości wołowe, drobiowe, wieprzowe, rybie, podroby lub ich mieszanka, pochodzące z dobrego, sprawdzonego źródła ekologicznego.

- Gotujemy 48–72 godziny na małym ogniu, co jakiś czas dolewając wodę.
- Bez dodatku wody powstanie galareta lub gęsty sos.
- Pod koniec gotowania dodajemy włoszczyznę.
- Dodatek octu jabłkowego zwiększa przyswajalność minerałów.
- Bulion można pić do posiłków, wykorzystywać jako bazę do zup i sosów lub przyrządzać jako galaretę przy użyciu agaru.

FAZA DRUGA

Dieta normokaloryczna
Ilość przyswajalnych węglowodanów netto: 30–50 g dziennie

LICZBA POSIŁKÓW

3–4 posiłki w ciągu 8–12 godzin

Dodatkowo wprowadzane produkty

1. Ekologiczne masło klarowane.
2. Ryby dziko żyjące lub ryby hodowlane z certyfikatem.
3. Ekologiczne podroby.
4. Rośliny strączkowe o niskiej zawartości węglowodanów netto jako dodatek do diety.

Najważniejszym celem drugiej fazy jest dalsze rozszerzanie diety o jak najbardziej wartościowe produkty, które są niezbędne dla prawidłowej pracy organizmu, a jednocześnie mają niską zawartość węglowodanów. Wynikające z błędnego odżywiania niedobory, które powstawały przez wieloletnie zaniedbania, nie uzupełnią się niestety od razu. W drugiej fazie wyjścia wprowadzamy nowe produkty, lecz podstawą żywienia nadal są te, które znamy z pierwszej fazy. Stopniowe urozmaicanie diety pozwoli usprawnić proces trawienia i zapewni lepszą przyswajalność składników. W kategorii tłuszczów nowością jest tłuszcz mleczny, oczywiście wysokiej jakości. Powinien on pochodzić od krów karmionych trawą, co gwarantuje lepszy, bardziej korzystny dla człowieka skład kwasów. Taki tłuszcz jest m.in. doskonałym

PIRAMIDA ŻYWIENIOWA W DRUGIEJ FAZIE WYJŚCIA

źródłem kwasów CLA o działaniu przeciwnowotworowym i korzystnym wpływie na poprawę składu ciała. Pomagają one wyprowadzić tłuszcz z komórki, co ułatwia jego spalanie.

Kolejnymi nowo wprowadzanymi produktami są ryby i owoce morza, mięczaki, skorupiaki. Stanowią one bardzo dobre źródło kwasów tłuszczowych omega-3 i mikroskładników takich jak: jod, żelazo, cynk, selen, miedź. Niestety, stopień zanieczyszczenia takich produktów jest obecnie duży, a prowadzone badania nie dają nam całkowicie jasnego stanowiska co do zaleceń ich spożycia, dlatego należy wybierać te, których źródła jesteśmy pewni lub których jakość została potwierdzona stosownym certyfikatem. Certyfikat Zrównoważonego Rybołówstwa MSC (Marine Stewardship Council) w przypadku ryb dziko żyjących oraz certyfikat ASC (Aquaculture Stewardship Council, Certyfikat Odpowiedzialnej Hodowli) w przypadku ryb hodowlanych gwarantują, że kupowana przez nas ryba została złowiona lub wyhodowana w sposób przyjazny dla środowiska. Dodatkowo na stronie Światowego Funduszu na rzecz Dzikiej Przyrody znajdziemy szczegółowy poradnik, jakie gatunki wybierać. Najczęściej wymienianym zastrzeżeniem jest obecność rtęci w rybach. Aby sprawnie ją eliminować z organizmu, powinniśmy zadbać o obecność w diecie odpowiednich ilości błonnika, który jest naturalnym chelatem, co oznacza, że wiąże metale ciężkie. Dodatkowo do jadłospisu warto wprowadzić produkty bogate w selen, glutation, witaminę B6, kwas foliowy, witaminę E, magnez, cynk oraz miedź.

Ciekawym elementem wprowadzanym do diety są ekologiczne podroby od zwierząt karmionych trawą. Przez lata zapomniane, obecnie odkrywane są na nowo. Wyroby takie jak wątroba, serce czy nerki zawierają dużo korzystnych związków, m.in. żelazo o wysokiej przyswajalności czy koenzym Q10. Co więcej, związki pochodzące z podrobów charakteryzują się wysoką wchłanialnością ze względu na brak w tych produktach substancji antyodżywczych, takich jak kwas fitynowy. Podroby dzięki swojej wysokiej wartości odżywczej pomagają w szybki sposób uzupełnić niedobory, a jadłospisy, w których występują, bardzo dobrze odpowiadają zalecanym przez specjalistów normom żywieniowym. Dodatkowo produkty te są stosunkowo tanie, nawet gdy pochodzą z ekologicznych źródeł, a więc nie obciążą znacznie naszego budżetu. Aby podroby zachowały swoją wartość, nie należy ich przesmażać, lecz poddawać lekkiej obróbce termicznej.

Z doświadczenia wiem, że podroby, a zwłaszcza wątróbka, są najlepszymi naturalnymi środkami do walki z anemią. Niestety wątroba jest często oskarżana

PRZYKŁADOWY JADŁOSPIS

faza druga	1800 kcal
ŚNIADANIE	warzywa + jajko + 2 łyżki oliwy z oliwek + nasiona
OBIAD	warzywa gotowane + 100 g podrobów + 2 łyżki oleju kokosowego + łyżka masła klarowanego
KOLACJA	warzywa + kromka chleba + masło klarowane + pasta rybna z awokado: 50 g ryby gotowanej + ½ awokado

o zawartość szkodliwych substancji. Należy jednak pamiętać, że funkcją wątroby nie jest przechowywanie, ale filtrowanie i wydalanie toksyn z organizmu, czyli tzw. detoksykacja. Głównym zaś magazynem toksyn, tak u człowieka, jak i u zwierząt, jest tkanka tłuszczowa (z tego powodu często możemy narzekać na złe samopoczucie, gdy redukujemy tkankę tłuszczową i się oczyszczamy). Dlatego właśnie, po pierwsze, nie bój się potraw z wątroby, po drugie, wybierając wszelkie produkty zwierzęce, kieruj się ich jakością i źródłem pochodzenia, a najlepiej postaw na ekologiczne – da ci to gwarancję jakości tłuszczu.

Przy tym wszystkim pamiętaj jednak, aby nie przesadzić z wyrobami mięsnymi. Jak już pisałam wcześniej, jedną z przyczyn chorób jest zbyt duże spożycie białka, prowadzące do przebiałkowania organizmu, w którym na skutek zakwaszenia i różnych zaburzeń pojawiają się stany zapalne. Zadbaj, by ilość białka w twojej diecie nie przekraczała 0,8–1 g na kilogram beztłuszczowej masy ciała.

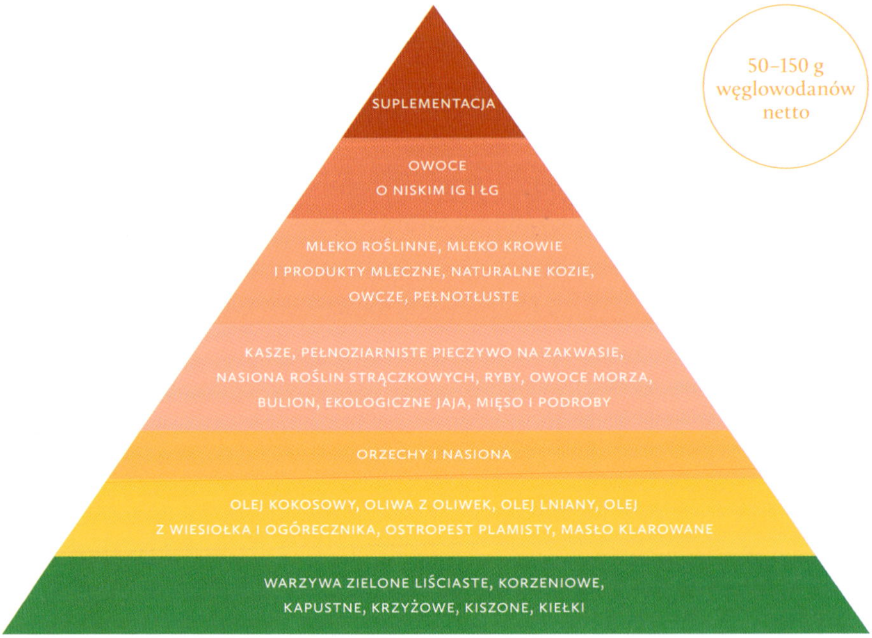

PIRAMIDA ŻYWIENIOWA W TRZECIEJ FAZIE WYJŚCIA

FAZA TRZECIA

Dieta normokaloryczna
Ilość przyswajalnych węglowodanów netto: 50–100–150 g i więcej

LICZBA POSIŁKÓW

3–4 posiłki w ciągu 8–12 godzin

Dodatkowe nowo wprowadzane produkty

1. Ekologiczne mięso od zwierząt karmionych trawą: dziczyzna, królik, jagnięcina, przepiórka, gęś, kaczka, indyk, kurczak, wołowina, wieprzowina.
2. Nasiona roślin strączkowych.
3. Kasze naturalnie bezglutenowe i ziarna naturalnie bezglutenowe: kasza gryczana, komosa ryżowa, kasza jaglana, amarantus, biały i brązowy ryż.
4. Ekologiczne produkty mleczne.
5. Owoce o niskim indeksie glikemicznym: borówki, kiwi, maliny, jeżyny, granat, ananas, melon, jabłko.

Dzienna podaż węglowodanów netto zwiększa się teraz stopniowo do 100–150 g i więcej. Zwiększenie ilości węglowodanów prowadzi do stopniowego wyjścia z ketozy odżywczej, choć oczywiście tempo tych zmian jest indywidualne i zależy od indywidualnych zdolności adaptacyjnych oraz od tego, na ile udało ci się uregulować gospodarkę hormonalną, poprawić kondycję jelit, wyeliminować stany zapalne, usprawnić pracę mitochondriów, oraz od tego, ile jeszcze masz „do zrobienia" i poprawy w swoim ciele, czy był to twój pierwszy post i pierwsza zmiana nawyków oraz jak duże masz problemy zdrowotne. Jednak bez wątpienia post i ketoza odżywcza w bardzo dużym stopniu usprawniają metabolizm, który teraz będzie znacznie bardziej elastyczny. Oznacza to, że będzie wykorzystywał zarówno węglowodany, jak i tłuszcze do produkcji energii. Aby wszystko szło sprawnie i aby nie zakłócić metabolizmu na nowo, ważne jest, aby podczas komponowania posiłków stosować się do wszystkich wskazanych zaleceń dotyczących jakości produktów, ich pochodzenia, strawności i biodostępności. Utrzymanie diety niskowęglowodanowej naprzemiennie z dietą ketogeniczną pomoże ci utrzymać rezultaty. Ważne jest jednak również, aby w twoim stylu życia na stałe zagościł nawyk stosowania 1–2-dniowych postów przypominających czy okien żywieniowych. W ten sposób utrzymasz wysoki metabolizm, zapewnisz sobie lepszą detoksykację i obniżysz poziom insuliny.

Wprowadzane dodatkowe produkty

Kolejną wprowadzaną grupą produktów jest ekologiczne mięso. Powinno ono być spożywane raz dziennie, w ograniczonej ilości, dopasowanej do indywidualnych potrzeb. Przy wyborze produktu priorytetowymi kryteriami powinny być dla nas: jego pochodzenie, sposób hodowli zwierząt, przechowywanie i obróbka. Prawidłowo hodowane zwierzęta to takie, które są karmione naturalną żywnością: trawą, zbożem, w tym owsem niemodyfikowanym genetycznie. Daje to całkowicie inną jakość mięsa niż w przypadku zwierząt karmionych żywnością przetworzoną. Te ostatnie, w celu stymulowania tycia, dostają pokarm zawierający modyfikowaną genetycznie soję czy kukurydzę. Taka pasza sprawia, że zwierzęta zaczynają chorować, a więc otrzymują leki i antybiotyki. Pochodzące z nich toksyny przedostają się do mięsa i tkanki tłuszczowej, a my je spożywamy. Z tego powodu chorujemy, mamy słaby układ pokarmowy i uodporniamy się na antybiotyki. Mięso z nieekologicznych hodowli jest też źródłem kwasu arachidonowego, którego nadmiar razem ze zbyt dużym spożyciem kwasów omega-6, nieproporcjonalnie wysokim w stosunku do zawartości kwasów omega-3, przyczynia się do wzrostu szkodliwych leukotrienów wywołujących stany zapalne. Takie mięso może również zawierać sztuczne hormony, które bardzo negatywnie wpływają na ludzką gospodarkę hormonalną, powodując jej zaburzenia, a tym samym prowadząc do problemów z wagą. Duże spożycie chudego białka zwierzęcego przyczynia się do wzrostu czynnika IGF-1 (insulinopodobny czynnik wzrostu), którego podwyższony poziom ma wpływ na rozwój chorób nowotworowych.

O jakości produktów mięsnych i ryb w dużej mierze decyduje właśnie sposób hodowli zwierząt: stosowana żywność, pasza, leki, sterydy i antybiotyki. Jeżeli nie masz pewności co do pochodzenia jakiegokolwiek wyrobu, lepiej nie decyduj się na jego spożycie. Ewentualnie, aby uniknąć zanieczyszczonej toksynami tkanki tłuszczowej, możesz przygotować potrawę z chudego mięsa, a zdrowy tłuszcz z zaufanego źródła dodać osobno do posiłku. Odpowiednie do tego celu będą naturalne, ekologiczne tłuszcze zwierzęce, których jakość jest potwierdzona certyfikatem, np.: masło klarowane, tłuszcz gęsi, smalec. Dodajemy je pod koniec przygotowywania potrawy. Takie danie dostarczy organizmowi wszystkiego, czego potrzebuje.

Decydując się na spożycie mięsa, wybieraj więc to, które pochodzi od zwierząt naturalnie karmionych trawą. Okazuje się, że może ono być równie dobrym źródłem kwasów omega-3 jak łosoś. W mięsie owcy, barana, kozy, królika czy krowy wypasanej na zielonych trawach znajdują się też korzystne kwasy CLA. Zdobycie wartościowych produktów obecnie nie powinno być problemem. W internecie czy na lokalnych targach znajdujemy coraz więcej ofert sprzedaży mięsa z ekologicznych hodowli z certyfikatem. Można kupić większe ilości i podzielić się z rodziną czy sąsiadem, zrobić własne pieczenie, szynki, wykorzystać podroby. Pamiętaj, że to my, jako konsumenci, decydujemy o tym, co znajduje się na sklepowych półkach. Wybierając zdrową, nieprzetworzoną, ekologiczną żywność, przyczyniamy się do zmiany polityki produkcji wyrobów spożywczych na zdrowsze i bardziej wartościowe. Wzrasta w ten sposób ich konkurencyjność, a co za tym idzie, stopniowo zmniejszają się też ich ceny. Jeżeli jednak masz dostęp tylko do mięsa hodowlanego i przetworzonego, to jego ilość w diecie ogranicz do minimum.

Domowy jogurt kokosowy to smaczny, tani i zdrowy sposób na poprawę flory jelitowej i zrzucenie kilogramów.
Przygotujesz go w 5 minut:

1. Podgrzej mleko kokosowe (1,5–2 l) do 40, maksymalnie 45°C.
2. Dodaj bakterie jogurtowe (koszt 6–9 zł). Całość mieszaj aż do całkowitego rozpuszczenia.
3. Naczynie zakryj szczelną nakrętką i odstaw w ciepłe miejsce na 8–12 godzin (co najmniej!). Mleko się zetnie i powstanie bardzo smaczny i zdrowy domowy jogurt kokosowy.

Osoby, które cierpią na zaburzenia trawienia, powinny ze szczególną uwagą przygotować się do ponownego włączenia mięsa do diety. Oprócz stosowania się do podanych wskazówek, trzeba zadbać o prawidłowe pH żołądka oraz wydzielanie soków trawiennych i enzymów, ponieważ mięso do właściwego trawienia potrzebuje kwaśnego środowiska.

Mimo rozszerzenia spektrum potraw o mięso, do diety nie należy wprowadzać żadnych gotowych produktów, takich jak szynki, kiełbasy wędzone, mięso w puszkach czy peklowane, parówki, kabanosy albo gotowe marynowane kawałki mięsa na plastikowych tackach, które są źródłem bisfenoli. Wszystkie one zawierają bardzo dużo dodatków chemicznych, polepszaczy, konserwantów i sztucznych barwników, które zaburzają pracę organizmu i przyczyniają się do jego dysfunkcji, a pod wpływem obróbki termicznej zamieniają się w ekstremalnie szkodliwe związki, w tym substancje smoliste WWA (wielopierścieniowe węglowodory aromatyczne) i HCA (heterocykliczne aminy). Światowa Organizacja Zdrowia ostrzega przed ich rakotwórczym działaniem.

Oczywiście znaczenie dla zdrowia ma też sposób przygotowania mięsa, które nie powinno być smażone i poddawane wysokiej temperaturze. Podczas obróbki termicznej tworzy się bowiem bardzo dużo tych niekorzystnych związków, dochodzi też do utlenienia zdrowych kwasów tłuszczowych i cholesterolu, które w takiej postaci mają działanie prozapalne, a nawet rakotwórcze. Negatywne skutki są tym większe, im gorszej jakości mięso kupujesz. Dodatkowo surowe mięso zawiera w sobie bardzo dużo enzymów, które ułatwiają jego trawienie, co oznacza, że z natury jest ono lekkostrawne. Obciąży jednak układ pokarmowy, jeżeli przyrządzisz je nieodpowiednio, czyli usmażysz na wiór. Zamiast tego grilluj je tak, aby pozostało półkrwiste, albo gotuj na parze. Aby zapewnić sobie najlepszą strawność i biodostępność, najlepiej spożywać mięso z dodatkiem warzyw. Warto je też marynować, np. z dodatkiem octu jabłkowego, cytryny czy marynaty z papai. Mięso, które nie jest dobrze strawione, gnije w jelitach, a to prowadzi do namnażania się bakterii proteolitycznych, które mogą działać pronowotworowo. Warto również wrócić do tradycyjnych metod przygotowywania mięsa, czyli np. suszenia, dzięki czemu otrzymamy szynkę dojrzewającą, do której przygotowania potrzebujemy tylko prostych naturalnych składników, głównie soli i przypraw.

Spośród roślin strączkowych należy unikać przetworzonej i modyfikowanej genetycznie soi. Może to sprawiać problem, bo duży odsetek soi jest modyfikowany genetycznie, dlatego dla bezpieczeństwa lepiej kupować nasiona oznaczone certyfikatem. Modyfikowana soja może zaburzać pracę układu hormonalnego, ma też negatywny wpływ na tarczycę. Roślina taka zawiera również dużo kwasu fitynowego ograniczającego wchłanianie składników odżywczych. O wiele korzystniejsze dla zdrowia są naturalne, niemodyfikowane genetycznie produkty z soi, również sfermentowanej, takie jak miso i tempeh. Stanowią one dobre źródło białka, witamin i minerałów oraz lecytyny, która wzmacnia układ nerwowy, zapobiega odkładaniu się cholesterolu w ścianach naczyń, wspomaga leczenie schorzeń dróg oddechowych i skraca czas rekonwalescencji.

Kasze pełnoziarniste wprowadzane na tym etapie są głównie źródłem węglowodanów. Najbardziej korzystne dla zdrowia będą te, które naturalnie nie zawierają glutenu. Powinniśmy więc decydować się na kaszę gryczaną, która ma korzystny wpływ na układ krwionośny, oraz komosę ryżową i amarantus o pełnowartościowym składzie aminokwasów. Amarantus jest ponadto bardzo dobrym źródłem wapnia. Odpowiednie są również kasza jaglana i owsiana oraz ryż. Kasze są bardzo dobrym źródłem witamin z grupy B, minerałów i błonnika. Pełnoziarniste kasze zawierają skrobię i błonnik, co oznacza, że ulegają wolnemu rozkładowi w organizmie i wolno uwalniają glukozę, a więc nie powodują skoków insuliny. Bez wątpienia należy wybierać kasze niepalone, które przed przygotowaniem warto namoczyć, ze względu na zawartość kwasu fitynowego, który ogranicza wchłanianie witamin i minerałów (więcej o tym przeczytasz na s. 56). Kasze należy spożywać razem z warzywami, nie powinno się natomiast łączyć ich z białkiem zwierzęcym, bo to zaburza jego trawienie. Spośród płatków najkorzystniej wypadają płatki gryczane, owsiane oraz jaglane, które również nie zawierają glutenu.

Stopniowo do domowych wypieków możemy dodawać mąki, zwracając uwagę na zawartość węglowodanów i błonnika. Warte uwagi są mąki naturalnie bezglutenowe, które również nadają się do pieczenia, takie jak: mąka kasztanowa, gryczana, jaglana, ryżowa, amarantusowa, z żołędzi jadalnych (bogata w błonnik!), z plantanów, z komosy ryżowej.

Spośród nasion roślin strączkowych najbardziej polecane są kiełki i nasiona soi, fasolka szparagowa, bób, zielony groszek. Zawierają one dużo wody, niewiele węglowodanów i bardzo dużo błonnika, co sprawia, że wartość węglowodanów netto nie jest aż tak duża, jak mogłoby się wydawać. Dlatego to od nich powinniśmy rozpocząć, wprowadzając do diety nasiona roślin strączkowych. W dalszej kolejności na talerzu pojawiają się ekologiczne: łubin, fasola czerwona, groch, ciecierzyca, fasola biała i soczewica. Należy je wprowadzać stopniowo ze względu na dużą zawartość skrobi. Są one przede wszystkim źródłem węglowodanów, ale też białka, dlatego ich spożycie powinno być uzależnione od aktywności fizycznej. Strączki są bardzo dobrym źródłem witamin z grupy B, antyoksydantów oraz minerałów takich jak wapń, żelazo, magnez, potas, fosfor. Te produkty są również bogate w dobroczynny błonnik. Trzeba jednak pamiętać, że jednocześnie zawierają substancje antyodżywcze oraz lektyny. Te ostatnie nie są polecane w chorobach autoimmunologicznych, mogą również przyklejać się do tkanek i przyczynić się do rozszczelnienia jelit. Strączki mogą też przyczyniać się do nietolerancji pokarmowych typu FODMAP. Aby były lepiej przyswajalne, przed ugotowaniem należy je namoczyć i kiełkować.

W trzeciej fazie protokołu wyjścia możemy też sięgnąć po mleko i produkty mleczne. Najlepiej jest spożywać pełnotłusty nabiał z ekologicznych źródeł, w ograniczonej ilości. Badania pokazują, że pełnotłuste produkty mleczne, wbrew powszechnym opiniom, sprzyjają redukcji wagi, czego nie można powiedzieć o ich chudych odpowiednikach – produktach light, które często są dosładzane lub zawierają substancje dodatkowe. Tłuszcz jest nośnikiem smaku i daje uczucie sytości, po jego usunięciu jedzenie nie smakuje już tak dobrze, dlatego wprowadza się do niego dodatkowo cukier, syrop glukozowo-fruktozowy lub sztuczne słodziki. Nie wybierajmy także wyrobów pasteryzowanych, z długą datą przydatności do spożycia, które w wyniku poddania działaniu wysokiej temperatury lub promieniowania są pozbawione wartości odżywczej, a nadal zawarte w nich związki zmieniają strukturę, co powoduje, że nasz organizm nie może ich wykorzystać. Koniecznie trzeba się wystrzegać smakowych produktów mlecznych, które zawierają bardzo dużo cukru i właściwie powinny być traktowane jak słodycze. Oczywiście nie chodzi o całkowite eliminowanie produktów mlecznych z naszej diety, bo na pewno duża część z nas sobie tego nie wyobraża, lecz o świadomy ich wybór i umiarkowaną konsumpcję. Najważniejsze to wybierać produkty naturalne, bez dodatków, czytać etykiety, nie spożywać twarożków wiejskich ze szczypiorkiem i dodatkiem syropu glukozowo-fruktowego, nie wybierać jogurtów z dodatkiem mleka w proszku czy odchudzonych produktów light z dodatkiem słodzików. Do tych produktów często dodawany jest koncentrat białka serwatkowego (WPC – *whey protein concentrate*), który choć jest białkiem pełnowartościowym, to jest również skorelowany z sekrecją insuliny. Produkcja serów natomiast polega na jej prawie całkowitym usunięciu, dlatego ich dodatek do diety nie powinien być problemem, jeżeli oczywiście dobrze tolerujemy kazeinę (drugie białko mleczne, które również może być przyczyną alergii i nietolerancji pokarmowych).

Często spotykamy się z informacją, że mleko jest dobrym źródłem białka. Gdy przeanalizujemy skład mleka, okaże się, że na 100 g mleka znajduje się w nim ok. 3,2 g białka. Analizując dalej, przekonamy się, że zawartość węglowodanów jest na poziomie 4,7 g, co wskazuje, że mleko jest równie dobrym, a nawet lepszym źródłem cukru niż białka. Wiemy już, że insulina odgrywa ogromną rolę w metabolizmie i zdolności do spalania tłuszczu, dlatego musimy wziąć pod uwagę fakt, że produkty mleczne wykazały zaskakująco duże powinowactwo do sekrecji tego hormonu, nawet gdy były pozbawione laktozy, czyli cukru. Dodatkowo trzeba zaznaczyć, że jesteśmy jedynym gatunkiem, który pije mleko innych ssaków. Nie jest to zbyt dobra wiadomość. Mleko zwierzęce naturalnie zawiera w sobie czynniki wzrostu, a także stymulatory insuliny, których celem jest pobudzenie wzrostu zwierzęcia. Te czynniki u człowieka mogą negatywnie wpływać na proces redukcji wagi, zwłaszcza u osób z zaburzeniami metabolicznymi i hormonalnymi. Ponadto obecnie krowa daje rocznie około 25 tysięcy litrów mleka więcej niż kiedyś, ponieważ jest stymulowana hormonami wzrostu. To oczywiście zaburza gospodarkę hormonalną i może mieć wpływ także na konsumentów, czyli nas. Nabiał potrafi również niekorzystnie oddziaływać na jelita z powodu dość powszechnej nietolerancji laktozy lub coraz częściej diagnozowanej alergii na kazeinę (biało mleka). Miewa również negatywny wpływ na skórę, dając objawy atopowego zapalenia skóry, czy układ oddechowy, powodując nadmierną produkcję śluzu, częste infekcje, katar, zapalenie zatok. Badania pokazują nawet, że mleko i produkty mleczne ze względu na wysoką zawartość białka oraz naturalnych czynników wzrostu mogą przyczyniać się do zwiększenia poziomu insulinopodobnego czynnika wzrostu IGF1, który jest łączony z rozwojem chorób nowotworowych.

Najbardziej korzystne dla zdrowia w mojej ocenie jest więc spożywanie mleka kokosowego lub mleka z orzechów (najlepiej makadamii, laskowych lub migdałów), ewentualnie sięganie po mleko pochodzące od krów karmionych trawą oraz mleko kozie i owcze, które są mniej alergizujące. Jeżeli nie mamy nietolerancji, możemy jeść sprawdzone, dobrej jakości pełnotłuste sery twarogowe, żółte, parmezan czy nasze narodowe oscypki. Zachęcam też do robienia własnych jogurtów, kefirów i maślanek z użyciem kultur bakterii probiotycznych (zarówno na mleku zwierzęcym, jak i roślinnym), dzięki czemu będą one dużo bardziej zasobne w witaminy z grupy B i minerały. Przy konieczności ograniczenia spożycia mleka i produktów mlecznych nie powinniśmy martwić się o niedobór wapnia, gdyż prawidłowo zbilansowana dieta bogata w jarmuż, brokuły, nasiona i orzechy pokrywa nasze dzienne zapotrzebowanie. Dodatkowo dieta alkalizująca, bazująca na warzywach, nie prowadzi do utraty wapnia z kości. Co więcej, poprawa flory jelitowej i związana z nią produkcja witaminy K2 przyczynia się do poprawy gęstości kości. Obecnie badania wyraźnie wskazują, że więcej mleka wcale nie oznacza „lepiej".

W tej fazie wprowadzamy również owoce. Należy je spożywać na surowo, najlepiej ze skórką, lub w koktajlach razem z warzywami, mlekiem kokosowym, oliwą, nasionami czy awokado. Unikać trzeba natomiast wszelkich soków, syropów owocowych, dżemów i kompotów, które są bogate w cukry proste: glukozę i fruktozę. Kolejność wprowadzania poszczególnych owoców będą wyznaczać ich indeks glikemiczny i ładunek glikemiczny oraz zawartość błonnika. Najbardziej korzystne są jabłka, owoce jagodowe, maliny, cytrusy, a także ananas, który zawiera bromelinę, i papaja zawierająca papainę, a więc enzymy ułatwiające trawienie. Liczba spożywanych owoców powinna jednak być nadal ograniczana z powodu dużej zawartości węglowodanów. Z czasem, w miarę adaptacji organizmu do spożywanych węglowodanów, można nieco zwiększyć porcje, jednak przekroczenie pewnej ilości może skutkować zatrzymaniem redukcji wagi, dlatego trzeba mieć to na uwadze, gdy naszym celem jest redukcja wagi i uregulowana glikemia. Granica ta jest indywidualna i zależy od stopnia aktywności fizycznej.

U osób z nietolerancjami FODMAP wprowadzanie owoców należy zacząć od tych najlepiej tolerowanych przed przystąpieniem do diety i dokładnie obserwować reakcje organizmu. Najlepszym wyborem zawsze będą owoce sezonowe. Do diety warto wprowadzić również kefir wodny czy kombuczę. Ta jednak, podobnie jak zakwas buraczany, zawiera sporo węglowodanów, a w dodatku jest całkowicie pozbawiona błonnika, dlatego jej ilość nie powinna przekraczać 50–100 ml dziennie.

Ilość węglowodanów powyżej 150 g wprowadzamy, gdy udało nam się osiągnąć pożądaną redukcję wagi lub gdy nasz cel jest naprawdę blisko i rozpoczynamy stabilizację.

Jak już wiemy, wiele czynników wpływa na nasz metabolizm, dlatego nie istnieje jedna magiczna liczba węglowodanów, która będzie pasowała dla wszystkich, bo każdy z nas jest inny. Ważna jest nie tylko ilość wprowadzanych węglowodanów, ale i stopień ich przetworzenia oraz zawartość błonnika, a także spożycie pozostałych produktów, które również wpływają na wydzielanie insuliny, kondycję jelit, mitochondriów i stany zapalne. Dobrze przeprowadzony post wraz z protokołem wyjścia bez wątpienia poprawia metabolizm w taki sposób, że nawet mimo podaży węglowodanów powyżej 50 g na dzień możemy nadal korzystać z tłuszczu jako źródła energii dzięki świetnym zdolnościom adaptacyjnym naszego organizmu. Oczywiście zdolność ta zostanie utracona, gdy zrezygnujemy z zasad opisanych w tej książce i zatracimy uzyskaną równowagę, i nie chodzi tutaj tylko o ilości węglowodanów, bo nauka pokazuje, że są plemiona czy narody, których głównym źródłem energii są węglowodany, a i tak obce są im choroby cywilizacyjne i otyłość (jak ludy Pini, których dieta opiera się na batatach, czy Japończycy, którzy zajadają się na co dzień ryżem, a nawet Włosi, na co dzień spożywający makarony i wypieki z białej mąki). Zwróćmy jednak uwagę, że obok węglowodanów w ich diecie występuje również ocet winny, ocet jabłkowy oraz dobrej jakości tłuszcze roślinne

PRZYKŁADOWY JADŁOSPIS

faza trzecia	1800 kcal
ŚNIADANIE	warzywa + 2 łyżki oliwy z oliwek + jajecznica z szynką i cebulką na oleju kokosowym
PRZEKĄSKA	200 ml jogurtu domowego + 1 łyżka nasion + jabłko
OBIAD	warzywa + oliwa z oliwek + 100 g ryby + 2 łyżki oleju kokosowego
KOLACJA	warzywa z dodatkiem 150 g roślin strączkowych + 1 łyżka oliwy z oliwek

i zwierzęce (rybie). Ten fakt potwierdza tylko, że błędem jest stosowanie jednokierunkowych metod leczenia nie uwzględniających innych czynników.

Sekret tkwi w powtarzalności

Minimalizacja i ograniczenie spożycia węglowodanów nie ma trwać wiecznie, długość opisanego protokołu wyjścia powinna być ustalana indywidualnie i uzależniona jest od stopnia uszkodzenia mitochondriów, skali chorób przewlekłych, niedożywienia pacjenta. Jej celem jest zrestartowanie naszego metabolizmu, zredukowanie zbędnej tkanki tłuszczowej, zwłaszcza tłuszczu trzewnego, i odżywienie organizmu. Po osiągnięciu założonego celu do diety stopniowo wprowadza się zdrowe produkty o zwiększonej zawartości węglowodanów. Jeżeli wszystko przejdzie pomyślnie, nie wrócimy do martwej i przetworzonej żywności, to nie zaburzy to na nowo naszego metabolizmu, gdyż będzie on funkcjonował o wiele efektywniej, a my będziemy o wiele zdrowsi. Aby utrzymać zdrowie i dobry metabolizm, warto wykonywać jednodniowe posty lub cyklicznie powracać do redukcji ilość spożywanych węglowodanów i białek, zwiększając ilość zdrowych tłuszczów, czy też stosować technikę okien żywieniowych.

Zarówno stosowanie diety wysokowęglowodanowej czy wysokobiałkowej, jak i wysokotłuszczowej w dłuższej perspektywie nie będzie dla nas korzystne. Ważne jest przywrócenie równowagi metabolicznej, naprawienie szkód i utrzymanie zdrowia, a do tego wszystkiego bez wątpienia potrzebne jest holistyczne podejście uwzględniające wszystkie filary zdrowia.

Pewne jest również to, że człowiek nie jest stworzony do trwania w stałym reżimie dietetycznym, czy to postnym, ketogenicznym, czy też niskokalorycznym. Żadna z tych technik nie da nam długofalowego rezultatu. Posty i głodówki występują w bardzo wielu kulturach i religiach i ich dobroczynne właściwości są bardzo dobrze opisane i znane. Tajemnica ich skuteczności jest zapisana w powtarzalności i regularności ich stosowania. Post jest czasem wyrzeczeń, których potrzebujemy zarówno dla ciała, jak i dla ducha. Po nich ma przyjść czas świętowania, dlatego też bez wątpienia potrzebujemy w naszej diecie od czas do czasu posiłków wysokowęglowodanowych, tzw. *cheat meals*, związanych z Wielkanocą, Bożym Narodzeniem, urodzinami itd. Takie posiłki też są ważne i pomagają nam wytrwać w postanowieniach, utrzymać równowagę i sprawiają, że możemy mówić o stylu życia opartym na holistycznym odżywianiu, a nie o kolejnym wyzwaniu czy kolejnej diecie. Najgorsze, co możemy zrobić, to iść w skrajności, zamknąć się w jednym schemacie (kalorycznym, białkowym, ketogenicznym), który po prostu musi nam pomóc. Natura pokazuje, że jest inaczej. Potrzebne są wyrzeczenia, aby móc świętować, potrzebna jest praca, aby móc odpoczywać i potrzebna jest strata, aby umieć doceniać. Człowiek potrzebuje zmian, żeby funkcjonować. Na tym polega cały cykl życia. Od początku istnienia nasze przeżycie uzależnione było od umiejętności adaptacyjnych do okresu głodu, polowań, ucieczki, temperatury. Takie różne amplitudy towarzyszą nam od zawsze. To obecne czasy, wprowadzając stabilizację i unowocześnienie, przyczyniają się do zaburzeń, z którymi nie potrafimy sobie poradzić.

Zawartość węglowodanów netto na 100 g produktu

pestki i nasiona	węglowodany netto na 100 g
siemię lniane	1
sezam	2,1
dynia nasiona	7,4
nasiona chia	7,7
mak	8,6
pabka płesznik	13
słonecznik łuskany	18,6

rośliny strączkowe	węglowodany netto na 100 g
soja, ugotowana	0,6
fasola szapragowa	3,7
orzechy arachidowe	6,3
bób	8,2
groszek zielony	11
soja, nasiona suche	17
łubin	21
fasola czerwona, sucha	34
groch suchy	45,2
ciecierzyca sucha	45,6
fasola biała sucha	45,9
soczewica czerwona sucha	48,8

kasze i zboża	węglowodany netto na 100 g
kukurydza	20,1
amarantus	50,2
komosa ryżowa	51,5
kasza gryczana	63,4
ryz brązowy	68,1
kasza jaglana	68,4
kasza jęczmienna	68,8
kasza manna	74,2
ryż biały	76,5

owoce	węglowodany netto na 100 g
wiórki kokosowe	2,2
awokado	4,1
maliny	5,3
truskawki	5,4
porzeczka czerwona	6,1
kokos	6,2
poziomki	6,3
melon	7,4
cytyna	7,5
grejpfrut	7,9
arbuz	8,1
agrest	8,8
mandarynki	9,3
pomarańcza	9,4
wiśnie	9,9
brzoskwinia	10
jabłko	10,1
śliwki	10,1
morele	10,2
nektarynki	10,6
kiwi	11,8
gruszka	12,3
ananas	12,4
czereśnie	13,3
winogrono	15,7
banan	21,8
plantany	29,7
jabłka, suoszone	52
śliwki, suszone	59,5
morele , szuszone	61,9
rodzynki	64,7
figi, suszone	65,1
daktyle, suszone	65,3

warzywo	węglowodany netto na 100 g
szpinak	0,4
sałata rzymska	1
boćwina	1,1
botwinka	1,1
kaputa pekińska	1,3
szczypiorek	1,4
sałata	1,5
seler naciowy	1,8
sałata lodowa	1,8
roszponka	1,9
szczaw	2
roszponka	2,1
cukinia	2,2
szparagi	2,2
jarmuż	2,3
ogórek	2,4
pomidor	2,4
papryka zielona	2,6
kalafior	2,6
brokuły	2,7
koper ogrodowy	2,8
por	3
cykoria	3,1
brukselka	3,3
bakłażan	3,8
kapusta czerwona	4,2
kalarepa	4,3
rzeżucha	4,4
papryka czerwona	4,6
pietruszka (liście)	4,8
dynia	4,9
kapusta biała	4,9
koper ogrodowy	4,9
kapusta włoska	5,2
cebula	5,2
czosnek	28,5

kiełki	węglowodany netto na 100 g
kiełki lucerny	0,4
kiełki rzodkiewki	1
kiełki brokuła	1,1
soja, kiełki	1,1
soczewica, kiełki	1,3

warzywa korzenne	węglowodany netto na 100 g
rzodkiewka	1,9
rzodkiew biała	2
seler korzeniowy	2,8
rzepa	4,7
marchew	5,1
pietruszka, korzeń	5,6
burak	7,3
chrzan	10,8
ziemniaki	16,8
batat	17,1
pochrzyn	23,7

orzechy	węglowodany netto na 100 g
brazylijskie	4
makadamia	5
laskowe	6
migdały	7,6
pini	9,3
włoskie	11,5
pistacjowe	18,9
nerkowca	29,4

mąka	węglowodany netto na 100 g
kokosowa	12,6
migdałowa	5,4
kasztanowa	68,8
mąka pszenna	71,7
plantanów	76
ziemniaczana	83,5

płatki	węglowodany netto na 100 g
płatki gryczane	49
płatki owsiane	62,4
musli z suszonymi owowcami	64,2
płatki jaglane	65
płatki żytnie	71
płatki ryżowe	74,5
ryż preparowany	79,1

KORZYŚCI Z WPROWADZENIA PROTOKOŁU WYJŚCIA

- Lepszy stan odżywienia organizmu.
- Redukcja stanów zapalnych.
- Optymalizacja procesów aotofagii.
- Uregulowanie pracy układu pokarmowego.
- Zdrowa flora jelitowa.
- Uregulowanie apetytu, zmniejszenie chęci na słodycze i przetworzone jedzenie.
- Zwiększenie poziomu energii.
- Czystość umysłu, lepsza koncentracja.
- Usprawnienie metabolizmu.
- Redukcja tkanki tłuszczowej.
- Spowolnienie procesu starzenia się.

Suplementacja – czym i kiedy się wspomagać

Paulina Borkowska

Temat suplementacji jest nieodmiennie gorący, rodzi wiele kontrowersji i pytań. Czy stosując zdrową, zbilansowaną dietę, zgodnie z zaleceniami dietetyka i lekarzy, potrzebujemy dodatkowych specyfików?

To sprawa bardzo indywidualna, która zależy od wielu czynników: stanu zdrowia, stylu życia i sposobu odżywiania się, rodzaju przyjmowanego pokarmu, jego jakości, źródła pochodzenia, sposobu przechowywania i obróbki, a także od możliwości organizmu, kondycji układu pokarmowego, szczelności jelit, stopnia wchłanialności i przyswajalności pożywienia. Czasami większym wyzwaniem może się okazać zadbanie o prawidłowe przyswajanie składników odżywczych niż właściwe skomponowanie posiłków i przestrzeganie diety.

Dlaczego tak się dzieje? Ogólnie rzecz biorąc, każdy organizm jest inny, ma swoje potrzeby, również na poziomie komórkowym. Jesteśmy zbudowani z różnych genów i poddawani rozmaitym bodźcom zewnętrznym. Jeden człowiek trawi lepiej, nie ma też zaburzonej pracy enzymów czy upośledzonej metylacji, dzięki czemu znacznie szybciej wysyca swój organizm w witaminy i minerały nawet przy niskim spożyciu składników odżywczych. Drugi dba o zdrową dietę, uprawia sport, nie pije, nie pali, a mimo to cierpi z powodu niedoborów i choruje. Przyczyną często są zaburzenia trawienia, wchłaniania, nieprawidłowe pH żołądka, co ma miejsce przy anemii lub zbyt niskim poziomie witaminy B12, albo też przesadny stres, który pozbawia ciało magnezu, wapnia, cynku, selenu i witaminy C, a także zaburza trawienie i metabolizm. Zażywanie przez wiele lat leków również nie pozostaje obojętne dla zdrowia – pamiętaj, że wszelkiego rodzaju specyfiki działają obusiecznie i do ich metabolizowania organizm również wykorzystuje witaminy i minerały, co w przypadkach wieloletniego stosowania może się przyczynić do ich niedoboru. No i słodycze – największy złodziej składników odżywczych. Nie tylko nie dostarczają żadnych wartości, ale jeszcze do ich metabolizowania zużywamy nasze zapasy witamin i minerałów. Zanim powiesz, że nie możesz bez nich żyć, pomyśl, że po zjedzeniu tabliczki czekolady odporność spada nawet pięciokrotnie. To nie tylko sprawia, że łatwiej zapadasz na zdrowiu, ale i wydłuża czas choroby. Weź to też pod uwagę, zanim pocieszysz smakołykami siebie czy swoje chore dziecko!

Czasem też okazuje się, że więcej – nawet dobroczynnych makro- czy mikroelementów – wcale nie oznacza lepiej. Tak się dzieje np. z wapniem, którego nadmiar może wpłynąć na powstawanie kamieni nerkowych i zwapnienie tętnic. A wszystko dlatego, że nie zadbaliśmy przy okazji o suplementację witaminą D3, nie wystawiamy się na słońce, za wszelką cenę unikamy cholesterolu w diecie, a w dodatku mamy zaburzoną florę jelitową i cierpimy na niedobór witaminy K2, która odpowiada za kierowanie wapnia do kości, a nie do budowania blaszki miażdżycowej i zwapnienia tętnic. Nic się przecież nie dzieje w próżni. Zbyt duża ilość jednego składnika może mieć wpływ zarówno na poprawę, jak i na pogorszenie przyswajania innego elementu albo też jego nadmierne wydalanie z organizmu. Czasami proces wchłaniania czy metylacji jest tak zablokowany, że nawet tony suplementów nie pomogą, jeżeli nie będą podawane w odpowiedniej formie i składzie. Bywa też i tak, że trzeba zacząć od postaw. Niektóre mikroelementy, ważne dla zdrowia i aktywowania procesów redukcji tkanki tłuszczowej, mogą zacząć działać dopiero po wyrównaniu niedoborów podstawowych witamin i minerałów, dlatego profilaktyczne stosowanie dobrej jakości multiwitamin ma sens. Jak widać, czynników jest mnóstwo. Dlatego tak jak każdy temat związany ze zdrowiem, zagadnienie suplementacji, tak jak i zdrowia w ogóle, należy traktować holistycznie.

Źle dobrana suplementacja środkami niskiej jakości może przynieść więcej szkody niż pożytku. Dlatego nie kieruj się reklamami, ale postaw na odpowiednią diagnostykę, dzięki której będzie można wskazać niedobory i określić ich stopnień, co jest niezbędne przy ustalaniu dawki preparatu. Wraz z analizą historii choroby pozwoli to również oszacować szansę uzupełnienia niedoborów w sposób naturalny, który – gdy tylko jest możliwy – zawsze będzie najlepszy. Pamiętaj, że inwestując w dobrej jakości żywność, dostarczasz ciału wszystko, czego potrzebuje. Zmniejszasz też ryzyko przedawkowania witamin i minerałów, bo zdrowy, zadbany organizm ma świetne mechanizmy regulujące i sam potrafi decydować, które składniki są dla niego niezbędne. Bierze je z pożywienia, wchłania; jeśli może, to je magazynuje, a jeśli nie – to wydala.

Zdarzają się oczywiście sytuacje, w których zbilansowana dieta nie wystarczy, a wyjście z choroby i usprawnienie funkcjonowania ciała jest uzależnione od suplementacji. Powtarzam jednak – nie kupuj specyfików bez zastanowienia. Wybierając produkt z aptecznej półki pod wpływem przypadkowych danych – reklamy, ceny, liczby tabletek – tylko sobie zaszkodzisz. Polacy są w czołówce narodów kupujących suplementy, co – przyznam – trochę mnie przeraża. Nie jest możliwe, aby każdy specyfik był dobrany przez specjalistę. Tymczasem wszystkie przyjmowane produkty lecznicze powinny być dobrze przeanalizowane pod kątem zawartości substancji czynnej i jej naturalnej postaci, a także substancji dodatkowych, które mogą przecież nam nie służyć albo po prostu zaburzać dalsze wchłanianie. Przykładowo, osobom z chorobą tarczycy zaleca się unikanie laktozy i glutenu, więc w ich przypadku przyjmowanie suplementów, a nawet, co często się zdarza, leków, których otoczka zawiera te związki, może przynieść niepożądane rezultaty.

Ważne jest również stosowanie suplementów w odpowiednim czasie: na czczo, w trakcie posiłku lub po nim albo na noc – to wszystko będzie wpływać na działanie i efektywność specyfiku. Zawsze więc dokładnie czytaj ulotkę. To nie jest tekst reklamowy, zawarte tam wskazówki naprawdę mogą znacznie podnieść przyswajalność preparatu. Pomocne może być też dobieranie suplementów pod kątem naturalnych połączeń witamin i minerałów. Na przykład witaminy A i D potrzebują się wzajemnie, aby spełniać swoje funkcje. Zażywając suplement witaminy D3, musimy zwrócić uwagę na stan naszych jelit i konieczność suplementacji K2MK-7. Witaminy z grupy B najlepiej wchłaniają się, gdy są zażywane kompleksowo. Jeżeli zaś zdecydujemy się na suplement witaminy E (witamina płodności), to aby cieszyć się skutecznością leczenia, powinniśmy wybrać preparat zawierający mieszankę ośmiu form tego związku (czterech tokoferoli oraz czterech tokotrienoli), a nie tylko jego najbardziej aktywną formę (alfa-tokoferol). Tak dobrane suplementy mają lepszą wchłanialność, bo zostały stworzone na wzór kompleksów występujących w przyrodzie. Oczywiście nie wszystko da się dobrać idealnie, ale im więcej czasu poświęcisz na zdobycie wiedzy, w tym większym stopniu skorzystasz z preparatu (i zaoszczędzisz wydane w aptece pieniądze). Jeśli możesz, korzystaj też z pomocy specjalistów, którzy mają spore doświadczenie w dziedzinie suplementacji, bo na co dzień zajmują się pracą z wieloma osobami o różnych problemach zdrowotnych.

Poniżej zamieszczam listę witamin i minerałów, których suplementację najczęściej zalecam. Podaję również zakresy minimalnego dawkowania i sposób przyjmowania preparatu. To ogólne zalecenia, dlatego pamiętaj, że aby zoptymalizować działanie suplementów, dawkę trzeba dopasować indywidualnie, po uprzedniej diagnostyce. Czasami może się okazać, że przyjmowana ilość specyfiku jest zbyt mała i nie jest to dawka terapeutyczna w stosunku do skali naszych niedoborów. Myślimy, że preparat nie działa, a tymczasem to kwestia wieloletnich zaniedbań, których nie da się nadrobić w mgnieniu oka. Potrzeba do tego cierpliwości, pokory i pracy nad sobą. Czasami wystarczy przyjmowanie dobrego kompleksu witamin i minerałów, a czasami suplementacja musi być dopasowana indywidualnie.

Moja lista nie jest wykazem suplementów, które każdy powinien przyjmować. Ma raczej skłonić do refleksji, czy niedobór danych składników nie jest przyczyną naszych dolegliwości. Chciałabym też, aby podane informacje stały się dla ciebie punktem wyjścia do dalszej edukacji.

SUPLEMENT postać i dawka	ŹRÓDŁO I WŁAŚCIWOŚCI
Wielonienasycone kwasy tłuszczowe omega-3 Dzienna dawka: 1–3 g	• Suplement omega-3 z EPA i DHA. • Tran, olej z fermentowanej wątroby np. dorsza, olej z sardynek, olej z dzikiego łososia zawierający naturalne witaminy A, E i D. • Olej z kryla. • Olej lniany. Wybieraj oleje: • pozyskiwane na zimno, • bez sztucznych dodatków, • w małych, szklanych, ciemnych butelkach. Przechowuj je w lodówce i zawsze zwracaj uwagę na datę produkcji.
Witamina D3 (cholekalcyferol) Dzienna dawka: ustalana na podstawie poziomu witaminy D3 25 (OH) we krwi. Profilaktycznie: 1000–2000 j.m.	• Jej najlepszym źródłem jest słońce, zalecane są więc spacery w słoneczne dni. • Zmniejsza stany zapalne, wspiera pracę układu odpornościowego. • Reguluje gospodarkę hormonalną. • Jej niedobór utrudnia odchudzanie. • Prawidłowe stężenie we krwi obniża ryzyko zachorowania na raka. • Wykazuje bardzo dobre pomocnicze działanie w leczeniu chorób autoimmunologicznych. • Niezbędna dla zdrowych kości. • Jej prawidłowe działanie uzależnione jest od witaminy A oraz magnezu. • Suplementując witaminę D3, należy zadbać również o suplementację K2MK7.

Witamina C Dzienna dawka: 1000 mg	• Warto wybierać preparaty w proszku zawierające naturalną postać witaminy C. • Jest silnym antyoksydantem, wzmacnia układ odpornościowy. • Bierze udział w syntezie kolagenu i regeneracji organizmu. • Wspomaga detoksykację organizmu. • Zwiększa przyswajalność żelaza.
Kompleks witamin z grupy B (B1, B2, B3, B5, B6, B7, B8, B9, B12) Dawka ustalana indywidualnie na podstawie badań laboratoryjnych i poziomu homocysteiny.	• Do swojej prawidłowej pracy wymagają magnezu oraz cynku. • Ważne dla prawidłowego metabolizmu węglowodanów, pracy mitochondriów, wspomagają trawienie białek i tłuszczów. • Hamują glikację białek i produkcję AGE. • Chronią przed rozwojem demencji, choroby Alzheimera, zaburzeń mowy i procesów myślenia.
Magnez (Mg) Dzienna dawka: 300 mg	• Dodatkowa obecność potasu i witaminy B6 zwiększa jego wchłanialność. • Niezbędny dla funkcjonowania całego organizmu. Składnik ponad 500 enzymów. • Nie należy przyjmować równocześnie z cynkiem lub wapniem. • Niedobór magnezu wywołuje uczucie niepokoju i lęku, zaburza pracę mitochondriów.
Betaina HCL z pepsyną Dzienna dawka: 1–3 tabletek 5–10 minut przed posiłkiem bogatym w białko	• Zalecana osobom z zaburzonym trawieniem. • Reguluje pH w żołądku, wspomaga trawienie białek i przyswajanie składników odżywczych z jedzenia. • Prawidłowe zakwaszenie żołądka wpływa na sekrecję pozostałych enzymów trawiennych.
Enzymy trawienne (mieszanina: proteaza, amylaza, lipaza, celulaza i laktaza)	• Zalecane osobom z zaburzonym trawieniem. • Niezbędne dla prawidłowego trawienia i przyswajania wartości odżywczych. • Najsilniejsze działanie mają enzymy zwierzęce i roślinne, słabsze działanie wykazują enzymy pozyskiwane z owoców (papaja, ananas).
Probiotyki Dzienna dawka: 1–10 miliardów CFU	• Przywracają równowagę flory jelitowej. • Dostępne są różnorodne szczepy. Aby najlepiej dobrać grupę wskazanych bakterii, warto wykonać badanie składu flory jelitowej. • Należy stopniowo zwiększać dawkę aż do osiągnięcia zalecanej indywidualnej dawki terapeutycznej (nawet 25–50 CFU).

Inne suplementy warte uwagi

Poprawiające odporność:

- glutation – jeden z najważniejszych antyoksydantów, niezbędny dla zdrowia,
- colostrum bovinum – wspiera układ odpornościowy,
- koenzym Q10 – chroni przed stanami zapalnymi, podnosi odporność, wspomaga przemiany tłuszczów,
- laktoferyna – stymuluje przyswajanie żelaza, podnosi odporność,
- enzymy proteolityczne (bromelina, papaina, trypsyna) – wspomagają pracę układu odpornościowego, zmniejszają stany zapalne, pomagają rozkładać kompleksy immunologiczne,
- padma – kompozycja ziół wzmacniająca odporność w okresach częstych przeziębień i infekcji, w przypadku osłabienia organizmu z innych przyczyn (stres, wysiłek psychiczny lub fizyczny, nauka, praca),
- kurkumina z piperyną – pomaga zwalczyć stany zapalne, wspomaga detoksykację, pracę serca i terapie przeciwnowotworowe, jest silnym antyoksydantem.

Wspierające pracę jelit i trawienie:

- L-glutamina – wspomaga leczenie zespołu nieszczelnego jelita,
- żółć bydlęca – wspomaga trawienie tłuszczów, dobra dla osób, które przeszły zabieg usunięcia pęcherzyka żółciowego,
- kwas masłowy – regeneruje i odbudowuje kosmki jelitowe, łagodzi stany zapalne jelit,
- kwercetyna – poprawia funkcjonowanie błony jelitowej i pomaga w uszczelnieniu jelit.

Skuteczne w detoksykacji:

- NAC (N-acetylocysteina) – wspomaga detoksykację wątroby, usuwanie metali ciężkich z organizmu,
- siarka organiczna MSM – wspomaga detoksykację wątroby, usuwanie metali ciężkich z organizmu.

Zapewniające równowagę hormonalną i dobry metabolizm:

- cynk – wpływa korzystnie na przemianę materii, samopoczucie, stan włosów i paznokci,

- selen – niezbędny do syntezy hormonów tarczycy, chroni mitochondria,
- jod – najlepiej korzystać z jego naturalnych źródeł (kelp, spirulina, chlorella); zarówno niedobór, jak i nadmiar jodu może być niekorzystny, dlatego przed rozpoczęciem przyjmowania zaleca się zbadanie jego poziomu w organizmie (test z jodyną),
- witamina E – tzw. witamina płodności, silny antyoksydant.

Regulujące metylację i redukujące poziom homocysteiny:

- witaminy B6, B12, kwas foliowy – w przypadku zaburzeń metylacji i mutacji genu MTHFT konieczna jest ich suplementacja w postaci zmetylowanej; B6: P-5-P fosforan pirydoksalu, B12: metylokobalamina, kwas foliowy: folian, metylofolian,
- TMG (trimetyloglicyna, bezwodna betaina) – pomaga obniżyć poziom homocysteiny (jako dawca grup metylowych) przy zaburzeniach metylacji.

Adaptogeny, czyli naturalne zioła i grzyby, które wspomagają pracę organizmu, zwiększają odporność na stres oraz pomagają w przywróceniu ogólnej równowagi:

- żeń-szeń,
- korzeń ashwagandha (witania ospała),
- traganek,
- korzeń maca,
- grzyby tybetańskie,
- kurkuma,
- imbir.

Uśmiechnij się!

Każde wyzwanie
jest początkiem drogi,
a każda droga
ma swój cel.

Żeby się podnieść,
musisz się schylić!

Dusza i ciało, czyli aktywność zaczyna się w głowie

Justyna Rybak-Dombrowska

Czy kiedykolwiek zdarzyło ci się myśleć o tym, czym tak naprawdę jest aktywność fizyczna? Traktujemy ją jako szczególny punkt w planie dnia, związany z pójściem na siłownię, fitness, bieżnię... Tymczasem ruch od początku dziejów jest naturalną funkcją człowieka. Na nasze ciało składa się ok. 550 mięśni, które w życiu codziennym wykonują ciężką pracę. Każdego dnia przecież chodzimy, siadamy i wstajemy, podnosimy różne przedmioty. Nie istnielibyśmy bez tego. Jesteśmy istotami tyleż duchowymi, co cielesnymi i o obie te sfery trzeba odpowiednio dbać. To one nas kształtują. Nieważne, czy jesteś młodą mamą, czy pracujesz w biurze, czy też na budowie, ważne jest to, by zatroszczyć się o własne ciało, tak aby służyło nam ono jak najdłużej w odgrywaniu naszych ziemskich roli.

Podejrzewam, że masz już w głowie jakiś wzorzec (być może narzucony przez media) idealnej sylwetki i do niego chcesz dążyć. Tymczasem ja chciałabym cię przekonać, że idealne ciało to zaledwie część sukcesu. Więcej nawet: uważam je za skutek uboczny twojej sportowej przygody!

Dla mnie jako sportowca najbardziej liczy się rezultat, lecz nie tylko ten, który możemy zmierzyć w centymetrach albo zważyć w kilogramach. Owszem, to też ma znaczenie, ale najważniejsze jest, żeby za jakiś czas każdy z nas mógł stanąć przed lustrem w sypialni i powiedzieć: „Czuję się piękną osobą nie dlatego, że noszę rozmiar, na którego osiągnięciu mi zależało, ale dlatego, że wiem, jak wiele wysiłku, zaangażowania i pracy nad sobą kosztowało mnie to, by być tu, gdzie jestem, i dobrze się czuć w swoim ciele". Po prostu zostań swoim przyjacielem.

Nie jest ważne, jakie masz doświadczenie, zaczynając swoją sportową przygodę – czy masz za sobą miesiące albo lata ćwiczeń, czy też wybierasz się na pierwszy trening. Liczy się to, czego tak naprawdę szukasz. Jeśli jest to tylko zgrabna sylwetka, to mówię ci od razu: NIE TĘDY DROGA! Treningi dają przede wszystkim umiejętność słuchania swojego ciała, możliwość nawiązania z nim dialogu. Twoje ciało to jedyne miejsce na ziemi, w którym pozostaniesz na zawsze. Jeśli tylko jest zdrowe, jeśli daje ci możliwość ruchu i cieszenia się życiem, to szanuj te dary i korzystaj z nich!

Pierwsze kroki w sporcie

Codziennie otrzymuję mnóstwo wiadomości z pytaniem: „Jak zacząć trenować?". Tak naprawdę najwięcej zależy od ciebie. Od tego, czy masz motywację, determinację do działania, wytrwałość i świadomość, że zaprzestanie ćwiczeń po 2–3 tygodniach to nic innego jak poddanie się i – co się często z tym wiąże – uleganie pokusom dnia codziennego. Bardzo często spotykam się z osobami, które po krótkim czasie od podjęcia treningów czują zniechęcenie. Przyczyną jest to, że postawili sobie cele, których nie byli w stanie osiągnąć w narzuconym sobie bardzo krótkim czasie.

Rozwiązaniem jest metoda małych kroków, znana też jako koncepcja Kaizen. Pomaga ona osiągnąć sukces bez zbędnych – bo generujących niepotrzebny stres – rewolucji życiowych, a jedynie na bazie systematycznej pracy nad sobą. Oznacza to ciągłe doskonalenie się poprzez wprowadzanie każdego dnia niewielkich zmian.

Jeśli jesteś osobą, która szybko traci motywację, łatwo zniechęca się do działania lub nie lubi snuć dalekosiężnych planów, to ta koncepcja pozwoli ci przekonać się, że większość twoich planów jest możliwa do zrealizowania. Metoda małych kroków ma zastosowanie uniwersalne, pasuje nie tylko do sportu, ale i do pracy czy życia codziennego. Załóżmy, że chcesz znaleźć przed pracą czas na trening, ale masz problem z wcześniejszym wstawaniem. Kaizen podpowiada, jak temu zaradzić. Wystarczy, że każdego dnia przestawisz budzik o dwie minuty wcześniej. Być może na samym początku czas, który zyskasz, nie będzie wystarczający, by wykonać pełny trening, ale da się w nim zmieścić kilka pompek czy przysiadów. A już po tygodniu będziesz mieć możliwość wykonania 15 minut wzmacniającego treningu w domowym zaciszu!

Nie daj się zwieść myśli, że to niewiele, nie ulegaj pokusie, żeby rzucić się od razu w wielogodzinne, wyczerpujące treningi! Szybko stracisz wtedy motywację, a w dodatku możesz sobie zaszkodzić. Mylne jest przekonanie, że „im więcej będę trenować, tym szybciej zdobędę formę". Wszystko wymaga czasu, tu nie ma drogi na skróty. Z fizjologicznego punktu widzenia każdy organizm potrzebuje regeneracji, która jest równie istotna jak sam trening.

Regeneracja to czas, w którym odbywa się szereg ważnych procesów naprawczych w ciele. Brak odpoczynku może dać niepożądany efekt przetrenowania, co wiąże się ze spadkiem zdolności do wykonywania ćwiczeń, objawami ogólnego zmęczenia, zaburzeniami snu itp. W najgorszym wypadku przetrenowanie może doprowadzić do kontuzji. Dlatego najważniejsze jest profesjonalne opracowanie planu treningowego, tak aby był on spersonalizowany, czyli dobrany do możliwości każdego ćwiczącego z osobna. Precyzyjny plan treningowy w dużym stopniu wyeliminuje ryzyko wspomnianych przypadłości. Jego ułożeniem powinien zająć się zawodowy trener. Wiem jednak, że nie wszyscy mają możliwość podjąć taką współpracę. Dlatego mam dobrą wiadomość – już od teraz możesz zacząć uprawiać rozsądną aktywność fizyczną samodzielnie!

Jeśli mieszkasz w bloku albo twoje biuro mieści się na wyższym piętrze i dlatego codziennie używasz windy, to zdecyduj, że od tej chwili w domu lub w pracy będziesz wchodzić po schodach. Pamiętaj jednak, że w przeciwną stronę to już nie działa i schodzenie po schodach lub zbieganie z górki w parku nie jest najlepszym pomysłem. W trakcie tych czynności dość mocno obciążamy m.in. staw kolanowy, co może grozić urazami.

Jeśli co wieczór spędzasz 40 minut przed telewizorem albo przeglądasz portale społecznościowe, to zamiast tego wybierz się do parku, poświęć ten czas na spacer z psem albo z koleżanką. Nie dość, że dotlenisz organizm, to jeszcze dowiesz się, co słychać u koleżanki. Pies też na pewno będzie ci wdzięczny za spacer, który nie jest tylko szybkim wyjściem dla załatwienia potrzeb.

Jeśli codziennie siedzisz osiem godzin za biurkiem, to również ten czas możesz wykorzystać na trening. Polecam tutaj trening izometryczny. Można go przeprowadzić praktycznie wszędzie, w dodatku nadaje się dla każdego, także dla osób starszych czy niepełnosprawnych. Jest on również dobrą formą rehabilitacji po przebytych urazach lub w ich trakcie (w tych przypadkach ćwiczenia są dobierane indywidualnie przez fizjoterapeutę).

Trening izometryczny polega na napinaniu określonych partii mięśniowych bez skracania ich długości, przez wyznaczoną liczbę sekund. Ćwiczenia są proste, wiele z nich możesz dyskretnie wykonywać w pracy.

Wyprost stawu kolanowego ma na celu wzmocnienie mięśni nóg.
Usiądź na krześle. Wyprostuj nogę w kolanie tak, by podudzie było przedłużeniem uda. Dodatkowo prostując kolano, przyciągnij stopę do siebie. Tę pozycję utrzymaj przez 15 sekund. Następnie odpocznij przez 30 sekund i powtórz ćwiczenie w sumie 5 razy na każdą nogę. By uzyskać pożądane efekty, wykonaj tę serię 3–5 razy. Pamiętaj, by napinać i rozluźniać mięśnie łagodnie, bez szarpnięć.

Deska (nazywana też z angielskiego *plank*) to ćwiczenie, które zna większość z nas. Istnieje wiele jego wersji, dlatego każdy może dobrać sposób jej wykonywania do swoich możliwości fizycznych. Do wariantu, który możesz wykonać zarówno w pracy, jak i w domu, będziesz potrzebować krzesła lub fotela. Oprzyj mebel o ścianę tak, by był stabilny. Stań przodem do krzesła, połóż dłonie na siedzisku i nie odrywając ich, zrób krok do tyłu tak, aby ciało tworzyło jedną prostą linię. Mocno napnij mięśnie brzucha i pośladków, utrzymaj tę pozycję przez 15 sekund. Następnie odpocznij 30 sekund i powtórz ćwiczenie 5 razy. By uzyskać pożądane efekty, powtórz całą serię 3–5 razy.

Krzesełko przy ścianie, czyli półprzysiad.
Oprzyj się o ścianę tak, by kąt w kolanie wynosił 90 stopni, napnij mięśnie brzucha i pośladków i pozostań w tej pozycji przez 15 sekund. Następnie wstań i wróć do pozycji wyjściowej. Odpocznij 30 sekund, powtórz całe ćwiczenie 5 razy. Całą serię wykonaj 3–5 razy.

Cały ten zestaw ćwiczeń wykonuj jako formę treningu uzupełniającego 2–4 razy w tygodniu. Regularne powtarzanie tych czynności pozwoli ci osiągnąć zamierzony efekt, a małe kroki ku zdrowiu zastąpią wcześniejsze nawyki, które uniemożliwiały osiągnięcie celu.

Oczywiście musisz pamiętać, że w trosce o sprawne, piękne ciało nic nie zastąpi diety. Na sukces wpływa kombinacja zbilansowanego planu żywieniowego i rozsądnego planu treningowego. Nie da się jednym zastąpić drugiego. Nawet jeśli wykonasz solidny trening, a później zjesz hamburgera i popijesz go colą, to cały twój wysiłek pójdzie na marne.

Natomiast wystarczy, że zmienisz sposób żywienia i przeznaczysz na trening 30 minut 3–4 razy w tygodniu, a możesz osiągnąć fenomenalne rezultaty. Pół godziny. Czy to dużo? Doba składa się z 24 godzin, czyli 1440 minut. Trening, który zajmuje 30 minut, to niecałe 3% twojej doby, w dodatku co drugi dzień. Zdecydujesz się na taką inwestycję? Pomyśl, co osiągniesz w zamian! Wierzę, że czytasz ten rozdział właśnie po to, aby utwierdzić się w przekonaniu, że potrafisz zmienić siebie. Uwierz, że ćwiczenia fizyczne nie są zarezerwowane jedynie dla sportowców, ale przeznaczone dla każdego z nas.

Powoli zmierzaj do celu

Jeśli zmagasz się z nadprogramowymi kilogramami, to w pierwszej fazie treningowej (4–6 tygodni) unikaj wszelkich ćwiczeń skocznościowych (plyometrycznych), które byłyby zbyt dużym obciążeniem dla stawów. Ćwiczenia takie jak wyskoki w górę, podskoki obunóż, wykroki z wyskokiem oraz przeskoki odłóż na później, przydadzą się w kolejnej fazie treningu. Inaczej musisz się liczyć z pojawieniem się w niedługim czasie bólu w obrębie stawów skokowych, kolanowych czy też biodrowych, a także z bólami będącymi skutkiem obciążenia odcinka lędźwiowego kręgosłupa.

Niezbyt dobrym pomysłem na trening w początkowej fazie przy otyłości jest też bieganie. Ono, podobnie jak trening skocznościowy, powoduje wzmożone obciążenie stawów. Zamiast tego rozpocznij aktywność fizyczną od marszu. Ważne jest to, by w trakcie ćwiczeń zmieniać podłoże treningowe, np. z asfaltu lub chodnika przechodzić na miękką trawę. Świetnym pomysłem będzie wykorzystanie pasa zieleni przy chodniku, pobliskiego boiska piłkarskiego pokrytego tartanem albo sztuczną trawą, a jeszcze lepszym – wycieczka do pobliskiego lasu lub parku. Jeśli natomiast jesteś fanem lub fanką siłowni, to trening na bieżni mechanicznej zastąp orbitrekiem lub wioślarzem. Ogranicz również ćwiczenia z dodatkowymi ciężarami, a wprowadź trening kalisteniczny, który wykonuje się jedynie z wykorzystaniem ciężaru własnego ciała.

Ja osobiście najbardziej lubię trening na świeżym powietrzu, bo oprócz podziwiania krajobrazu mogę odpowiednio dotlenić organizm. Często w swoje treningi angażuję psa, który tak bardzo się już do tego przyzwyczaił, że gdy tylko widzi, jak zakładam sportowe buty, to przybiega i merda szaleńczo ogonem.

Na organizm korzystnie wpływa też zróżnicowany plan treningowy. Bodźce treningowe powinny zmieniać się cyklicznie. W początkowej fazie aktywność fizyczna powinna być częstsza, dochodzić nawet do 5 treningów tygodniowo, ale takich o niskiej intensywności oraz krótkotrwałych. W tabelce na sąsiedniej stronie znajdziesz przykładowy plan wdrożeniowy dla osoby początkującej z nadwagą.

Plan treningowy powinien być uzupełniany cykliczną analizą składu ciała, która pomoże monitorować rezultaty ćwiczeń. Po okresie wdrożeniowym (4–6 tygodni) zaleca się przeprowadzenie testu wysiłkowego, który pozwoli określić strefy tętna i indywidualnie dopasować odpowiednią intensywność treningową. To badanie jest jedynie poglądowe, zakłada margines błędu, jednak uważam, że będzie wystarczające dla osoby, która dopiero zaczyna swoją przygodę ze sportem (bardziej

PLAN WDROŻENIOWY (4–6 TYGODNI)			
DZIEŃ	RODZAJ TRENINGU	DŁUGOŚĆ TRENINGU	INTENSYWNOŚĆ
PONIEDZIAŁEK	marsz	**15–20 min**	niska
WTOREK	basen	**30 min**	-
ŚRODA	-	-	-
CZWARTEK	marsz	**5 min**	niska
		10 min	średnia
PIĄTEK	rower	**20 min**	niska (płaski teren)
SOBOTA	marsz	**2 x 5 min**	niska
		2 x 10 min	średnia
NIEDZIELA	-	-	-

zaawansowaną, dokładniejszą metodą są badania wydolnościowe, przeznaczone raczej dla zaawansowanych czy wyczynowych sportowców). Dzięki badaniu wysiłkowemu, połączonemu z monitoringiem pracy serca, można w prosty sposób zaobserwować reakcje organizmu i ustalić plan treningowy.

Test wysiłkowy pomoże określić, jakie jest twoje tętno maksymalne (HRmax), potrzebne do ustalenia stref tętna. Zaczynamy go od 10–15 minut bardzo spokojnego truchtu lub marszu. Następnie wykonujemy kilka ćwiczeń rozgrzewkowych, np. dynamiczny stretching, krążenia ramion, wykroki. Po dobrym rozgrzaniu ciała rozpoczynamy test progresywny na bieżni, trwający 5–6 minut. Ideą testu jest to, aby ostatnie 2 minuty wysiłku były maksymalne – to właśnie wtedy musimy dać z siebie wszystko. A zatem od samego początku aż do 4. minuty staramy się biec na 50–60% swoich możliwości. Podkręcamy obroty co 30–60 sekund. Od 4. minuty wysiłku przyspieszamy maksymalnie, starając się utrzymać prędkość biegu przez kolejne 2 minuty. Maksymalny pomiar tętna, który wskaże nam pulsometr między 4. a 6. minutą, będzie bliski naszemu tętnu maksymalnemu (HRmax).

Wzór na tętno maksymalne za: https://trenerbiegania.pl/blog/wzor-na-tetno-maksymalne [dostęp: 10 marca 2018].

STREFY TĘTNA			
strefa	% maksymalnego tętna	obserwowany wysiłek fizyczny	korzyści
1	50–60%	spokojne, lekkie tempo, rytmiczny oddech	trening dla początkujących poprawiający wydolność oddechową, małe obciążenie
2	60–70%	wygodne tempo, trochę głębszy oddech, możliwe prowadzenie rozmów	podstawowy trening poprawiajacy wydolność sercowo-naczyniową, dobre tempo do robienia formy
3	70–80%	średnie tempo, trudniej prowadzić rozmowę	zwiększona wydolność oddechowa, optymalny trening poprawiający wydolność sercowo-naczyniową
4	80–90%	szybkie, trochę męczące tempo, szybki oddech	zwiększona wydolność i próg beztlenowy, większa prędkość
5	90–100%	bardzo szybkie tempo, nie do utrzymania przez dłuższy czas, ciężki oddech	wydolność beztlenowa i mięśniowa, zwiększona moc

Źródło: https://www8.garmin.com/manuals/webhelp/vivofit/PL-PL/GUID-A8716C0B-B267-4C42-B45F-B9C7928BCA19.html [dostęp: 10 marca 2018]

Dzięki ustaleniu tętna maksymalnego, a następnie stref treningowych opisanych w tabeli powyżej, można ułożyć plan treningowy, który przyniesie oczekiwane rezultaty.

Jeśli więc tętno maksymalne utrzymuje się na poziomie 200 uderzeń na minutę, to trening w strefie 2 (60–70% tętna maksymalnego) przyniesie korzyści w postaci poprawy wydolności sercowo-naczyniowej i zaadaptowania organizmu do bardziej zaawansowanej aktywności fizycznej w późniejszym czasie (po 4–6 tygodniach treningu wprowadzającego), a dla osób, które już wcześniej uprawiały sport, będzie dobrą rozgrzewką. Oczywiście sposób uzyskania tętna na poziomie 60–70% tętna maksymalnego jest kwestią indywidualną. Jedna osoba uzyska je, tylko maszerując, a ktoś bardziej wytrenowany będzie musiał wykonać trucht lub wolny bieg.

Według dr. Amita Batry, fizjologa, spoczynkowa częstość skurczów serca osoby niewytrenowanej wynosi 70–80 uderzeń na minutę, a u osób wytrenowanych (zawodników sportów wytrzymałościowych) wartość ta oscyluje na poziomie 30–50 uderzeń na minutę. Niskie tętno spoczynkowe jest pozytywnym objawem adaptacji treningowej. Adaptacja treningowa następuje również wtedy, gdy tętno

intensywność w % (HRmax)	% węglowodanów	% tłuszczów
65–70	**40**	**60**
70–75	**50**	**50**
75–80	**65**	**35**
80–85	**80**	**20**
85–90	**90**	**10**
90–95	**95**	**5**
100	**100**	**0**

obniża się w trakcie wykonywanego wysiłku. Pamiętaj jednak, że na pracę serca wpływają również inne czynniki (np. emocje), dlatego w badaniu trzeba zachować pewien margines błędu. Strefy tętna zmieniają się w miarę wytrenowania i test wysiłkowy powinien być powtórzony przynajmniej 2 razy w roku w celu wyznaczenia nowych stref.

Analizując powyższą tabelę, można zauważyć, że przy intensywności treningowej na poziomie 60–70% tętna maksymalnego organizm w dużej mierze czerpie z przemian tłuszczowych w procesach typowo tlenowych (trening aerobowy). Pamiętajmy jednak, że w pierwszej fazie lub przy intensywnym wysiłku energia pozyskiwana będzie z węglowodanów w postaci glikogenu, a jeśli wysiłek trwa dłużej (powyżej 30 minut) zwiększa się istotność tłuszczów, z których pozyskiwana jest energia.

A może podpatrzeć Norwegów?

Pierwszą rzeczą, która urzekła mnie w Norwegii, było to, że gdziekolwiek spojrzałam, widziałam ludzi w różnym wieku, którzy byli aktywni fizycznie. Według norweskiego instytutu badawczego Statistik Sentralbyrå aż czterech na pięciu mieszkańców kraju ćwiczy przynajmniej raz w tygodniu*.

* Źródło: https://www.ssb.no/en/kultur-og-fritid/statistikker/fritid/hvert-3-aar/2016-11-23 [dostęp: 10 marca 2018]

Liczba osób trenujących raz w tygodniu podniosła się w Norwegii aż o 20% w ciągu ostatnich 15 lat. Co ciekawe, największy wzrost aktywności fizycznej zanotowano u osób starszych. Jedynie 5% populacji nie trenuje w ogóle, co może napawać optymizmem, gdyż odsetek ten zmniejszył się dwukrotnie w ciągu ostatnich 15 lat.

Jako osoba ćwicząca regularnie, 3–4 razy w tygodniu, zaobserwowałam, że z roku na rok na ścieżkach rekreacyjnych oprócz języka norweskiego coraz częściej słychać polski. Nasi rodacy na emigracji też korzystają z uroków tutejszej natury, uprawiając sport. Zbadano, że spośród różnych form aktywności fizycznej najbardziej popularne wśród Norwegów są trening siłowy (40%) oraz jogging/bieganie (39%), które można wykonać na siłowni albo na świeżym powietrzu.

Odwołując się do badań Statistik Sentralbyrå, można stwierdzić, że największą grupą ćwiczących są osoby w przedziale wiekowym 16–24 lata. Zwraca również uwagę fakt, że wyraźny spadek odsetka osób ćwiczących regularnie zaczyna się dopiero w grupie powyżej 67. roku życia. We wszystkich grupach do 66. roku życia aktywnych jest ponad 80% Norwegów.

Sport jest obecny w życiu Norwegów już od wczesnych lat ich życia. Jako certyfikowany trener Norweskiego Związku Lekkiej Atletyki, pracujący z dziećmi, młodzieżą i zawodnikami klasy seniorskiej, obserwuję, że to właśnie dzieci i młodzież w wieku 8–16 lat trenują wszechstronnie. Wykonują ćwiczenia ogólnorozwojowe i mogą się cieszyć różnorodnością bodźców treningowych. Dzięki temu młodzi sportowcy na późniejszym etapie wybierania ścieżki kariery mają szansę samodzielnie i świadomie wybrać dyscyplinę najbliższą ich sercu. Specjalizacja treningowa następuje w wieku 16–18 lat, czyli dość późno w porównaniu z polskim systemem kształcenia sportowców.

Jak zacząć własną przygodę ze sportem

Kiedy zwracają się do mnie osoby, które styczność ze sportem miały dotąd jedynie na ekranie telewizora, zawsze staram się pokazać, że ćwiczenia nie muszą być monotonne i że istnieje wiele alternatywnych form treningu (spacer, basen, rower, trening kalisteniczny, trening izometryczny itd.). Ważne, żeby wybrać tę, która sprawi ci przyjemność – to najlepsza motywacja do regularnego ruchu. Nie oceniaj się przy tym i nie krytykuj swoich osiągnięć. Nawet jeśli dopiero zaczynasz, to zobaczysz, jak z każdym tygodniem poprawia się twoja forma. Jeśli ćwiczysz z trenerem, to pamiętaj, że jest on przede wszystkim twoim przyjacielem. Razem możecie więcej!

DZIEŃ	RODZAJ TRENINGU	DŁUGOŚĆ TRENINGU	INTENSYWNOŚĆ	ZROBIONY / NIEZROBIONY
PONIEDZIAŁEK	marsz	**15–20 min**	niska	✓
WTOREK	basen	**30 min**	-	✗
ŚRODA	-	-	-	-
CZWARTEK	marsz	**5 min**	niska	✓
		10 min	średnia	
PIĄTEK	rower	**20 min**	średnia	✗
SOBOTA	marsz	**2 x 5 min**	niska	✓
		2 x 10 min	średnia	
NIEDZIELA	-	-	-	-

Zawsze zaczynaj od małych kroków, aby się nie zniechęcić. Nawet 15 minut spaceru dziennie to dobry początek drogi do osiągnięcia wymarzonego celu. Załóż dzienniczek aktywności fizycznej, który pozwoli utrzymać motywację. Każdego dnia zrób notatkę o wykonanych ćwiczeniach. Jeśli któregoś dnia nie udało ci się podjąć żadnej aktywności, zaznacz odpowiedni wiersz na czerwono. Szybko zaczniesz dążyć do tego, aby czerwieni w twoim dzienniczku było jak najmniej. Uwierz mi – to działa!

Pamiętaj, że robisz to przede wszystkim dla siebie i dla swojego dobrego samopoczucia. Przez aktywność fizyczną wyrażasz szacunek dla swojego ciała i ducha. Bez mocnego postanowienia, że podejmujesz działanie, nawet najlepszy trener w niczym ci nie pomoże. Nie odkładaj życia na później, ale zmień je w sposób świadomy. Wiek czy też obecna kondycja nie są tu żadną przeszkodą. Bariery tak naprawdę tkwią w psychice – ale można je pokonać.

Czy warto? Zapewniam cię, że jeśli wytrwasz, to już niedługo przyjdzie taki moment, w którym uśmiechniesz się do siebie i powiesz: UDAŁO SIĘ!

Trzymam za ciebie kciuki!

Motywacja w zmianie trybu życia

AGNES REVENVALL

Motywacja jest jak gorący żar ognia
tlący się w ognisku – nigdy nie zgaśnie,
jeżeli będziesz go regularnie podsycać.

Co jest twoim dopalaczem? Co sprawia, że chcesz wstać rano z łóżka, uśmiechać się i oddychać pełną piersią? Być radosnym człowiekiem?

Dla mnie napędem do działania od zawsze były i nadal są różnego rodzaju hasła motywacyjne, cytaty z książek lub internetu czy też wszelkiego rodzaju literatura dotycząca prawdziwych, pozytywnych ludzkich historii. To one były moimi „dopalaczami" w rozwoju osobistym i przyczyniły się do wielu zmian w moim życiu, wspierając mnie w trudnych wyzwaniach.

Żyjemy w ciągłym ruchu, wszystko wokół nas nieustannie się przekształca. Tak jak w przyrodzie zmieniają się pory roku, tak i w ludzkim życiu pojawiają się wciąż nowe sytuacje. Nie zawsze jesteśmy z tego zadowoleni. Zwykle to brak zmian kojarzy nam się z poczuciem bezpieczeństwa i komfortem, ale pamiętaj, że takie postrzeganie świata jest iluzją! W przyrodzie nie ma stagnacji, wszechświat tak nie funkcjonuje. Porusza się, a my – jako jego część – poruszamy się razem z nim. Sam fakt, że każdego dnia jesteśmy o jeden dzień starsi, jest już zmianą. Zmiana następuje w każdej chwili, jest nią każde doświadczenie, każde słowo, które zamieniamy z innym człowiekiem, każde spojrzenie i każda nowa myśl. Dlaczego więc tak panicznie boimy się nowych wyzwań? Marzymy o innym życiu, ale kroczymy cały czas tą samą ścieżką. Jak to możliwe, że robiąc to samo, oczekujemy innych rezultatów?

Odpowiedź jest prosta: obawy przed zmianą są zakodowane w naszej naturze. Reagujemy lękiem na to, czego nie znamy. Czy jednak nie pozbawiamy się w ten sposób czegoś cennego? Lęk czy strach to naturalne emocje, trzeba zaakceptować ich istnienie, ale nie powinny one hamować naszego rozwoju. Powinniśmy się uczyć tego, jak oswajać lęk w naszym życiu. Owszem, łatwiej jest pozostać w czymś znanym, ale to tylko iluzja poczucia bezpieczeństwa. Lepiej wyrabiać zmiany w sobie stopniowo, bez względu na zmieniające się okoliczności – budować w sobie zaufanie do siebie, dbać o poczucie własnej wartości i samoocenę, pielęgnować życiowe wartości, które są naszym kręgosłupem moralnym.

Oprócz tej świadomości w podejmowaniu wszelkich zmian konieczna jest motywacja, bez niej nie ruszymy do przodu. Najpierw pojawia się w naszym życiu pewien bodziec, na który reagujemy, aby uzyskać pożądany rezultat, czyli satysfakcję. Ta wewnętrzna siła, energia, która popycha nas do działania, to właśnie motywacja.

Bez motywacji jesteś jak niezatankowane auto.
Potrzebujesz paliwa,
by uruchomić silnik i ruszyć w drogę.

Posłużę się moim osobistym przykładem, który – mam nadzieję – odrobinę was zainspiruje. Moim bodźcem do działania było marzenie o innym życiu, takim, od którego nie będę chciała odpoczywać i uciekać na wakacje, bo ono samo będzie dla mnie wspaniałą przygodą. Krótko mówiąc, chciałam odnaleźć życie zgodne z moimi wartościami i ze mną samą. Zawsze czułam intuicyjnie, że jest jakaś inna rzeczywistość niż ta, w której znajdowałam się przed laty, przepełniona różnego rodzaju destrukcjami. Aby do niej dotrzeć, potrzebowałam najpierw zrozumieć samą siebie i odkryć, kim naprawdę jestem.

To właśnie miało być moją nagrodą – życie w zgodzie ze sobą. Jednocześnie motywowało mnie unikanie dalszego cierpienia.

Z motywacją jest bowiem tak, że w niektórych przypadkach motywuje nas nagroda (np. ćwiczę, a nagrodą będzie ładna sylwetka, którą inni będą podziwiać), a w innych chęć uniknięcia kary (ćwiczę, bo nie chcę być otyła). Oba te przykłady to motywatory zewnętrzne. Motywacją wewnętrzną w tym przypadku może być np. przekonanie, że jeśli będę regularnie uprawiać ruch fizyczny, to stanę się zdrowym człowiekiem. Co więcej, ruch wyzwala hormony szczęścia, więc będę się lepiej czuć. Dzięki temu wzrośnie moja samoocena, moje poczucie wartości i zadowolenie z życia, a to sprawi, że będę mogła lepiej zaprezentować się np. na rozmowie kwalifikacyjnej czy też będę miała odwagę wybrać kierunek studiów, który będzie zgodny z moim potencjałem. To wszystko zaowocuje tym, że będę żyć w radości, co wpłynie pozytywnie również na moich bliskich i na moje relacje z innymi. Jak widać, motywacja wewnętrzna ma o wiele większy sens i wpływ na życie niż zewnętrzna. Jest trwalsza i autentyczna, pochodzi prosto z serca i dzięki niej osiągamy cele wyższej jakości. Skoro bowiem swoim działaniem wpływamy pozytywnie na innych, to jednocześnie przyczyniamy się do tego, by świat był lepszym miejscem. Dlatego też na motywacji wewnętrznej chciałabym się skupić najbardziej.

Mamy zatem wybrany cel, a co za tym idzie – bodziec, akcję i reakcję. Potrzebne jest jednak coś, co spotęguje naszą chęć do działania. W takim przypadku zaczynamy szukać motywatorów, które będą wzmacniać nasze odczucia.

Mnie tutaj pomogły różnego rodzaju hasła motywacyjne i dlatego użyję ich jako przykładu, aby lepiej zrozumieć motywację i zmiany, które zachodzą najpierw w myśleniu, a potem w działaniu.

Czytając kiedyś książkę Paulo Coelho *Alchemik*, natknęłam się na cytat: „Skoro nie można się cofnąć, trzeba znaleźć najlepszą drogę, by pójść dalej". Wywarł on na mnie tak duże wrażenie, że postanowiłam go sobie wytatuować. To był mój motywator do tego, by odpuścić sobie przeszłość, której i tak nie zmienię. Zrozumiałam, że dzień dzisiejszy jest jedynym dniem, w którym mogę działać i wpłynąć na jutro. Zaczęłam czytać literaturę o tematyce *mindfullness*, życia tu i teraz, zostawiania za sobą przeszłości. Odkrywałam po prostu swoją prawdę.

Ten cytat motywuje mnie nadal do tego, by nie skupiać swojej energii na przeszłości, nawet na tak bliskiej jak dzień wczorajszy, którego nie mogę zmienić, ale wyłącznie wyciągnąć z niego wnioski. Zaczęłam myśleć o tym, co jest dzisiaj, przestałam karać się za błędy popełnione wcześniej, które były wynikiem mojego życia w nieświadomości. Wybaczyłam sobie i tym, którym pozwoliłam na krzywdzenie siebie, oraz tym, którzy wychowywali mnie najlepiej, jak potrafili, jednak w całkowitym braku świadomości.

Kolejny cytat odkryłam na jednym z kursów rozwoju osobistego, natknęłam się na niego również podczas studiowania jogi: „Jesteśmy naszymi myślami" (Budda). Krótko mówiąc: to nasze myśli tworzą naszą rzeczywistość, na podstawie której kreujemy swoje życie.

To, w jaki sposób myślę, ma wpływ na wszystko. Przyciągam to, o czym myślę i na czym skupiam swoją energię. W jaki więc sposób odbieram siebie i innych? Jaki wpływ na moje życie mają moje myśli? Chodzi mi o przekonania świadome i nieświadome. Skoro emanuję moimi myślami na zewnątrz, to tak odbiera mnie również otoczenie i tak jestem traktowana, takie działania wykonuję. Każdego rodzaju rozwój zaczyna się od zmiany myślenia – to podstawa. Nieważne, jaki cel obierzesz. Jeżeli chcesz zmiany, musisz zmieniać swoje myśli i przekonania.

Zaczęłam więc pracować nad własnymi myślami o sobie samej i przekonaniami, w których żyłam. Starałam się jak najlepiej obserwować siebie w różnego rodzaju sytuacjach. To zaowocowało ogromnymi zmianami w tworzeniu własnej, autentycznej osobowości, która zawsze była gdzieś w mojej duszy, jednak przykryta warstwami iluzji i nieprawdy.

Aby zobrazować to, co działo się we mnie, podam przykład zmiany.

Przekonanie: Grzeczna i posłuszna osoba zyskuje uznanie i akceptację innych. Nie odmawiamy innym, ponieważ to wyraz arogancji.

Zmiana przekonania: Asertywna osoba, znająca swoje priorytety, zyskuje akceptację innych i jest szanowana, bo w pierwszej kolejności szanuje siebie. Uznanie i akceptacja innych nie są podstawą do podnoszenia poczucia własnej wartości. Odmawianie innym bez tłumaczenia powodów to wyraz tego, co jest ważne dla nas. Jeżeli z tego powodu tracimy czyjąś akceptację, jest to problem tej osoby, a nie nasz. Nie ponosimy odpowiedzialności za cudze uczucia i czyny, jedynie za nasze reakcje na czyjeś zachowanie.

Efekt: Przyciągnięcie zupełnie innego rodzaju relacji do naszego życia, zakończenie tych, które nam nie służą.

Wszystko, co robisz, zatacza kręgi
jak kamień rzucony w wodę.

Na czym skupiam swoją energię dnia, energię życiową?
To, na czym się koncentruję, rośnie i zyskuje siłę,
tego w życiu mam więcej.

Thomas, mój partner, bratnia dusza, ojciec moich dzieci

Znów podam przykład: Krytykujesz i oceniasz innych. Skupianie swojej energii w ciągu dnia na tak negatywnej czynności, jaką jest ocenianie i plotkowanie (nie mówię tu o konstruktywnej krytyce), to nie tylko złodziejstwo czasu twojego i innych, ale również marnotrawienie energii, której wszyscy mamy jedynie ograniczoną ilość. Robiąc to, zarażasz innych negatywnym nastrojem, tworzysz nieprzyjemne zachowania i odczucia, obniżasz samopoczucie swoje i innych. Dodatkowo budujesz w sobie negatywne przekonanie na temat krytykowanych osób, które z faktami często nie ma nic wspólnego. Obgadywanie innych jest jak epidemia, zaraża wszystkich dookoła. Podobny efekt wywołuje notoryczne narzekanie. Efektem, który osiągasz, jest jedynie niechęć innych osób do przebywania w twoim towarzystwie.

Jak ta wiedza zmotywowała mnie do zmiany? Dowiedziałam się więcej na temat energii dobowej i życiowej i zdałam sobie sprawę, że marnowanie cennego czasu i energii w ciągu dnia jest niedopuszczalne. To sprawiło, że najpierw próbowałam podjąć konstruktywny dialog, a gdy to nie przyniosło skutku, zaczęłam unikać ludzi, którzy notorycznie marudzą, plotkują i nie wnoszą nic pozytywnego do mojego życia. Co zyskałam? Cenny czas, który wykorzystałam na czytanie, sport i poznawanie pozytywnych osób.

Take your coffee and relax, mamma.
Każdy ma czasami gorszy dzień.

Marcel, mój syn

Zdarza się, że nie mamy wpływu na okoliczności. Czasami po prostu zaakceptowanie pewnej sytuacji i skierowanie uwagi na coś innego samo przynosi rozwiązanie. Odpuszczenie okoliczności, na które nie mamy wpływu – bo możemy kontrolować jedynie swoje reakcje – pozwala zaakceptować rzeczywistość, a jednocześnie sprawia, że szukamy rozwiązań w sposób bardziej kreatywny. Przede wszystkim jednak czas, który dajemy sobie w chwili odpuszczenia, pomaga nam zdystansować się do bodźca. Kawa jest tu jedynie przykładem, to może być cokolwiek innego: spacer, medytacja, przeczytanie ciekawego artykułu, trening.

Efektem, jaki przyniosły proste słowa mojego syna, jest to, że wyrobiłam w sobie nawyk odpuszczania – co równa się dystansowi do siebie, do innych, porzuceniu perfekcjonizmu i świadomości, że czasami trzeba się od siebie po prostu odczepić. Dystans pozwala spojrzeć na daną sytuację z innego punktu widzenia, nawet z lekkim przymrużeniem oka.

Jednocześnie dobrze jest uświadomić sobie, że potrzebujemy odczuwać ból, bo to jest część nas. Dzięki niemu mamy też porównanie, które pozwala doceniać radość.

Pewnych problemów po prostu nie da się rozwiązać i trzeba je pozostawić samym sobie, zaakceptować je takimi, jakie są, poczekać na zmianę. Przeciwności losu uczą nas pokory, tak bardzo zresztą dziś zapomnianej w pośpiechu życia codziennego i zaraźliwej epidemii dążenia do stanu umysłu określanego jako „szczęście i sukces".

To chyba dwa najbardziej przereklamowane słowa, o jakich słyszałam.

> Prawdziwy sens osiągnięcia każdego celu mierzy się tym, w jakim stopniu jego osiągnięcie zmieniło ciebie jako człowieka. To, kim się stajesz, jest ostateczną nagrodą.
>
> Anthony Robbins, *Olbrzymie kroki*

Ten cytat stał się moim motywatorem ponad pięć lat temu. Byłam wtedy na etapie zmiany swojego życia po tym, jak odnalazłam siebie, odkryłam swoje wartości i własną ścieżkę rozwoju. Zrozumiałam, że kiedy wybieram cel, to ważne, by był zgodny ze mną, a nie dyktowany oczekiwaniami innych. Tylko wtedy wzmacnia się motywacja. A osiągnięcie celów zmienia nas jako istoty ludzkie, rozwija nas, wzmacnia, nadaje sens życiu każdej osoby. Dlatego tak ważne jest, by zanim zaczniemy realizować swoje przedsięwzięcia, zadać sobie pytanie: Kim stanę się po tym, jak osiągnę swój cel?

Na koniec podaję wyjątkowy przykład tego, co motywuje mnie do działania. To cytat z mojej ulubionej książki *Przebudzenie* Anthony'ego de Mello:

> Chcesz zmienić świat? A może byś zaczął od siebie? Może tak na początek dokonaj zmiany w sobie? Jak to osiągniesz? Przez obserwację. Poprzez zrozumienie. Bez żadnej ingerencji i oceny z twej strony. Ponieważ jeśli oceniasz, to nie możesz zrozumieć.
>
> Jeśli powiesz o kimś, że jest „komunistą", to w tym momencie skończyło się rozumienie. Przyczepiłeś mu etykietkę.
>
> „Ona jest kapitalistką" – w tym momencie przestałeś rozumieć. Dałeś jej etykietkę, a jeśli etykietka wyraża półtony twej aprobaty lub dezaprobaty, to jeszcze gorzej! Jak zamierzasz zrozumieć to, co dezaprobujesz albo co aprobujesz w danej materii? Żadnych sądów, żadnych komentarzy, żadnych nastawień. Po prostu obserwacja, studia, ogląd bez pragnienia zmiany. Ponieważ jeśli pragniesz

zmiany tego, co jest, na to, co powinno być – powinno być według ciebie – przestajesz rozumieć. Treser stara się zrozumieć psa, aby móc go nauczyć określonych sztuczek. Naukowiec obserwuję mrówki bez z góry określonego celu – poza samą obserwacją – po to, aby się o nich jak najwięcej nauczyć. Nie ma innego celu. Nie zamierza ich trenować ani niczego od nich uzyskać. Jest nimi zainteresowany, chce o nich dowiedzieć się jak najwięcej. Takie jest jego nastawienie. W dniu, w którym uda ci się takie nastawienie osiągnąć, doświadczysz cudu. Zmienisz się – bez wysiłku i we właściwy sposób. Zmiana sama się wydarzy, nie będziesz jej musiał dokonywać. Ponieważ świadomość życia drzemie w tobie, w głębokich ciemnościach, cokolwiek jest złe, zniknie. A cokolwiek dobre, zostanie wyłonione. Doświadczysz tego, naprawdę. To jednak wymaga umysłu zdyscyplinowanego. Mówiąc „dyscyplina", nie mam na myśli wkładu pracy, wysiłku. Mówię o czymś zupełnie innym. Czy kiedykolwiek przyglądałeś się uważnie sportowcom? Całe ich życie wypełnia sport, ale jakże są zdyscyplinowani. A spójrz na rzekę płynącą ku morzu. Tworzy brzegi, które ją zawierają. Jeśli jest w tobie coś, co podąża we właściwym kierunku, samo kreuje swą własną dyscyplinę. Staje się tak w chwili, w której zakażony zostajesz bakcylem świadomości. I to jest cudowne! Jest to najcudowniejsza rzecz na świecie. Najważniejsza i najcudowniejsza. Nie ma nic tak ważnego na świecie, jak przebudzenie. Nic! I oczywiście jest to także swego rodzaju dyscyplina. Nie ma nic bardziej wspaniałego niż bycie świadomym.

Ten fragment książki wzbudził we mnie chęć poznania swojego życia na nowo, życia w świadomości. To zmotywowało mnie do tego, że zaczęłam szukać przyczyn tego, co się wydarza, w sobie, bez oskarżania o to innych. To, jak wygląda moje życie, jest tylko wynikiem moich myśli, przekonań, działań. Owszem, kiedy jesteśmy dziećmi, nie mamy wielkiego wpływu na to, jak kształtuje nas najbliższe środowisko, jednak jako dojrzałe osoby to my decydujemy, kim jesteśmy i kim możemy się stać. Możemy porzucić bezsilność i bycie ofiarą! Dzięki książce de Mello zapragnęłam żyć świadomie. To było najcudowniejsze odkrycie, jakiego dokonałam, a nagrodą za mój wybór jest życie w wolności mentalnej, które trwa do dziś.

Zawsze, gdy natykam się na jakiś tekst, który znienacka uderza w moje serce, duszę i umysł i nad którym spontanicznie się zatrzymuję, daję sobie czas do refleksji nad nim lub zapisuję go, by móc później do tego cytatu powrócić. To jest mój bodziec motywacyjny!

Wierzę, że wszystko dzieje się po coś, dlatego skupiam się na tym, co dostaję od życia w danym momencie. Zachęcam do tego i ciebie. Bycie uważnym i świadomym oraz umiejętność wychwytywania tego, co intuicyjnie przyciąga twoją uwagę, mogą ci dać wskazówki, co chcesz w życiu robić, kim być i jak się motywować.

Hasła, cytaty i książki wykorzystuję zarówno w mojej pracy trenera rozwoju osobistego, jak i w życiu prywatnym. I nie ma dla mnie absolutnie żadnego znaczenia, czy dane słowa pochodzą od kogoś popularnego i powszechnie cenionego, czy powiedział to ktoś z moich bliskich albo znajomych, czy też człowiek napotkany przypadkiem. Wartościowe jest dla mnie wszystko, co wzbudza moje pozytywne emocje i sprawia, że chcę tworzyć i się rozwijać. Słowa mają moc, potrafią wzbudzać we mnie pozytywne emocje na tyle, że stają się bodźcem do działania. Dzieje się to nie tylko podczas czytania, ale w różnych momentach dnia codziennego: na wykładach, w pracy, gdy słucham audycji, rozmawiam z dziećmi albo z moimi klientami. Odkrywam w tym wszystkim autentyczność, a o nią mi w życiu chodzi.

Chciałabym przy tym zaznaczyć, że każdy z nas jest indywidualnością i każdego motywuje coś innego. Cytaty, które tu przytoczyłam, to jedynie moja osobista inspiracja. Ekspertem od twojego życia jesteś natomiast wyłącznie ty. Masz swoją niepowtarzalną życiową ścieżkę, dlatego też nie mogę podać ci gotowych przepisów na motywację. W zamian miej świadomość tego, że wszystkie odpowiedzi nosisz w sobie. Spróbuj wyrobić w sobie umiejętność autorefleksji, namysłu nad sobą, rozpoznawania, jaki bodziec wywołuje w tobie pozytywną reakcję, generuje uczucia, które sprawiają, że chcesz działać. Być może motywatorem dla ciebie będzie mentor, może grupa wsparcia, sport, a może cisza, która pozwala ci wsłuchać się we własne myśli. Każdą inspiracja motywacyjna jest dobra, jeżeli prowadzi cię tam, gdzie odnajdujesz siebie, i pozwala ci czuć się dobrze, bo tworzy jedność i harmonię w tobie.

W mojej pracy traktuję ludzi jako jedność. Kieruję się podejściem holistycznym, wierzę, że wszystko w nas jest ze sobą nierozerwalnie połączone: serce, dusza, rozum i ciało. W podobny sposób postrzegam również proces motywacyjny – jest on dla mnie wynikiem połączenia wszystkich mechanizmów ciała i ducha. Jeśli działają one spójnie, to odnosimy najlepsze rezultaty.

Jak wspomniałam wcześniej, wszystko w naturze dąży do harmonii. Jeżeli my również zadbamy o siebie całościowo, to będziemy znajdować cele zgodne z samymi sobą i naturalnie się motywować. Jeżeli natomiast jakąś cześć ciebie jest w rozterce, będzie to miało odbicie w innej sferze – większość chorób somatycznych to choroby naszych emocji czy naszej duszy. Wszystkie bowiem części są ze sobą nierozerwalnie związane i wpływają na siebie.

Czy istnieje np. zawodowy sportowiec, który dba tylko i wyłącznie o kondycję fizyczną, wytrzymałość i wymarzone zwycięstwa? To niemożliwe, zawodnicy są przeważnie otoczeni sztabem ekspertów, którzy dbają o każdy aspekt ich zdrowia: mentalny, fizyczny i metaboliczny.

Diametralnie inny przykład: w gabinecie coacha, psychologa, dietetyka, terapeuty pojawia się osoba z nadwagą. Jakie są powody jej przejadania się i uzależnienia od cukru (nie mówię tu o sytuacji, w której podłożem są choroby genetyczne, chociaż i w tych można wyznaczyć umiarkowaną dietę)? Czy w wielu przypadkach nie będzie to „zajadanie" własnych emocji?

Brak szacunku dla własnego ciała, „domu", który przez całe życie służy nam za schronienie, ma zdecydowanie głębsze podłoże niż sama niechęć do diety niskokalorycznej. Być może mamy niską samoocenę, karzemy się za coś lub przed czymś uciekamy? Być może zagubiliśmy poczucie własnej wartości, tłumimy w sobie emocje lub operujemy ograniczonymi przekonaniami na swój temat, takimi, które nie są nasze, ale pochodzą od tych, przez których zostaliśmy wychowani.

Stan depresyjny czy zniechęcenie do życia z powodu zajadania emocji i nadwagi wpływa negatywnie na nasze relacje osobiste i zawodowe, podkopuje wiarę we własne możliwości, prowadzi do izolowania się, a nawet gardzenia sobą. Nie wspomnę już nawet o cierpieniach somatycznych, takich jak: migreny, bóle brzucha, kręgosłupa, problemy ze snem. Jak pomagam takiej osobie?

„Wiercę do korzenia", a więc analizujemy, skąd pochodzą emocje, uczymy się je akceptować i zamieniać na inne. Pracujemy nad zmianą przekonań, odnajdujemy zapomniane zasoby, odbudowujemy poczucie wartości – bo każdy rodzi się z poczuciem wartości w sobie, jest nieskończenie doskonałym cudem przy narodzinach. KAŻDY Z NAS!

Pisząc o motywacji i zmianach, warto zaznaczyć, że potrzebna jest nam umiejętność wyrabiania w sobie nowych nawyków. Często też towarzyszyć nam będzie praca nad modyfikacjami ograniczających nas przekonań, a także nad zrozumieniem swoich emocji.

Podobnie jest z przekonaniami, czyli filtrami mentalnymi, przez które oceniamy siebie i innych. Są mocno zakorzenione w naszej podświadomości i niestety, bardzo często wpływają na nas ograniczająco. To, w jaki sposób postrzegasz siebie, ma ogromny wpływ na rezultat twoich zmian. Możesz pozornie wierzyć w osiągnięcie założonych celów, ale w głębi duszy mieć przekonanie, że tak naprawdę nie jesteś tego wart. Dlatego w zmianach trybu życia ważne jest, aby zastanowić się nad tym, jakimi przekonaniami żywisz siebie.

W motywacji za to potrzebujemy impulsu, który nas pobudza, oraz akcji, czyli działania, i rezultatu. Nic się nie wydarzy, jeżeli będziesz tylko w nieskończoność planować cel, marzyć, zamiast działać, i czekać na idealny moment, aż dojdziesz do perfekcji. Ważne jest, by znaleźć w sobie odwagę do zaczęcia w tym miejscu, w którym jesteś, z tym, co masz, i doskonalić się podczas procesu. Zrozumienie, że nikt nie jest perfekcyjny i że przez popełnianie błędów się rozwijamy, wzmocni twoją motywację.

> Motywacja jest tym, co pozwala Ci zacząć,
> nawyk jest tym, co pozwala ci wytrwać.
>
> Jim Ryun

Każdy nowo wprowadzany nawyk to nieznany proces dla naszej podświadomości. Ona chce dla nas dobrze, chce nas chronić, ale jest przyzwyczajona do starego schematu działania zakodowanego w umyśle. Być może bardzo dawno temu ten sposób się sprawdzał, ale z nami jest jak z komputerem – co jakiś czas potrzebujemy aktualizacji systemu, aby funkcjonować sprawniej. Najlepiej jest wprowadzać zmiany stopniowo, dzięki temu będą bezbolesne dla podświadomości, która nie będzie chciała wracać do dawnych nawyków. Daje to większą gwarancję trwałości nowego sposobu zachowania. Jednorazowo podjęte działanie przy tym nie wystarczy. Każdy nowy nawyk to nowe połączenia neurologiczne w mózgu, regularnie powtarzane zachowania będą się utrwalały.

Wprowadzenie nowej zmiany nie powinno być rewolucją i drastyczną innowacją ani dla umysłu, ani dla ciała. Większość postanowień noworocznych właśnie dlatego nie zostaje zrealizowana: planujemy wiele zmian na zbyt dużą skalę i w zbyt krótkim czasie. Chcemy szybkich rezultatów, szukamy magicznych środków, które pomogą zdobyć nowy nawyk w ciągu doby. Tak teraz pędzi świat, a my wraz z nim – to gonitwa za sukcesem materialnym, w której nie ma czasu na spokojną stopniową zmianę. Pośpiech, stres, działanie pod presją nie sprzyjają naszemu zdrowiu.

Wdrożenie nowego nawyku bardzo ciekawie opisuje filozofia Kaizen, której jestem zwolenniczką. Jest to sposób na wprowadzanie stopniowych zmian, bez drastycznych i niepotrzebnie rewolucyjnych innowacji. O tym pisze w książce *Filozofia Kaizen. Małymi krokami ku doskonałości* Robert Maurer.

Dlaczego tak trudno jest wprowadzić radykalną zmianę? Ponieważ zawsze wywołuje dyskomfort. A w gruncie rzeczy nawet coś więcej. Głęboka zmiana może być przerażająca. Na długiej drodze ewolucji nasz system nerwowy rozwinął niezbyt dobrą dla nas pętlę sprzężenia zwrotnego – mózg człowieka jest tak zaprojektowany, by nie tylko reagował na zmianę strachem, ale także by reagował na strach poprzez wyłączenie procesów myślowych, które są niezbędne do projektowania i wprowadzania zmian. Sama myśl o zmianie jest dla nas paraliżująca lub podnosi ciśnienie. To nie jest kwestia wyboru. To instynkt. Z Kaizen jest jednak całkowicie inaczej. W Kaizen chodzi o to, by podejmować kolejne drobne działania, które kroczek po kroczku przybliżą nas ku upragnionemu celowi. Te kroki są tak niewielkie, że mogą w pierwszej chwili wydawać się bezsensowne, ale to właśnie jest powód, dla którego ta technika działa. Drobna zmiana, po której wprowadzamy następną i następną, pozwala w końcu osiągnąć cel. To proces, który doskonale podsumowuje sentencją starożytnego chińskiego filozofa Laozi: Nawet najdłuższa podróż zaczyna się od pierwszego kroku. W metodzie Kaizen najważniejszym elementem jest podejmowanie kroku, który jest prawie niewidoczny, tak by nie wywoływał lęku.

Jak to zastosować w praktyce? Jeżeli chcesz przejść na zdrowy tryb życia, zacznij po prostu od stopniowej eliminacji śmieciowego jedzenia. Wystarczy jedna rzecz. Jeśli codziennie jesz słodycze – trzy batony dziennie – to wyeliminuj jeden baton. Jeżeli słodzisz kawę białym cukrem i wsypujesz trzy łyżeczki, to zacznij słodzić dwiema, dopiero po jakimś czasie przejdź do jednej łyżeczki, a potem zamień cukier na miód czy cukier kokosowy, aż dojdziesz do momentu, w którym w ogóle przestaniesz słodzić.

Jeżeli nigdy wcześniej nie uprawiałaś czy nie uprawiałeś żadnego sportu, to każdego dnia ubierz się wygodnie i wyjdź na pięciominutowy spacer albo poćwicz w domu przez jedną minutę. Zobaczysz, co będzie się działo za tydzień!

Jeżeli chcesz wprowadzić na stałe warzywa i owoce do swojego jadłospisu, to już dzisiaj zjedz do jednego posiłku pół jabłka, za tydzień wprowadź do diety jedno jabłko, a za dwa tygodnie po pół jabłka do dwóch posiłków – i tak dalej.

Zamierzasz nauczyć się nowego języka? Zacznij od jednego słówka dziennie!

Metodą Kaizen dokonałam większości swoich życiowych zmian. Być może zmiana nawyków zajęła więcej czasu, ale za to efekty są trwałe i widoczne do dzisiaj.

Jak mówi Kaizen: Nie zmieniaj wszystkiego od razu.

Małe kroki eliminują lęk, pozwalają na ciągłe doskonalenie poprzez małe zmiany. Radykalne i ewolucjonistyczne innowacje powodują paniczny lęk, fizjologicznie w nas zakodowany.

Pojęcie wdrożenia nowego nawyku opisuje również Stephen R. Covey w *7 nawykach skutecznego działania*. Jak zaznacza, nawyk to wynik połączenia: wiedzy (co? dlaczego?), umiejętności (jak?) i pragnienia (chcę).

> ...czasami jest to proces bolesny. Jest to zmiana, która musi być motywowana wyższymi celami i wymaga chęci podporządkowania tego, czego – jak uważasz – chcesz teraz, temu, czego chcesz później. Proces ten jednak rodzi szczęście, cel i przeznaczenie naszego istnienia. Szczęście może być zatem zdefiniowane, przynajmniej częściowo, jako owoc pragnienia i zdolności poświęcenia tego, czego chcemy teraz, dla tego, czego chcemy ostatecznie.

A co ty chcesz osiągnąć dzięki zmianie nawyków żywieniowych?

Jak przeprowadzony post czy protokół wyjścia może stać się motywacją do wyrobienia nowych nawyków, a jednocześnie jak zmieni tryb życia i wpłynie na twoją codzienność?

Zadaj sobie pytania: dlaczego ten post jest dla mnie ważny? Początkiem czego jest dla mnie ta dieta? Jakie zmiany w życiu mają być jej rezultatem? Co konkretnie zrobię, by na stałe wprowadzić ten nowy sposób zachowania? Co może mnie do tego motywować? Czy to zdrowie? Jest ono podstawą normalnego życia, daje dobre samopoczucie, jaśniejsze myślenie. Redukcja wagi to tylko skutek uboczny. To, że dbam o siebie w całości, miłość do samego siebie, odzwierciedli się miłością do innych. Jakość mojego życia wzrośnie, a to wpłynie pozytywnie na mój rozwój.

Zanim przystąpisz do postu, upewnij się, że rozumiesz jego sens i znasz powody, którymi się kierujesz, chcąc go przeprowadzić. Czy to świadomy wybór, a nie podążanie za modą? Czy korzystasz z pomocy dietetyka albo mentora, a może masz dużo informacji na temat odżywiania się z książek albo z internetu?

Nieistotne jest, od której strony zaczniesz. To może być rozmowa z mentorem, z duchownym, korzystanie z usług dietetyka. Ważne, by wiedzieć, co będzie rezultatem i czego to jest początkiem. Zajrzenia w głąb siebie?

Wspomnę jeszcze, że źródłem motywacji i wszelkich zmian mogą być również marzenia, bo to one są szczerym głosem twojego serca. To zawsze prawdziwe i autentyczne myśli. Z wiary w ich spełnienie wyłania się ta wewnętrzna energia zwana motywacją, która daje nam kopniaka, by działać, wypełnić swój potencjał, zaznać radości i satysfakcji, cokolwiek to dla każdego z nas oznacza.

Opowiem wam moją osobistą historię, która pokazuje, jak marzenia wpłynęły u mnie na wprowadzenie nowych nawyków i zmianę trybu życia.

Od zawsze wierzyłam że świat został tak stworzony, by to, co na nim zaistniało, miało prawo do życia. Już jako mała dziewczynka czułam ból, kiedy podczas swoich wakacyjnych wyjazdów na wieś widziałam zabijanie zwierząt. Marzyłam o świecie wolnym od takiego cierpienia. Idąc dalej za tym, uważałam, że jeśli daję możliwość życia innym istotom, to automatycznie nie przyczyniam się do ich zabijania czy złego traktowania. Nie uważam przy tym absolutnie, że mam prawo do oceniania tych, którzy żyją w inny sposób. Każdy z nas ma prawo wyboru. Konsekwencją moich uczuć był natomiast stopniowy proces przejścia w żywieniu na produkty pochodzące całkowicie z ziemi. Zaczęłam unikać czerwonego mięsa, potem drobiu, ryb i jajek, a w ostateczności wyeliminowałam nabiał. Odkrywałam coraz więcej produktów pochodzenia roślinnego i nie mogłam się nadziwić, jak dużo energii daje takie pożywienie. Jest ono bardzo sycące i dostarcza niezbędnych do zdrowego funkcjonowania składników. Nie mam żadnych problemów ze zdrowiem, nie chodzę do lekarzy, nie biorę leków ani nie uzupełniam diety witaminami. Wręcz przeciwnie, przestałam mieć migreny, cierpieć na bóle kręgosłupa i żołądka. Dodatkowo w tryb życia codziennego wprowadziłam techniki oddychania, jogę i medytację. Ta zmiana w życiu była długoletnim procesem, nie została pokierowana żadną modą jedzenia ekologicznego, poszłam w niej za głosem serca. Stałam się sama dla siebie istotą czysto duchową, doceniłam prostotę dnia codziennego, minimalizm, tzw. *back to basic*. Wprowadziłam też wiele innych zmian, takich jak wyprowadzka za miasto, co poprawiło jakość mojego życia i sprawiło, że spotkałam samą siebie. Szukałam prostoty i odnalazłam ją w Skandynawii, niewątpliwie surowość tutejszego klimatu wpłynęła na dalsze zmiany w życiu.

Małe zmiany robią wielką różnicę.

Nie uważam się wcale za człowieka doskonałego, bo taki nie istnieje. Nie sądzę, bym była lepsza od innych, na każdym kroku popełniam mnóstwo błędów. W życiu jednak nie chodzi o to, by być perfekcyjnym, ale by być praktykującym, by doświadczać świadomie każdej chwili, próbować i szukać własnej drogi.

Ja odkryłam swój potencjał w ciszy, szukałam zatem aktywności i możliwości, by jej doświadczać, miejsc, gdzie będę miała więcej tego, co mi daje energię. Zmieniłam zawód, wyprowadziłam się poza miasto, zamieniłam siłownię na innego rodzaju dyscypliny sportowe, zakończyłam relacje, które wywoływały we mnie chaos, zamieniłam wysokie obcasy na kalosze. I sama siebie wówczas pytałam wielokrotnie: czy to naprawdę ja?

Każda zmiana myślenia powodowała kolejne zmiany, które ostrożnie i uważnie wdrażałam. Zmiany, których doświadczałam, dodatkowo mnie motywowały, aż moje serce powędrowało do Hiszpanii, gdzie odnalazłam się jeszcze bardziej w promieniach słońca, spokojnym, prostym życiu, w którym nie muszę się nigdzie spieszyć. I mimo że brzmi to jak bajka, była to długa, intensywna i wielokrotnie bolesna droga. Co mnie zatem motywowało? Wiara w inne życie, wiara w życie zgodne ze sobą. Motywowała mnie myśl o celu, o tym, że będę budzić się rano i żyć tak, jak czują moje serce i dusza.

I uwierzcie, będąc sama z dwójką dzieci w nie swoim kraju, musiałam wielokrotnie podejmować decyzje, za którymi kryła się niepewność jutra. Motywowała mnie jednak nadzieja, że będę w końcu sobą! To uczucie we mnie było tak silne, że przezwyciężało każdy lęk, nawet o to, że jutro może nie będę miała co jeść. Po drodze odkryłam również swoje życiowe powołanie, jakim jest wspieranie mentalne, pomoc, inspirowanie i motywowanie do pozytywnych zmian w życiu zarówno dorosłych, jak i dzieci.

Na zakończenie daję wam „kopa motywacyjnego" w pigułce. Niech to będzie dla was inspiracja na każdy dzień w waszych życiowych zmianach.

Motywacja jest jak precyzyjne kopnięcie piłki do bramki, by strzelić gola. Graczem jesteś ty, bramka to twój cel, a boisko jest twoim życiem. Życzę wam zatem jak najwięcej strzelonych goli i pozytywnych zmian.

- Zmiana przychodzi wtedy, kiedy zmienia się twój sposób myślenia. Życie jest ciągłą zmianą, ruchem, przygodą.
- Marzenia są głosem serca – pielęgnuj je, a odkryjesz siebie, swój potencjał i cel zgodny z tobą i twoimi wartościami.
- Praktykuj autorefleksję, nie oceniaj, ale obserwuj siebie, swoje emocje i zachowania. Działaj, doświadczaj, testuj, popełniaj błędy – tak się rozwijasz.
- Szukaj różnych rozwiązań – nie możesz oczekiwać nowego rezultatu, idąc cały czas tą samą ścieżką. Szukaj swojej drogi.
- Wyznaczaj cel, który będzie mierzalny, realny do osiągnięcia i nada sens twojemu życiu. Który będzie efektem twoich pragnień, a nie oczekiwań innych. Wizualizuj osiągnięcie celu.
- Rób to, co najważniejsze. Twórz listy zadań, ale wybieraj z nich to, co jest twoim priorytetem. Naucz się rozpoznawać i odrzucać to, co jest mniej istotne i może zaczekać. To, co jest ważne, nie może być na łasce tego, co jest mniej ważne.
- Dbaj o kondycję psychiczną i fizyczną. Ruch wspomaga wydzielanie endorfin („hormonu szczęścia"), wpływa na dobre samopoczucie. Dbaj o zdrowy sen, bez niego nie ma dobrej motywacji do działania w ciągu dnia. Spędzaj czas na słońcu, nawadniaj organizm, medytuj, stosuj techniki świadomego oddychania, rozciągaj się.
- Jedz po to, żeby żyć, a nie żyj po to, żeby jeść. Zainteresuj się stanem swojego zdrowia. Sam fakt, że czytasz tę książkę, jest dowodem na to, że już idziesz w odpowiednim kierunku. Brawo!
- Szukaj ciszy. W ciszy wbrew pozorom tkwi większość odpowiedzi, bo poświęcasz czas sobie, czyli swojemu najwierniejszemu przyjacielowi. Spokój to wierzchołek szczęścia.
- Praktykuj wartości, które wspomagają motywację: odpuszczanie tego, na co nie masz wpływu, współczucie wobec słabszych i nieświadomych (również tych, którzy cię hejtują, krytykują i oceniają). To pomoże ci nie nadawać znaczenia tego typu zachowaniom. Zyskasz dystans i zrozumiesz, że ci ludzie nie czują się dobrze sami ze sobą. Dzięki temu zaoszczędzisz wiele energii niezbędnej do działania.
- Otwieraj się na zmiany. Zaprzyjaźnij się z lękiem, ale niech on nie będzie tym, co cię hamuje w rozwoju. Rozpoznaj emocje i przekonania, które kierują twoim życiem. Być może warto je zmienić?
- Zmiana to rozwój. Popełniaj błędy, próbuj, bo dzięki temu się uczysz. To jedyna droga. Najpierw zacznij, a potem doskonal, a nie odwrotnie. Nie czekaj na

idealny moment, działaj z tym, co masz dziś. Czekając na idealny moment, nigdy nie ruszysz z miejsca.

- Nie traktuj siebie tak poważnie, miej dystans do siebie i poczucie humoru. Dużo się uśmiechaj – uśmiech czyni cuda!
- Praktyka, a nie perfekcjonizm. Wytrwałość, konsekwencja i cierpliwość, a nie talent.
- Unikaj złodziei czasu i wampirów energetycznych.
- Praktykuj modlitwę wdzięczności. Każdego dnia jest coś, za co możesz być wdzięczny. Dziękuj sobie za przeżyty dzień.
- Nie oceniaj innych, nie nam to jest pisane. Daj sobie przyzwolenie na tę wolność mentalną. Życie wyda ci się o wiele lżejsze, kiedy zrozumiesz, że nie zawsze trzeba mieć rację.
- Bądź szczery wobec siebie, odkrywaj swoją prawdę, buduj zaufanie do samego siebie, a nigdy nie stracisz poczucia bezpieczeństwa.
- Wybierz kilka swoich ulubionych inspirujących haseł i powieś je na lodówce.
- Jesteś jednością – szukaj balansu i harmonii między twoim umysłem, ciałem, sercem i duszą.
- Szukaj wsparcia.
- Pielęgnuj duchowość!

Wymiar duchowy to twój rdzeń, centrum ciebie samego, zobowiązanie w stosunku do własnego systemu wartości. To bardzo prywatny i najbardziej istotny obszar życia. Kieruje cię on ku źródłom, które inspirują i wznoszą na wyższy poziom, które związują cię z ponadczasową prawdą ludzkości.
(Stephen R. Covey)

Dla niektórych duchowość to będzie religia, dla innych zanurzenie się w naturze, literatura piękna, muzyka albo medytacja. Duchowe będzie wszystko, co wpływa na twój wewnętrzny spokój.
Dzięki duchowości, osiągając stan spokoju wewnętrznego, pobudzasz również wewnętrzną motywację. Spokój wewnętrzny jest bowiem wynikiem życia zgodnego z własnymi wartościami.

OSTATNIE MOTYWUJĄCE CIĘ ZDANIE WPISZ SAMODZIELNIE!

- ....

Pytania wspierające motywację:

1. Z jakiego powodu wybierasz właśnie ten cel?
2. Dlaczego ten cel jest dla ciebie taki ważny?
3. Czego tak naprawdę potrzebujesz od życia?
4. Czego nie chcesz w swoim życiu, a co chcesz mieć w zamian?
5. Jak będziesz się czuć, gdy osiągniesz swój cel, zrealizujesz swoje ambicje, spełnisz marzenia?
6. Kim się staniesz po osiągnięciu celu?
7. Czy twój cel jest dobry i pożyteczny, jak dążenie do niego wpłynie na innych ludzi?
8. Jak wpłynie na twoje życie?
9. Co się stanie, jeśli tego nie zrobisz?
10. Jakie możliwości masz dziś? Co możesz zrobić już dziś? Co musi się stać, by zrobić pierwszy krok. Jakich umiejętności potrzebujesz do osiągnięcia celu?

Na koniec chciałabym wyrazić moją wdzięczność za możliwość bycia częścią dzieła stworzonego przez ludzi o wartościach podobnych do moich, w celu polepszenia jakości życia innych. Dziękuję również moim najbliższym za wsparcie i za ich obecność. Dziękuję moim synom – Marcelowi, Adrianowi – i ich tacie Thomasowi.

To wybór, a nie przypadek, decyduje o twoim przeznaczeniu.
Sam musisz zdecydować, ile jesteś wart, jaką odgrywasz rolę w świecie
i w jaki sposób nadajesz mu sens. Nikt inny nie dysponuje tym,
co ty – twoim zestawem talentów, pomysłów, zainteresowań.
Jesteś oryginalnym egzemplarzem. Arcydziełem.

Regina Brett, *Jesteś cudem*

Jeśli zagwarantujesz spokój swojemu umysłowi, jestem przekonana, że usłyszysz głos twojego serca, które podpowie ci, którędy masz iść.

Jesteś
niepowtarzalnym cudem
przy narodzinach,
bądź nim
również za życia.

O umiarze w jedzeniu i piciu

Dariusz Piórkowski SJ

„Oto przygotowałem moją ucztę;
woły i tuczne zwierzęta pobite
i wszystko jest gotowe. Przyjdźcie na ucztę!”
(Mt 22,4)

„Uważajcie na siebie, aby wasze serca nie były ociężałe wskutek obżarstwa i pijaństwa”.
(por. Łk 21,34)

Już starożytni wiedzieli, że niedobór i nadmiar nie zadowalają człowieka. Raczej mu szkodzą. Większość naszych cielesno-duchowych przypadłości: przemęczenie, znużenie, brak inicjatywy i radości, wypalenie bierze się z różnych form „przedawkowania” (za dużo jedzenia, picia, seksu, telewizji, internetu, pracy) albo z niedoceniania swoich potrzeb (za mało snu, dobrego jedzenia, przyjemności, sportu).

Gdy Izraelici wędrowali przez pustynię, Bóg zesłał im mannę do jedzenia. Ciekawe jednak, że każdy mógł zebrać porcję przeznaczoną tylko na jeden dzień (z wyjątkiem racji podwójnej na szabat), zawsze „według swych potrzeb” (Wj 19,16–18). Jedni zebrali mniej, inni więcej, ale nie można było robić zapasów, bo manna zaczynała gnić. Oczywiście, przede wszystkim chodziło o zaufanie Bogu, który z dnia na dzień troszczył się o Izraelitów, ale też o nauczenie właściwej miary, przypatrywanie się temu, czego rzeczywiście potrzebujemy w danej chwili. Także w modlitwie *Ojcze nasz* prosimy o chleb na jeden dzień. To właśnie w słuchaniu swego ciała, aby określić potrzebę dzienną, i odkrywania ducha, aby zaufać Bogu, który jest obecny i nasyca, tkwi sekret umiarkowanego spożywania pokarmów i picia napojów.

We współczesnych społeczeństwach rozwijających się coraz więcej osób daje się ponieść fali nieograniczonej konsumpcji i tonie w morzu kalorii. Potem rodzi się w nich niezadowolenie, gdy pokazuje im się zgrabne sylwetki celebrytów i sportowców. W związku z tym pojawia się nowy produkt: odchudzające diety-cud, które w zasadzie niczego nie rozwiązują, bo nie dotykają przyczyn problemu, lecz łagodzą skutki, poprawiając na chwilę samopoczucie. Po ich zakończeniu człowieka dopada poczucie winy i niechęć do siebie, ponieważ schudł tylko na kilka tygodni, a następnie wszystko wróciło do „normy".

Często łapczywa i niepohamowana konsumpcja ma swe korzenie w uporczywej próbie zaspokojenia innych braków, które w ogóle nie są związane z ciałem. Człowiek przejadający się lub upijający nie potrafi odróżnić głodu ciała od głodu ducha. Czuje niedosyt, ale nie ma pojęcia, że oprócz pokarmu fizycznego łaknie także pokarmu duchowego: miłości, dobrego słowa, akceptacji. Człowiek pragnie również Boga, chociaż może nie być tego świadom albo może to pragnienie odrzucać. Jeśli tej tęsknoty w sobie nie rozpozna i nie uzna, zaczyna ubóstwiać to, co stworzone, szukając nasycenia tam, gdzie go nie znajdzie.

Według Pisma Świętego źródłem nieumiarkowania w jedzeniu i piciu jest wypaczone ludzkie pragnienie, zwane pożądliwością, które jak rzeka wystąpiło z brzegów. Żądza chce ciągle więcej i bez ograniczeń, a zarazem wikła człowieka w mechanizm błędnego koła: wzrost spożycia powoduje niekończący się niepokój, który potem należy uciszyć kolejną dozą jedzenia i picia. Jednak niepokój nie znika, za to pojawia się dręcząca obsesja. Dzisiaj wydaje się, że nieumiarkowanie w jedzeniu i piciu bywa także pochodną innych form nieumiarkowania, takich jak pracoholizm, brak ciszy, uleganie presji wyniku i sukcesu i lekceważenie granic swego ciała. Nadmierne jedzenie czy picie służy za listek figowy lub chwilowe pocieszenie, aby oszukać własne ciało i ducha. Święty Tomasz z Akwinu precyzuje też, że do obżarstwa dochodzi tylko wtedy, gdy człowiek świadomie i z premedytacją decyduje się, aby zjeść za dużo, pragnąc nie tyle samego pokarmu, co przyjemności jedzenia. Przyjemność jednak nie powinna być pierwszym celem posiłku. W praktyce obżarstwo też wcale do niej nie prowadzi, lecz ostatecznie rodzi ból, smutek i skupienie na sobie, nie mówiąc już o rozmaitych chorobach fizycznych.

Nie można jednak mówić o nieumiarkowaniu, gdy na skutek braku doświadczenia jedzący niewłaściwie oszacuje ilość pokarmu do spożycia. Zdarza się tak, gdy ktoś okazjonalnie odczuwa silny głód i wydaje mu się, że zjadłby konia z kopytami. Nakłada sobie zbyt dużo na talerz, ale rzeczywistość i pojemność żołądka szybko weryfikują tę przeszacowaną miarę.

Ewangelia nie potępia jedzenia ani picia alkoholu. Nie popiera też surowego, przesiąkniętego podejrzliwością wobec ciała ascetyzmu. Przeciwnie, gdy Chrystus chce wyrazić, na czym będzie polegało życie wieczne, odwołuje się do obrazu uczty. Nie chodzi w niej bowiem tylko o jedzenie, lecz o wspólnotę. W *Didache*, czyli nauce apostołów, piśmie apokryficznym z II wieku, czytamy następujące słowa: „Dałeś ludziom pokarm i napój, aby ciesząc się nim, Tobie dziękowali". Jedzenie i picie są Bożymi darami, które mają budzić w nas wdzięczność.

Ciekawe, że to wrogowie Jezusa obelżywie nazywają Go „żarłokiem i pijakiem", przypisując Mu to, co najgorsze (Mt 11,19; Łk 7,34). Ta niepochlebna łatka została Mesjaszowi przypięta zapewne na skutek pogardy dla celników, których ówcześni ludzie religijni uważali za bezbożników i rozpustników. Skoro Jezus z nimi przebywał, nie pozostawiono także na Nim suchej nitki. Ewangelia w żaden sposób nie sugeruje również, by Chrystus wiódł spartański żywot. Owszem, prowadził się skromnie, potrafił pościć, zwłaszcza przed rozpoczęciem publicznej działalności, ale gdy zaczął nauczać i wędrować po Palestynie, widywano Go często przy stole. Bardzo wiele słów Jezusa padło podczas obiadów i uczt, na które był zapraszany. Chrystus nie stronił od jedzenia i picia wina, ponieważ w ten sposób zawiązywał z ludźmi wspólnotę. Jeśli człowiek jest ciałem i duchem, to w tym, co cielesne, wyraża to, co duchowe. Pismo Święte nigdy nie rozrywa tej jedności. Gwałt na ciele zwykle odbija się na duchu, ale często też jest tylko smutnym rezultatem nieładu wewnętrznego.

Aby właściwie spojrzeć na nieumiarkowanie w jedzeniu i piciu, które może prowadzić do poważnych grzechów i zniewoleń, najpierw należy zauważyć, jakie dobro jest w nas chronione przez umiar i rozsądne korzystanie z pokarmów i napojów różnego rodzaju.

Niemiecki teolog Josef Pieper nazwał umiar „jednym z czterech zawiasów, na których kołysze się brama życia". Gdy jeden zawias przestaje właściwie działać, odbija się to na jakości życia. Na najbardziej fundamentalnym poziomie umiarkowanie to roztropność, czyli właściwa miara pochodząca z poznania siebie i zastosowana do przyjemności, nie tylko cielesnej. Ta cnota „reguluje" ludzkie pragnienia i namiętności, a także właściwie ukierunkowuje energię witalną. Pieper porównuje tę ostatnią do płynącego strumienia, a umiarkowanie do koryta utrzymującego wodę w ryzach, by spokojnie dopłynęła do morza. Umiarkowanie składa się z brzegów i zakoli, które powstrzymują strumień przed rozlaniem się i zdewastowaniem okolicy. Przez zachowywanie i ochronę porządku w człowieku umiarkowanie umożliwia zarówno czynienie dobra, jak i wytrwałe dążenie do celu swojego przeznaczenia. Lepiej więc jeść i pić mniej, ale będąc wolnym. Człowiek zniewolony przez jedzenie lub picie jest obsesyjnie skoncentrowany tylko na tym, jak zaspokoić swój apetyt. Cała jego egzystencja karleje i zostaje podporządkowana jednemu aspektowi życia.

Dzięki umiarowi, kultywowanemu w myśl zasady „w niczym nie za dużo i po trosze wszystkiego", człowiek konserwuje w sobie smak życia oraz zabezpiecza się przed powierzchownością i utonięciem w morzu nałogów. Umiar niczego nie zabrania, lecz umożliwia delektowanie się życiem, a w tym przypadku jedzeniem i napojami. Ten, kto smakuje, nie tylko przedkłada jakość nad ilość, ale też nie spożywa pokarmu jedynie po to, by napełnić żołądek. W umiarkowaniu nie chodzi więc wyłącznie o kontrolę i powstrzymanie się, ale o wkomponowanie pozytywnej energii, wyrażającej się w uczuciach, w całokształt działań człowieka. Umiarkowanie przerzuca most między duchem a ciałem i, podtrzymując radość życia, otwiera na całe bogactwo rzeczywistości, na piękno, a także pozwala docenić wartość bliźniego i zauważyć objawiającego się Boga.

Jeśli człowiek zachowuje umiar w jedzeniu i piciu, to obok przyjemności cielesnej doświadcza również przyjemności duchowej. Pierwsza z nich wpływa na drugą. Według chrześcijańskiej antropologii także „popędliwa" sfera w człowieku jest przeniknięta duchem, a nie odcięta zupełnie od niego. Owszem, doświadczenie uczy, że zmysły mogą się zdegenerować, wpędzając człowieka w niewolę. Ale niesłusznie mówimy wtedy, że człowiek upodabnia się do zwierzęcia, bo czyż nierozumne stworzenia popadają w obżarstwo? Tak może uczynić tylko istota, która ma wolną wolę.

Niechęć do umiaru bierze się m.in. z błędnego przekonania, że gdyby społeczeństwa poprzestawały tylko na tym, co konieczne, zagroziłoby to wzrostowi ekonomicznemu. Spadłby popyt i obniżyłaby się sprzedaż. To mogłoby doprowadzić do finansowej zapaści i bankructwa wielu gałęzi gospodarki. Mało kto jednak pyta o koszty leczenia coraz większej liczby chorób cywilizacyjnych. Niewiele myśli się także o utracie bliskich na skutek pijaństwa i innych form uzależnień. Fałszywy obraz umiarkowania dobrze ilustruje też film *Uczta Babette*, gdzie główne bohaterki – córki surowego norweskiego pastora – zadowalają się dzienną porcją zupy chlebowej i wysuszonego dorsza. Na ich twarzach rysuje się ciągły smutek, niezdolność do nawiązania głębszych relacji. Gdy w ich domu pojawia się zbiegła z Francji służąca, podbija serca leciwych już sióstr dzięki smacznej kuchni i przygotowaniu wykwintnej biesiady, złożonej z rozmaitych dań. Ta uczta nie jest obżarstwem, lecz celebracją smaku i piękna obecnego w kompozycji dań i napojów, „wspaniałym połączeniem pierwiastka duchowego i materialnego", jak wyraził się o *Uczcie Babette* jeden z krytyków filmowych. Zaproszeni goście, praktykujący przez lata surowy ascetyzm, zakorzeniony w protestanckim rygorze, odkrywają nagle stłumioną zdolność dostrzegania dobroci stworzenia, otwierają się na świat, odzyskują radość i uwalniając niewypowiedziane dotąd uczucia, zaczynają ze sobą rozmawiać i tańczyć.

W Ewangelii św. Łukasza brak umiaru w jedzeniu i piciu jest przeciwieństwem czuwania. Człowiek czuwający jest zawsze gotowy do drogi, do służby, świadomy i uważny na to, co się dzieje wokół niego i w nim. Jezus przestrzega: „Uważajcie na siebie, aby wasze serca nie były ociężałe wskutek obżarstwa, pijaństwa i trosk doczesnych" (Łk 21,34). „Ociężały" to tłumaczenie greckiego słowa *bareos*, kojarzonego z ciężarem i przytłoczeniem, które rodzi smutek i niechęć do jakiegokolwiek wysiłku. Serce, które w Biblii oznacza centrum człowieka, może zostać obciążone balastem jak balon, który nie potrafi wzbić się w górę. Wtedy jest ono niezdolne do podejmowania właściwych decyzji, do myślenia, do kontroli własnych pragnień, do wysiłku i służby. Nadmiar przyjemności płynącej z jedzenia i picia prowadzi do drastycznego zawężenia horyzontu życia, ograniczenia możliwości i spętania wolności. Ewagriusz z Pontu pisze, że to właśnie namiętności, które dzisiaj nazwalibyśmy obsesjami, czynią umysł ociężałym, aby „nie mógł się modlić tak, jak trzeba, i nie poszukiwał Boskiego Słowa".

Jeśli ktoś chce się modlić w ciszy lub pracować intelektualnie, nie zrobi tego dobrze, jeśli najpierw zbyt dużo zje, bo przyśnie lub będzie zmęczony. Żaden biegacz czy rowerzysta nie pokona dłuższego dystansu, jeśli wyruszy w drogę tuż po zjedzeniu solidnego kotleta schabowego z talerzem frytek. Warto jeszcze nadmienić, że Jezus nie mówi o konieczności wyrzeczenia się wszelkich przyjemności, jakby były one zakazanym owocem, lecz o nieumiarkowaniu, które poddaje człowieka w niewolę namiętności. Niekontrolowany nadmiar sprawia, że stajemy się podobni do słabego i nieudolnego rodzica lub nauczyciela, który cały czas działa pod dyktando rozpuszczonego i krnąbrnego dziecka.

Ewangelie, ale także Stary Testament, nie formułują ogólnego zakazu picia alkoholu poza nielicznymi wyjątkami, jak np. w odniesieniu do Jana Chrzciciela czy Samuela, co wiązało się z ich specyficzną misją. Autorzy biblijni wyraźnie też odróżniają picie alkoholu, którego celem jest świętowanie, od niekontrolowanego i celowego upijania się. Zachęcają do umiaru, ale potępiają opilstwo, głównie dlatego, że jest ono przeciwieństwem czuwania i prowadzi do nadużyć. Upija się ten, kto ulega rozpaczy i zniechęceniu, ponieważ nie ma nadziei i nie czeka na Pana.

W jednej z przypowieści, które traktują o czuwaniu, Jezus odwołuje się najpierw do przykładu dobrego sługi. W chwili Jego przyjścia sługa robi to, co do niego należy, ponieważ jest trzeźwy i nie śpi. I dlatego zasługuje na nagrodę. Natomiast czarną owcą staje się sługa, który mówi sobie w duszy: „Mój pan ociąga się z powrotem", i zaczyna „bić sługi i służące, a przy tym jeść, pić i upijać się". Wtedy właśnie „nadejdzie pan tego sługi w dniu, kiedy się nie spodziewa, i o godzinie, której nie zna; każe go ćwiartować i z niewiernymi wyznaczy mu miejsce" (Łk 12,46). Ten sługa będzie zaskoczony, ponieważ wpędził się w stan nieświadomości. Tutaj bardzo wyraźnie widać, że nadużywanie alkoholu nie tylko wiąże się z brakiem nadziei, ale też dodatkowo wyzwala w człowieku to, co najciemniejsze. Człowiek trzeźwy, znając swoje obszary ciemności i słabości – a nikt od nich nie jest wolny – powstrzymuje się z pomocą Bożą od pierwszych reakcji. Nietrzeźwy idzie spontanicznie za tym, co się z niego wydobywa. Już Święty Ambroży z właściwym sobie realizmem napominał: „Należy unikać pijaństwa, bo ono powoduje niemożność uniknięcia występku; czego bowiem nie zrobilibyśmy, będąc trzeźwymi, to w zamroczeniu pijaństwa popełniamy nieświadomie". Duża ilość alkoholu rozluźnia w nas dobrze pojętą kontrolę, zaburza relacje międzyludzkie, rodzi agresję i sprawia, że człowiek zaniedbuje swoje obowiązki. Problemem nie jest więc sam alkohol, ale ludzkie żądze, które skłaniają do jego nadmiernego spożywania, aby osiągnąć cele niezgodne z chrześcijańskim powołaniem.

Święty Paweł zestawia pijaństwo z różnymi formami nieczystości seksualnej i podziałami między ludźmi. Dlatego nawołuje chrześcijan pogańskiego pochodzenia: „Żyjmy przyzwoicie jak w jasny dzień, nie w hulankach i pijatykach, nie w rozpuście i wyuzdaniu, nie w kłótni i zazdrości" (Rz 13,13). Wszystkie te niecne uczynki pochodzą od ciała poddanego władzy grzechu i pogrążają człowieka w ciemności. W Liście do Efezjan apostoł kieruje do wierzących następującą zachętę: „Nie upijajcie się winem, bo to jest przyczyną rozwiązłości, ale napełniajcie się Duchem" (Ef 5,18). Święty Paweł nie krytykuje tu picia wina, ale ostrzega przed przebieraniem miary, które zazwyczaj ma inne, ukryte podłoże. Zamiast odurzania się winem, chrześcijanie mają być pod wpływem Ducha. Dlaczego Święty Paweł kontrastuje upicie się i rozpustę z napełnieniem Duchem Świętym? Nieprzypadkowo niektórzy ludzie obserwujący zachowanie uczniów tuż po Zesłaniu Ducha Świętego (Dz 2,13) drwili sobie, że tamci upili się młodym winem. Postronnym obserwatorom wydawało się, że uczniowie mówią od rzeczy, ględząc jak pijani. A oni poddali się działaniu Ducha.

Wiele przemawia za tym, że Święty Paweł nawiązuje do rozpowszechnionego także w jego czasach kultu Dionizosa i Bachusa, by się temu procederowi dyskretnie przeciwstawić. Jego słuchacze wiedzieli, o co chodzi. Kult obu bogów płodności przyjmował różne formy, ale jego oś stanowiły orgiastyczne festiwale, pełne wyuzdanych tańców i śpiewów. Przy akompaniamencie instrumentów obnoszono symbole falliczne i dokonywano prostytucji rytualnej. Upijano się również winem, ponieważ wierzono, że odurzenie alkoholowe powoduje „entuzjazm" – zgodnie z greckim znaczeniem: „bycie w bogu", „natchnienie przez boga" – czyli wejście bóstwa człowieka w celu przejęcia nad nim kontroli. Człowiek przez chwilę mógł poczuć się w skórze boga, stając się narzędziem w jego ręku. Pijacki bełkot uważano często za proroctwo inspirowane przez Dionizosa, którego duch właśnie miał opanować człowieka.

I tak zwykłemu upiciu się nadawano rangę przeżycia religijnego, podczas gdy chodziło o rozpaczliwe szukanie ulgi i ucieczki przed różnymi ciężarami życia. W pogaństwie pijaństwo, obżarstwo i nieczystość seksualna to najbardziej typowe grzechy ciała, które często szły ze sobą w parze. Dzisiaj pewnie mało kto myśli o tym, by na skutek alkoholowego upojenia wejść w jakikolwiek kontakt z bóstwem. I bardzo dobrze, że chrześcijaństwo „zdesakralizowało" alkohol. Ale możemy lepiej zrozumieć, dlaczego w Nowym Testamencie pijaństwo często pojawia się obok rozwiązłości seksualnej. Jest to przypadłość, na którą ludzie cierpią niemalże od początku świata, choć przez wieki sądzili, że można tę grzeszną symbiozę pobożnie usprawiedliwić i uwznioślić. Jest ona jednak skutkiem zaślepienia grzechem i ciemnością.

Apostoł Paweł zachęca do napełniania się Duchem Świętym, który nie prowokuje człowieka do chowania głowy w piasek i radzenia sobie z trudami życia za pomocą pozornych rozwiązań. Duch nie czyni również z człowieka marionetki ani nie usprawiedliwia jego szaleństw. Przeciwnie, daje siłę, by znosić przeciwności i sprostać wyzwaniom życia w trzeźwości, nie utożsamiając własnej słabości z boskim uniesieniem.

Święty Tomasz z Akwinu pisze, że grzech pijaństwa „polega na nieumiarkowanym użyciu i żądzy wina". Wskazuje, że nie każde spożycie alkoholu jest grzechem, zwłaszcza wtedy, gdy nie kieruje nami pożądanie. W *Sumie teologicznej*, omawiając cnotę umiarkowania, dominikanin stopniuje typy ludzkiej winy. Jego zdaniem, jeśli ktoś nie zdaje sobie sprawy, że przekroczył miarę i że napój jest łatwo upajający, to nie popełnia grzechu. Może jednak być świadom, „że wypił za dużo, ale nie zdaje sobie sprawy z upajającej mocy tego, co wypił; tutaj pijaństwo może być grzechem lekkim". W końcu „ktoś zdaje sobie sprawę z nadmiaru wypicia i z mocy wypitego trunku, a jednak woli raczej upić się niż wstrzymać się od picia; tutaj zachodzi pijaństwo we właściwym tego słowa znaczeniu. Ocena moralna czynu zależy bowiem nie od tego, co się stanie poza zamierzeniem (intencją), lecz od tego, co jest zamierzone jako takie w nim samym".

Dlatego Jezus wzywa, by uważać na siebie, czyli żyć świadomie. Umiarkowanie nie pojawia się w życiu nagle, jak królik z kapelusza. Ponieważ jest cnotą, wymaga ćwiczenia. Każdy na drodze eksperymentów, także popełniając błędy, musi odnaleźć własny złoty środek. Nikt nie może go w tej pracy wyręczyć. Skoro busolą umiaru jest roztropność, może częściej należałoby używać rozumu i zastanawiać się nad tym, co wybieramy i w jakim celu. Czasem wystarczy postawienie prostych pytań: Czy zawsze potrzebuję tego, co przyciąga mój wzrok, słuch i dotyk? Czy muszę wszystkiego spróbować? Czy rzeczywiście chce mi się jeść, a może odczuwam zupełnie inny rodzaj głodu? Taka terapia może nas otrzeźwić. Prześwietlanie swoich pragnień i potrzeb wcale przy tym proste nie jest. Zakłada stałą kontrolę i rozpoznawanie tego, co dzieje się w naszym wnętrzu. Przypomina, że każdy wybór zakłada również umiejętność rezygnacji z innych opcji. Dobrze jednak pamiętać, że umiar ogranicza, ale tylko po to, by człowiek mógł żyć pełnią życia.

Kilka słów o Autorach

dr Ewa Dąbrowska – wieloletni adiunkt Kliniki Chorób Wewnętrznych Gdańskiego Uniwersytetu Medycznego. Przeprowadzając badania naukowe z zakresu immunologii, natrafiła na problem kluczowej roli żywienia dla zdrowia, a w szczególności restrykcyjnych kalorycznie diet, które odtruwając organizm, uruchamiały samoleczące mechanizmy na poziomie genów. Jest autorem diety warzywno-owocowej, którą przed trzydziestoma laty wprowadziła do swojej praktyki lekarskiej, a od blisko 20 lat upowszechnia ją, występując w licznych programach radiowych, prowadząc szkolenia, a także współpracując z trzema ośrodkami wczasów zdrowotnych z dietą w Gołubiu na Kaszubach i w ośrodkach w Mielnie i w Karpaczu. Jest autorem 50 prac naukowych i ponad 100 doniesień naukowych oraz książek popularno-naukowych, m.in.: *Ciało i ducha ratować żywieniem*, *Dieta warzywno-owocowa a harmonia ciała*, i współautorem książki *Profilaktyka zdrowotna w kształtowaniu zdrowia człowieka*.

Beata Anna Dąbrowska – terapeuta zajęciowy, od wielu lat mieszka i pracuje w Norwegii. Brała udział w wielu konferencjach i sympozjach oraz projektach prowadzonych przez norweski departament zdrowia – Helsedirektorte, dotyczących wpływu odżywiania na komfort życia i stan zdrowia ludzi z upośledzeniem umysłowym, osób starszych i dzieci. Od wielu lat praktykuje dietę warzywno-owocową osobiście i w swojej rodzinie, a także stara się propagować idee diety warzywno-owocowej u ludzi chorych. Tworzy własne przepisy diety, z którymi dzieli się na grupie FB poświęconej przepisom opartym na warzywach i owocach. Zajmuje się również podstroną z przepisami na oficjalnej witrynie ewadabrowska.pl. Jest autorką niedawno wydanej książki *Dieta warzywno-owocowa dr Ewy Dąbrowskiej®. Przepisy*. W lutym 2017 roku ukończyła studia podyplomowe z zakresu podstaw żywienia w Wyższej Szkole Bjørnes w Oslo, w marcu 2018 roku otrzymała Plant-Based Nutrition Certificate organizowany przez T. Colin Cambell Center for Nutrition Studies w USA.

Gotowanie jest jej pasją. Wykorzystuje ją m.in. w swoich poszukiwaniach praktycznych rozwiązań w żywieniu opartym na roślinach i w pracy nad praktycznymi aspektami postów leczniczych – tym dwóm zadaniom oddaje się obecnie bez reszty.

Paulina Borkowska – dietetyk, specjalizuje się w dietetyce klinicznej i medycynie funkcjonalnej, którą obecnie studiuje na Functional Medicine University. Swoją poradnię dietetyczną prowadzi w Oslo, jest tam najbardziej znanym polskim dietetykiem klinicznym. Propaguje holistyczne podejście do żywienia, a swoją uwagę szczególnie skupia na detoksykacji, uregulowaniu gospodarki hormonalnej, usprawnieniu pracy jelit, prawidłowym trawieniu i wchłanianiu. Jej motto brzmi: „Jesteś tym, co strawisz i wchłoniesz". Pracuje z osobami dotkniętymi chorobami metabolicznymi, układu pokarmowego, autoimmunologicznymi, alergiami i nietolerancjami pokarmowymi. Nie ustaje w samokształceniu i zdobywaniu doświadczenia w kraju i za granicą. Również w codziennej pracy stawia na edukowanie pacjentów, wychodząc z założenia, że wiedza i świadomość żywieniowa to sekret osiągania trwałych rezultatów i gwarancja zdrowia. Dodatkowe informacje znajdziesz na stronie: borkowskadietetyk.pl.

Justyna Rybak-Dombrowska – reprezentantka Polski na Mistrzostwach Świata w biegach przez płotki, trener personalny, certyfikowany trener Norweskiego Związku Lekkiej Atletyki, multimedalistka Mistrzostw Polski w biegach sprinterskich oraz przez płotki. Jako trener pracuje z dziećmi i dorosłymi, z tymi, którzy dopiero zaczynają swoją przygodę ze sportem, i z tymi, którzy już od dawna nie wyobrażają sobie bez sportu życia. Propaguje aktywność fizyczną na świeżym powietrzu, m.in. organizując zajęcia w miejskim parku. Na co dzień wokalistka zespołu rockowego oraz pracownik działu HR.

Agnes Revenvall – pasjonatka i inspirator życia polskiego pochodzenia. Dzieli swój świat między Szwecję i Hiszpanię. Dyplomowany trener rozwoju osobistego Life Coaching ACSTH / International Coach Federation. Założycielka marki Agnes Revevnall AB – The way to yourself, zajmującej się rozwojem duchowym i osobistym jednostek i organizacji. Absolwentka szkoleń z metodyki pracy z dziećmi z ADHD i autyzmem organizowanych przez szwedzki BUP – dziecięcy i młodzieżowy ośrodek psychiatryczny. Założycielka obecnej na szwedzkim rynku marki Exact Service, która zajmuje się obsługą prywatnych rezydencji i firm. Posiada długoletnie doświadczenie w technikach sprzedaży. Pracowała dla firmy Nike jako specjalistka do spraw sprzedaży, lider zespołu, specjalistka ds. wewnętrznego wizerunku sklepów i projektów firmy. Jest również instruktorką jogi i medytacji, dawniej pracowała jako społeczny ratownik wodny i nauczyciel pływania.

Prywatnie mama dwóch najwspanialszych synów na świecie, weganka kochająca kontakt z naturą, zakochana również w Hiszpanii i jeździe na motocyklu. Miłośniczka sportów i psychologii pozytywnej.

Najcenniejsze szkolenie: szkoła życia.

Największa wartość życiowa: wdzięczność.

Największe marzenie: stworzyć projekt wspierający rozwój osobisty dzieci, tak aby nasz świat był dla wszystkich lepszym miejscem.

Dariusz Piórkowski SJ – jezuita, rekolekcjonista, duszpasterz. Pracował m.in. w Jezuickiej Służbie Uchodźcom (JRS) w Berlinie oraz w duszpasterstwie akademickim w Opolu. W latach 2013–2017 był dyrektorem Wydawnictwa WAM. Obecnie posługuje w Domu Rekolekcyjnym Ojców Jezuitów w Zakopanem. Jest autorem kilku książek: *O duchowości z krwi i kości*, *Duchowa pielgrzymka do Lourdes*, *Książeczka o miłosierdziu*. Pisze regularnie dla portalu Deon.pl, miesięcznika „W drodze", „Życia Duchowego". Głosi rekolekcje tradycyjne i dla grup zamkniętych. Szczególnie ceni sobie współpracę z grupą „Małżeńskie Drogi" z Warszawy, z którą od 10 lat prowadzi rekolekcje warsztatowe dla małżeństw i narzeczonych. Lubi dłuższe i krótsze wycieczki rowerowe, muzykę klasyczną, dobry film i książkę. Czasem z przyjemnością gotuje lub piecze.

Bibliografia

Dave Asprey, *Bulletproof diet*, Maidenhead 2014.

Lina Nertby Aurell, Mia Clase, *Food Pharmacy*, Kraków 2017.

Trine Berge, Sara Chacko, *Supermat*, Oslo 2010.

Jeffrey S. Bland, Mark Hyman, *The Disease Delusion: Conquering the Causes of Chronic Illness for a Healthier, Longer, and Happier Life*, New Your 2014.

Thomas M. Campbell II, T. Colin Campbell, *Nowoczesne zasady odżywiania*, Łódź 2015.

Natasha Campbell-McBride, *Zespół psychologiczno-jelitowy GAPS*, Londyn 2013.

Don Colbert, *Dr. Colbert's Keto Zone Diet: Burn Fat, Balance Appetite Hormones, and Lose Weight*, Franklin 2017.

Annika Dahlqvist, *LCHF-den skandinaviske lavkarbosuksessen*, Oslo 2011.

Ewa Dąbrowska, *Ciało i ducha ratować żywieniem*, Marki k. Warszawy 2006.

Andreas Eenfeldt, *Matrevolusjonen, naturlig sunn med skikkelig mat*, Oslo 2014.

Alessio Fasano, Rich Gannon, *Gluten Freedom: The Nation's Leading Expert Offers the Essential Guide to a Healthy, Gluten-Free Lifestyle*, New York 2014.

Lindberg Fedon, *Naturlig slank med. Tarm i Balanse. Veien til sunnere livsstil*, Oslo 2017.

Bruce Fife, *Kokos – naturalny antybiotyk*, Białystok 2014.

Bruce Fife, *The Coconut Ketogenic Diet: Supercharge Your Metabolism, Revitalize Thyroid Function, and Lose Excess Weight*, Colorado Springs 2017.

Joel Fuhrman, *Trzy kroki do zdrowia*, Łódź 2014.

Jason Fung, *The Obesity Code: Unlocking the Secrets of Weight Loss*, Vancouver 2016.

Jason Fung, Jimmy Moore, *The Complete Guide to Fasting: Heal Your Body Through Intermittent, Alternate-Day, and Extended*, Las Vegas 2016.

Charlotte Gerson, dr med. Morton Walker, *Cud Terapii Gersona*, Białystok 2014.

Sofie Hexeberg, *Frisk med lavkarbo. Nytt liv med riktig mat-LCHF i praksis*, Oslo 2016.

Mark Hyman, *The Blood Sugar Solution: The UltraHealthy Program for Losing Weight, Preventing Disease, and Feeling Great Now!*, New York–Boston 2014.

Mark Hyman M.D., *Eat Fat, Get Thin: Why the Fat We Eat Is the Key to Sustained Weight Loss and Vibrant Health*, New York–Boston–London 2016.

Bodo Kuklinski, Anja Schemionek, *Medycyna mitochondrialna. Nowatorskie metody leczenia na pozornie nieuleczalne choroby*, Białystok 2017.
Ming Yeong Lim, Jason O'Neale Roach, *Metabolizm i żywienie*, Wrocław 2007.
Hellmut Lützner, *Fornyelse gjennom faste*, Oslo 1995.
Amy Mayers, *Możesz wyleczyć choroby autoimmunologiczne. Samodzielna profilaktyka i leczenie*, Białystok 2016.
Joseph Mercola, *Fat for Fuel: A Revolutionary Diet to Combat Cancer, Boost Brain Power, and Increase Your Energy*, New York 2017.
Jillian Michaels, *The Disease Delusion: Conquering the Causes of Chronic Illness for a Healthier, Longer, and Happier Life*, New York 2009.
Jimmy Moore, Dr. Jason Fung, *The Complete Guide to Fasting: Heal Your Body Through Intermittent, Alternate-Day, and Extended Fasting*, Las Vegas 2016.
R.K. Murray, D.K. Granner, V.W. Rodwell, *Biochemia Harpera*, Warszawa 2015.
Amy Myers M.D., *The Autoimmune Solution: Prevent and Reverse the Full Spectrum of Inflammatory Symptoms and Diseases*, New York 2015.
Berit Nordstrand, *Tarmens medisin*, Oslo 2017.
Dag Viljen Poleszynski, Iver Mysterud, *Syk av sukker-frisk av fett*, Oslo 2014.
Daniel Pompa, *The Cellular Healing Diet*, Allison Park 2016.
Gary Taubes, *Good Calories, Bad Calories. Fats, Carbs and the Controversial Science of Diet and Health*, New York 2008.
Gary Taubes, *Why We Get Fat: And What to Do About It*, New York 2010.
Textbook of Clinical Nutrition and Functional Medicine, Vol. 1: *Essential Knowledge for Safe Action and Effective Treatment*, ICHNFM 2016.
Daniel T. Wagner, *Interpreting Your Blood Work: How to Read It and Natural Ways to Improve Your Results*, Wildwood 2016.
Terry Wahls, Eve Adamson, *Fenomenalna kuracja dr Wahls*, Białystok 2015.
Izabella Wentz, *Hashimoto*, Kraków 2017.
Eric Westman MD, Jimmy Moore, *Keto Clarity: Your Definitive Guide to the Benefits of a Low-Carb, High-Fat Diet*, Las Vegas 2014.
Ellen-Beate Wollen, *Den Store Helsekostguiden*, Oslo 2012.

Strony internetowe:

ewadabrowska.pl
helsedirektoratet.no

Podziękowania

Dziękuję moim bliskim, szczególnie Mężowi i Dzieciom, za ich cierpliwość, wyrozumiałość i wsparcie, dzięki którym udało mi się pokonać trudności na drodze do ukończenia tej książki. Moim Rodzicom, Tomkowi Zyskowskiemu, Kindze Żdan – bez Waszej pomocy moja doba musiałaby trwać 48 godzin.

Za pomoc w pracy nad tym projektem jestem wdzięczna Współautorom: Paulinie Borkowskiej, Justynie Rybak-Dombrowskiej, Agnes Revenvall, ks. Dariuszowi Piórkowskiemu i dr Ewie Dąbrowskiej, która jest naszym mentorem i swoją postawą stale motywuje nas do dalszej pracy. Przystępując do tworzenia tej książki, chciałam przede wszystkim pokazać, że wyjście z postu nie jest bardzo skomplikowane i może być wspaniałą wyprawą w świat smaków i zapachów. Zależało mi też na tym, aby w prosty sposób wyjaśnić nawet bardzo zawiłe zjawiska, jakie zachodzą w organizmie człowieka.

Dziękuję wszystkim, którzy z tak wielkim zaangażowaniem i pomysłowością wzięli udział w tym projekcie.

Beata Anna Dąbrowska

Spis treści

Wydawnictwo WAM poleca:

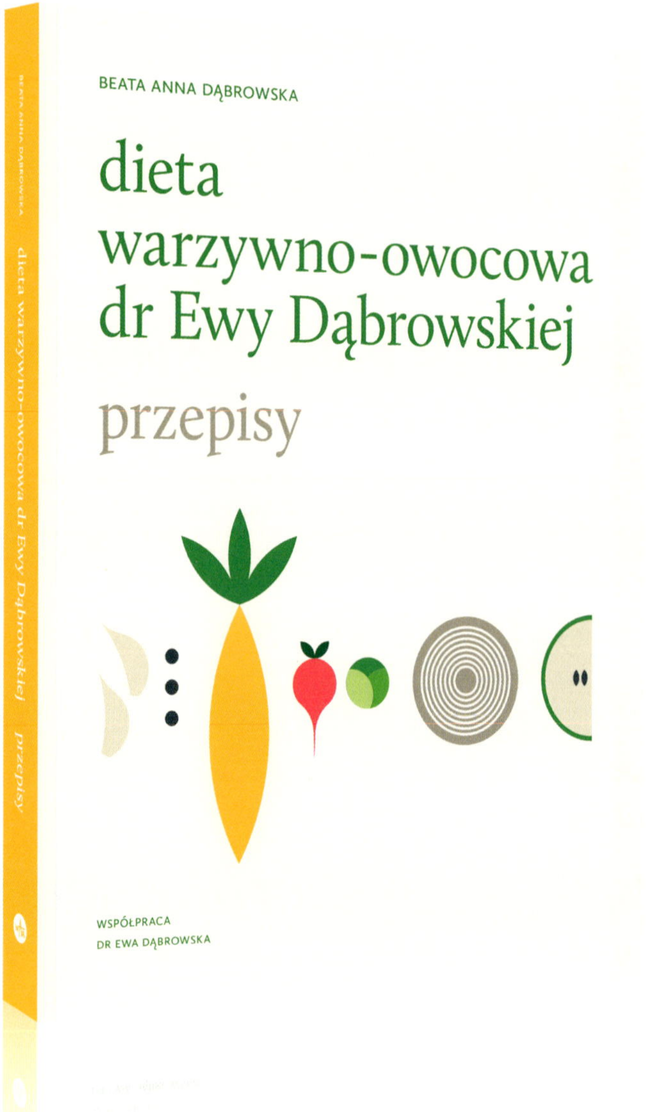

Jeśli szukasz produktów
dobrych dla zdrowia i środowiska,
polecam te, które powstają w zgodzie z naturą:
brunkanatural.pl, probiotics.pl,
amkez.com, sklep10x.pl.

Beata A. Dąbrowska